北大经济课

北大经济课

BEIDA JINGJIKE

郭海峰 —— 编著

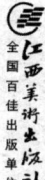

图书在版编目（CIP）数据

北大经济课/郭海峰编著.--南昌：江西美术出版社，2017.7（2021.9 重印）

ISBN 978-7-5480-5447-4

Ⅰ.①北… Ⅱ.①郭… Ⅲ.①经济学－通俗读物 Ⅳ.① F0-49

中国版本图书馆 CIP 数据核字 (2017) 第 112619 号

北大经济课　　郭海峰　编著

出版：江西美术出版社
社址：南昌市子安路 66 号 邮编：330025
电话：0791-86566329
发行：010-88893001
印刷：三河市兴达印务有限公司
版次：2017 年 10 月第 1 版
印次：2021 年 9 月第 7 次印刷
开本：880mm×1230mm 1/32
印张：8
书号：ISBN 978-7-5480-5447-4
定价：35.00 元

本书由江西美术出版社出版。未经出版者书面许可，不得以任何方式抄袭、复制或节录本书的任何部分。
本书法律顾问：江西豫章律师事务所　晏辉律师
版权所有，侵权必究

前　言

随着市场经济的发展，经济主导了整个国家和社会生活，经济大势的起伏，与每个人的生活息息相关。于是，经济学在神州大地上迅速流行了起来，经济学家在中国受关注的程度不亚于影视明星。与此同时，经济学术语如"CPI""货币政策""市场失灵""博弈论"等成为挂在街头巷尾每个人嘴边的流行语。

在现实中，我们的生活时刻被经济学的影子所萦绕，无论做什么都充满着经济的味道。蓦然回首之时，我们会发现经济学原来就在我们身边。经常关注各大门户网站的人，很容易就会总结出目前中国的热点问题，比如社会保障、住房、教育、医疗、物价、腐败、诚信、城建、就业、私有财产等问题，一口气就可以说上十来个，所有这些问题没有一个不与经济学密切相关，也没有一个不与老百姓的切身利益密切相关。而老百姓关注这些经济热点无非是想多积累点儿经验，以便自己面临利益博弈时，能多得点儿好处。有心者也许还会注意到，我们的一举一动几乎都与经济学有着千丝万缕的联系。每一件小事背后其实都有一定的经济学规律和法则可循，我们的生活已经离不开经济学。用经济学的原理来反观我们的生活，其实我们就是生活在一个经济学乐园里，人生时时皆经济，生活处处皆经济。

正当各种经济现象及经济规则在我们身边交错上演时，真正能全面了解经济学并能让经济学为己所用的人却为数不多。虽然作为普通老百姓没有必要像经济学家那样把经济学研究作为职业，但是要更深刻地了解那些存在于我们身边的、关乎我们的幸福和成功的生活现象背后的本质和真相，以便让我们在面临某些问题时能够更加睿智，少投入一些沉没成本，也就是减少一些不必要的、没有任何意义和回报的浪费，不学经济学、不懂经济学是不行的。更重要的是，我们要构建和经济学家一样的思维方式，才能更透彻更理性地看清社会和生活的真相，从而游刃有余地应对庞杂人生中的一切问题，在生活中的爱恋、工作上的效率、事业上的拓展、投资上的收益等方面获得更大的成功。正如我国著名经济学家茅于轼先生所说的那样："经济学知识是一门每个做大事或做小事的人都需要懂得一点儿的学问,对于那些准备上荒岛去开荒且不与外界社会往来的人,学习经济学才会成为多余的事。"我们天天与经济打交道,唯有了解经济学,善于应用一些经济学理论,才能让生活更加有声有色,有滋有味。生活中处处是经济,懂经济学的人才懂生活,懂经济学才能创造更多财富。

北大经济课作为中国研究经济和传播经济思想的前沿阵地,正是人们了解经济学的最佳窗口。北大人在经济领域的成就让人赞叹,北大经济学在百年的历史长河中的发展历程和贡献也值得我们探讨和思考。回顾北大经济学的历史,至少可以追溯到20世纪初期,当时,在西学东进的"新文化运动"中,北大也顺势设立了"商学科"。之后随着经济的不断发展,社会的不断进步,在无数北大经济学学者和教授的不懈努力之下,曾经的"商学科"和此后的北大经济学院一方面充分汲取了西方经济学的思想与方法,另一方面也不忘结合中国经济的发展现状,将理论与实践相结合,创建了具有中国特色的经济理论体系和构架,也为中国经济理论的发展做出了很大的贡献,同时还为我们解决生活和工作中遇到的经济学难题提供了解决的方法和指明了方向。北大以其悠久的学术传统和深远的历史渊源赢得了人们的广泛赞誉,其盛名之隆,在国内几乎没有能出其右者。

本书正是一部全方位披露北大经济学者们的思想、观点、政策倾向的经济书。书中以专题为纲,依次向读者展示了市场、价格、垄断、技术、制度这些最基本的北大经济课内容,还添加最新、最时髦的魔鬼经济学课程,让大家一探究竟,凡涉及改革方向、机会策略、贫富差距、收入分配、投资资本、货币政策、财政政策、经济史上的疑惑等,都能在本书中找到相应的答案,即便是读者们的婚姻家庭、爱情失恋,也能从中找到有趣的说法。读完本书,你将收获关于中国经济的过去的种种成功经验,也能够从大师们的有趣的故事中,感知其人文风貌,锤炼个人心性,还能从本书中获取大量关于未来中国机会的第一手指南知识,你会发现,原来经济学也充满了人情味。

目录
CONTENTS

北大经济课

Part 01　最后的经济贵族..................................001
　　《原富》和严复：经世济民一百年........................001
　　跨越三个世纪的经济学家................................005
　　打造中关村，从拆掉北大的围墙开始......................010
　　中国最好的商学院......................................014
　　重新认识北大经济学....................................017

Part 02　"吴市场"：捅破市场经济的窗户纸..................022
　　顾准和孙冶方的学生为"商品经济"翻案....................022
　　中国会变成寻租社会吗..................................025
　　市场是一种机制还是一揽子买卖..........................028
　　经济学家真的不讲道德吗................................032
　　安徽粮食市场如何改变了中国的命运......................036
　　新东方的生意和黄怒波的冰岛土地........................039

Part 03　喊出来的"价格"和双轨制..........................043
　　中国教授有粮票和美国穷人领食物券......................043
　　北大学者建议建宝钢吗..................................047
　　是个东西就能卖，是个好东西就会抢着卖..................050
　　既是"倒儿爷"，又是"板儿爷"..........................054
　　北大经济学看海归潮：你还没回国呀......................056
　　抵制美国货，计算机除外................................060
　　王选怎么把激光照排卖给日本人..........................063

Part 04　市场换技术有错吗 ... 067
郑也夫为什么不是后现代贵族 ... 067
从小业主到现代企业家 ... 070
中关村没落的经济学 ... 074
市场换技术，工商银行错了吗 ... 077

Part 05　自然垄断不自然 ... 081
经济学家眼中的走私内幕 ... 081
中国为什么没有产生资本主义 ... 085
柯达死了，乐凯胶卷还活着 ... 088
国企改革与企业家贡献 ... 091

Part 06　让科学技术真正成为第一生产力 ... 095
美国机场里的苹果才是中国生产力吗 ... 095
中国小农经济赢不了大农场吗 ... 099
让科学技术真正成为第一生产力 ... 102
中国工人的生产效率到底有多高 ... 105
不要出门就说你是北大毕业的 ... 109
中关村还能再辉煌吗 ... 112
温州模式打败了深圳 ... 116

Part 07　遭殃的铁路农田 ... 119
解释中国经济成长 ... 119
铁路农田交易和刘永好的饲料业 ... 122
供应链就是契约链 ... 125
什么是全球供应链 ... 129
市场中人的理念 ... 132

Part 08　光华魔鬼经济学 ... 135
从"朝三暮四"说参照系 ... 135
谁动了我的奶酪 ... 139
中庸之道与极端逆转 ... 141
拖延与行乐的悖论 ... 144

Part 09　从北大才子的一封情书谈信息 147
- 从一封北大情书谈起 147
- 挨光计：你为什么天生不是情圣 149
- 荤段子与广告、婚姻 153
- 性选择和北大爱情领导力的奥秘 155
- 石成金的爱情魔法 158

Part 10　世事胜棋局，经济在燕园 161
- 中国土地落价又归谁 161
- 劣币真的驱逐了良币吗 164
- 从小铅笔看信息成本与制度变革 166
- 米尔顿·弗里德曼的自由值多少钱 170

Part 11　改革需要"顶顶层设计" 173
- 实现生产要素在城乡之间的双向自由流动 173
- 中国如何跨越高收入之墙 176
- 改革需要"顶顶层设计" 179
- 究竟保护谁的利益 181
- 什么是好的制度 184

Part 12　不是富人太富，而是穷人太穷 187
- 建议取消所谓等等福利 187
- 中国基尼系数不重要 190
- 效率和公正的完美结合 193
- 边际效用递减法则：要不断转换战略 196
- 中国人为什么勤劳而不富有 198
- 放弃零和游戏：做到双赢 202

Part 13　看准时机辣手投资 205
- 像经济学家一样思考：盘活你的资源 205
- 看准时机和市场需求去投资 209
- 600字真言击碎"蓝田神话" 212
- 北大学生炒股失败的风险有多高 215

曾经的带头大哥深发展落幕 218
政策市还是自由市 222
华尔街的鏖战中国市场大败局 225

Part 14 **非均衡的中国经济隐忧** 228
20世纪90年代初股份制争论的回顾 228
通过发展和创新来解决前进中的问题 231
对当前中国物价上涨和失业问题的一些看法 234
经济运行警戒线与宏观调控 237
国有企业改革是不是做了通胀的替代品 240
中国经济"怕冷不怕热" 242

PART 01
最后的经济贵族

《原富》和严复：经世济民一百年

计学者，切而言之，则关于中国之穷富，远而论之，则系乎黄种之盛衰。

——1901年严复翻译亚当·斯密《国富论》时感慨

大学堂每月至省须二万金，即不开学，亦须万五。刻存款用罄，度支部、学部一文不给，岂能为无米之炊？

——1912年2月严复初任京师大学堂（北大前身）总监督时诘问

天下之理，非年时之学所能尽；一国之事，非一哄之众可得专也，敬告吾党慎之而已。

——1912年11月严复离任北大校长时留言

谈及北大，北大的经济学，中国的经济学，就不能不说到北大的第一任校长严复。"中国的盗火者"严复，一生注定和北大、经济有缘。

在中国第一高等学府，严复这个声名显赫的校长，却从一开始就跟经济问题纠缠不清，甚至卸任之后，还是因为经济问题阴魂不散，让经济伴随自己大半生。以今天北大经济学者的眼光看，他们也许会笑着意会这是严复和经济有缘的铁证。

从古到今，投笔从戎者甚多，可像严复这样投戎从笔的，算来少之又少。严复，本来是军人出身，晚清最优秀海军的舰队指挥人才之一。天意弄人，1879年回国后，军人严复就变成了一个教书先生，从青年熬到白发，哪怕在北洋海战的隆隆炮声中，再没有登上军舰半步。

严复评价"宰相合肥"李鸿章给他的工作就是"不预机要，奉职而已"。简而言之，华丽的摆设。大员们对海军一无所知，判断严复"可堪大用"的根据是，严复的口才和见识都太好了：滔滔不绝。他显然不是做舰长的材料，只适合做海军的教员。一个对业务熟悉的海军军官，因尖牙利齿丢掉上战场的机会。这就是近代史上的吊诡之处。

但真正让严复不得不如此的，从根子上说，是因为严复有财政问题。这个问题，注定了严复的悲剧性命运，也成就了严复的北大经济学。

最后的经济贵族严复的父辈本来都是医生，在100多年前的大清朝，这是个卑微的职业。靠论资排辈，以科举论身份的清朝官场，严复这样的"海归"可不像今天，想要合法晋升，甚至谋取安身的薪水都不可得。

1876年，严复听说日本人正在购进新式铁甲舰，本以为可以凭借自身的才干弄个管带当当。等到严复回国，别说铁甲舰了，连北洋海军的本国军舰也没有。对于严复来说，要么去参加科举，要么必须听凭李鸿章任用，前一条路不可行，因为科举考试得一步步来，后一条路至少还有薪水。李鸿章大人碍于沈葆桢的情面，以副四品教习的职位安置严复。1879年冬天，严复给自己的弟弟寄信说，除去租房子尽可能少的日常开销外，他连回家的费用都没有。好在李大人开恩，马尾海战前，严复因在水师学堂表现出众，终于升职。李鸿章为了表示对这个人才的重视，给了他50两银子的回乡费。

35年后，京师大学堂最后一任总监督劳乃宣发誓不做民国官员。北大校长出缺，袁世凯任命严复做北大的校长。老问题再次找上门来。严复刚来北大的时候，北大可谓是山穷水尽，生少师多，门可罗雀。1912年的北大开学后仅百余人返校，其中理科4人，工科14人，政法科不到10人。更要命的是，民国政府国库一贫如洗，教育经费被袁世凯挪作他用。严复不得不向华俄道胜银行借款。接着，素来和严复不和的唐绍仪又下令减少教员薪水至60元以下——连教员们的薪水也发不出来了。严复甚至上任前，就给自己的北大任期算命，因为缺钱，这校长当不长。

到1912年7月7日，说来让人称奇，后来的北大校长蔡元培组织了一个声势浩大的全国临时教育会，第一条建议就是停办北京大学，称开办十余年毫无成绩可言，国体变更后社会各界对该校愈加不满，并决定让学生提前毕业，不授予学位，一律不招新生。

这还不是最糟糕的，3个月后，严复在声言"中国不可一日无北京大学"，写出《分科大学改良办法说帖》，指出大学文科应该怎样办好，法科、商科应该怎样办好，理、工、农诸科又该怎样缩小与西方的差距，如何在实现世界一流的同时保存本国特色后，不得不辞职。因为，这一次，北京大学连贷款也贷不到了。在当时的北京报纸上，严复已经变成各方抨击的小丑。

严复的后任马相伯，无路可走，最后只好抵押北大的土地作为校产换取外国银行贷款，被时人讥讽是卖国校长。马相伯的这笔账到最后也算到严复的头上。从1912年5月16日上任北大到1912年10月被迫离任，其实严复只做了5个月的北大校长。身为北大的第一任校长严复，也是北大历史上任期最短的校长。

严复黯然离开北大，和北大校长的瓜葛至此了断，可是北大和严复的关系才刚刚开花结果。严复自己可能也没有想到，他教育救国的观点和漫不经心的一篇翻译著作，却成就了日后北大经济学的辉煌。

1905年年初，孙中山拜访严复。严复认为："当今之计，唯急从教育着手，庶几逐渐更新。"孙中山则认为："俟河之清，人寿几何？君为思想家，鄙人乃实行家也。"最后不欢而散。

所谓话不投机半句多，严复和孙中山、蔡元培政见不和。等到严复离任，两位政敌却开始承认严复的价值。后来的蔡元培主持北大，几乎原封不动地采纳了严复当初的做法和观点："兼收并蓄，广纳众流，以成其大"。由于严复的学问和声望在海内外有相当影响，英国教育会议宣布承认北京大学及其附设的译学馆均为大学；伦敦大学也宣布承认北京大学的学历。北大在国际上的学术地位由此奠定。严复上任后，将原来的商科改为经济课系，这就是现在的北大经济学院的前身。该系培养了近代中国第一批经济学家，1918年后，马寅初、李大钊、赵乃抟来到北大经济系，从此北大经济学成为中国的显学之一。从1912年严复建立北大经济系算起，北大的经济学已经有101年的历史。

对于今天北大的学者们来说，严复在中国经济学的贡献还不仅如此。1900年，因为八国联军入侵，严复到了天津。此时他抱怨外敌入侵之乱，影响了他翻译一本书的进度，1901年，这本名为《原富》的书籍出版。这本书就是经济学之父亚当·斯密的《国富论》的中文译作。200年后，西方经济学第一次被较为完整地介绍到中国来，近代中国的经济学由此发端。翻译家严复，也因此被称作是中国经济学传播的第一人。

严复时代的英国，海军指挥技术并没有出现什么革命性的变化，各种自然和社会科学的突破却正在社会上掀起轩然大波。议员们和报纸讨论最多的，不是战争，而是英国的财富和工厂。维多利亚时代的英国，激烈的经济竞争和上进的社会风潮，和腐朽的封建社会是两个完全不同的世界。

严复敏锐地观察到"西方物竞之水深火烈，时平则隐于通商庀工之中，世变则发于战伐纵横之际"。简言之，严复看到的西方社会是平时商战，变时热战的一种状态。严复已经认识到，欧洲坚船利炮背后是一整套完善的社会制度，正是这样的一种社会契约保护了资本主义自由竞争以及社会其他各项事业，并有利于促进社会改革。

严复的《原富》一书在学界受到广泛欢迎，还未出版就已经脱销。其中读懂他的书的人，后来不少都成为北大的知名经济学者，或者从此走上了经济学之路。

1921年严复因鸦片成瘾患病去世。他大概也是世界上唯一一个因为成为瘾君子去世的校长。2001年，为纪念严复的《原富》出版100周年，北大特设严复经济学纪念讲座，此后还落成一座严复铜像，永远纪念这个始终怀着"经世济民"理想的伟大人物。

跨越三个世纪的经济学家

> 我不会吹牛，也不会拍马，有人不喜欢我，我也不喜欢吹牛拍马的人。
> ——著名社会学家、马克思主义经济史学家、中国经济学之父陈翰笙

> 求知当宏硕，无心争显赫；处世贵明哲，翼翼保晚节。
> ——1972年5月陈翰笙作《秋日书怀》一诗

今人知道陈翰笙的已经不多，事实上，当年知道的也不太多。陈翰笙在北大的地位，绝不亚于现在媒体广为宣传的北大著名人物。

据说，当年有来势汹汹，欲找阳翰笙的一群人，因为同在北大教书，且都属于人文类专业，却不巧误入陈翰笙家中。门外这些人大喊："阳翰笙出来！"孰料，陈翰笙回答："我不是阳翰笙！我是陈翰笙。"来人十分尴尬。

不过，陈翰笙居然由于和大编剧阳翰笙名同姓不同，因名祸起，被关押了9个月。巧合的是，阳翰笙则被长期关押，时间是9年。陈翰笙仅仅比阳翰笙晚去世一年。

北大的后学同辈中，问他们到底陈翰笙是做什么的，研究什么的，许多人至今还是一头雾水，说不出一二。有些北大的后进新秀，虽然贵为博导，问及陈先生的研究范围，也是茫然无所知。说不清，自然陈先生到底是怎样的一个人，有着怎样的成绩，都是一个谜，也就随着岁月逐渐在北大湮没。

3个世纪的风烟散去，人们对于陈翰笙的经历学问，依旧处于茫然无所知的状态。不过，历史总是公平的。回过头来，随着越来越多关于陈先生的档案解密，人们开始重新审视这个在燕园中平凡得有些让人惊讶的普通老人。当真相通过各种线索串联起来的时候，一个长寿、奇异、具有大家风范的人物形象，正从历史的烽烟中向人们走来。

据说，在中国最知名的学者中，最长寿的当推已故北大教授陈翰笙。19世纪出生，20世纪革命和梦想、学术交融，21世纪安然离去，大概是陈老跨越3个世纪人生的剪影。

经济学家本来就长寿，但像陈翰笙老人这样107岁高龄去世的也十分罕见，其生命力之顽强，非常人可比。《人民日报》曾称之为"茶寿"老人，"中国最高寿的经济首脑"。直到90高龄，视

力近乎完全消失的他笔耕不辍,一举完成300万字的《华工出国史料汇编》,可谓老当益壮。陈先生不服老,自谓乃9岁孩童所作。有人甚至将陈先生"早上吃一个鸡蛋,晚上喝一杯奶,中间吃一个大苹果"的食谱,写进了养生著作,流传至今。

求学时代,陈先生本主修植物学,可他的视力下降得很厉害,最后不得不放弃。后来几经辗转,陈先生选择历史和俄文。也许是政治和社会调研常需要东奔西走,工读经历讲究身体力行,他的身体看起来相当不错,甚至抗战期间,辗转印度,深入南亚穷乡僻壤,热带丛林,也可从容应付。

在20世纪30年代著名的佐尔格小组中,作为重要的参与者,秘密工作到凌晨也属于常事,陈先生居然也可以应付。大多数人在"文革"中已经无法继续教育工作,但坚持活一天,教书一天的陈先生,先后为300多人进行了外语培训。长寿永健,这似乎印证了"天行健,君子以自强不息"的古训。20世纪末,陈老最后招的一批研究生,对于精神矍铄异常的老人,深感佩服。

其实,在陈老的学生和后辈眼中,最让人感兴趣的,却是他20世纪的风云过往。

据《陈翰笙回忆录:四个时代的我》一文所载,陈先生的传奇经历,大概和他的语言才能有独特的关系。在20世纪的风云时代,通晓俄语和英语,基本上可以算作语言通才。陈先生原本留学美国,后到欧洲游学,之后到印度,参加革命到苏联,长期为共产国际乃至英美情报机构工作,可谓游历四方。

陈先生经历之奇特,大概也算他人生的一大特点。在北大,说起陈翰笙其人,可谓充满了神秘色彩。以今天的眼光看,他的人生经历更加多姿多彩,说来令人神往。他在中、美、苏、英各国都有着不同凡响的神秘经历,算来在20世纪的中国,也是独此一家。也因此,要概括陈老的一生,完全又可以加上一个"奇"字。

陈先生初到北大历史系,本是当年最年轻的北大教授,孰料因缘际会,却成为最早接受共产主义的欧美博士。当年在北大,据《陈翰笙回忆录:四个时代的我》一书记载,陈先生初来北大,带着浓厚自由派风气烙印。不巧,历史系的主任朱希祖却是日本留学生,不喜欢欧美留学生。朱先指示下面杜撰了一份学生意见名单,声称陈的南方口音,不适合历史教学。没想到,阴错阳差,此事却让陈变成了一个跨系教授,更加倾向于革命。

陈先生学俄语，本来出于偶然，原只是一时兴趣，甚至连入党经历今天听起来都让人感觉有"神谈"之感。陈先生入党，给人一种投笔入党的感觉。

"有一次，我同他（高仁山，陈翰笙在美国留学时的挚友，哥伦比亚大学博士，后投身革命，是早期共产党在北方的最高统战组织的领导人，1928年1月15日在北京天桥被奉系军阀张作霖杀害）谈起对时局、前途的看法和内心的苦闷，他说：'听说共产党的主张不错，咱俩去加入共产党吧！'于是，我俩一起去找李大钊。请他介绍入党。李大钊说：'现在正是国共合作时期，我们许多共产党人也都在国民党里工作，你们最好先加入国民党吧！'经李大钊和于树德介绍，我和高仁山于1925年一同加入了国民党。并领到一个党证，但从来没有开过会。"

陈与国民党的教育部长朱家骅是同事，朱常以为陈是其坚定的同志。1926年因为通晓俄语和英语，陈先生接受共产国际的委派，正式成为共产国际《国际通讯》的情报工作人员。不过，直到1980年这段传奇履历才正式公开。

大革命失败后，陈到苏联共产国际东方部工作，1928年回国在蔡元培主持的中央研究院工作。从此，陈先生从一个历史学家，变成了一个马克思主义经济学家。由于和苏联经济理论界对于中国社会经济观点的理论上的分歧，陈翰笙主张中国是"半封建半殖民地社会"的观点，无法获得相应的论据支持。这种情况下，陈翰笙特别注意中国国情相关的数据搜集工作。没有想到的是，他的无心插柳，却让中国经济学界从此产生了所谓"无锡现象"：20世纪最著名经济学家大多是无锡人，或者离无锡不远。诸如薛暮桥、孙冶方、钱俊瑞、姜君臣、秦柳方、张锡昌、王寅生、杨荫溥、薛葆鼎等巨擘，都是无锡人。中国农村经济研究会这个重要的中国经济研究机构，正是由陈先生任理事长，它开创了中国农村经济调查的先河。

20世纪30年代这些人正是追随陈翰笙先生做农村调查的一批优秀青年。薛暮桥从一开始就跟随他脚踏中国的农村，从调查出发，从实际情况出发，扎扎实实地研究问题。薛暮桥的职位已比陈翰笙老先生高许多，但凡是与陈翰笙老先生一起开会时，薛暮桥绝不坐在中央，张嘴讲话，第一句肯定是"陈老是我的老师"。

1933年，陈翰笙在加拿大召开的太平洋国际学会的报告上发表论文《中国当前的土地问题》，这是当时世界上关于中国土地问题的最权威的经济论文。这一判断也是中国后来进行社会主义土地革命改造的学术基础，深刻影响了20世纪中叶的中国社会政治经济走向。

当然，陈翰笙生命中最有神秘色彩的经历，大概当属和佐尔格小组的合作。经史沫特莱介绍，陈翰笙认识了赫赫有名的红色间谍佐尔格，尔后成为佐尔格小组的特别情报人员。由于和傅斯年不和，陈翰笙不得不选择流亡日本，之后转到苏联、美国。太平洋战争期间，据推测，陈翰笙应该是最早知道日军发动珍珠港奇袭的中国人。佐尔格小组第二次世界大战中最大的情报活动，正是通过陈先生收发，最终传到第三国际和美国本土。

1943年11月，陈翰笙邀请英国驻广州领事班以安参加纪念十月革命活动，此事引起重庆当局极端不满，蒋介石命桂林地方捉拿陈翰笙。李济深闻讯，派人通知陈翰笙迅速转移。陈翰笙在英国军车的保护下，搭乘英国军机飞往印度，摇身一变，成为英国情报部，也就是著名的军情五处远东情报局的工作人员。此后借用这一身份，陈翰笙在印度游历，写成《南亚农业区域》。这是一部借助英国殖民当局档案写成的关于南亚经济社会的第一手经济社会调查论文，至今是世界第一流的南亚社会调查方面的重要文献。

第二次世界大战结束后，陈翰笙应美国华盛顿州立大学邀请任教职，此后同美国共产党取得联系，领导北美留学生的建社工作。陈翰笙对于新中国的工业化建设有独特的主张，他认为，社会主义建设的资金既不能靠资本主义的原始积累，也不能靠帝国主义的恩赐，更不能靠出卖主权和领土，只能靠自己发展工农业生产，搞好城乡流通和分配，加快资金的周转。后来这一原则，也成为新中国经济建设的主导性方针。独立自主的工业化，也让新中国从此走向一条中国特色的现代化道路。

计陈翰笙一生，两次为共产国际工作，出入英国和苏联情报部门，辗转六国。每次变迁，均有所为，中间虽然多次遇险，却能化险为夷，可谓奇中之奇。新中国成立后，陈先生托运美国资料被蒋截留，后又拒任外交部副部长，甘做教书匠，终老北大。

北大人才辈出，但挨得住岁月无情侵蚀的人并不多，不少人英年早逝，到21世纪，当初和陈先生一起执教北大的同仁，最后只剩下其一人而已。

后来有记者再次问起陈先生当年的峥嵘岁月，旧事重提，陈先生都以年久杂陈，记不起来推掉。谈及佐尔格小组的故事，陈也是三缄其口。也许，经历100年的风风雨雨,晚节自爱倒是陈先生最后的意愿。3个世纪的宏愿,也许只是那句"翼翼保晚节"而已。

老子说:大音无声,大象无形。此陈先生所谓也。

打造中关村,从拆掉北大的围墙开始

20世纪初叶,民国怪人辜鸿铭初到北大授课,有学生见到他的小辫,哄堂大笑,辜鸿铭正色应之:"你们笑我,无非是因为我的辫子。我的辫子是有形的,可以剪掉。然而诸位同学脑袋里的辫子,就不是那么好剪的啦!"其实,这句话也可以看成是北大人的思想的另一种另类的诠释:对于科学和思想的学习,首先要从破除障碍,拆掉心中的围墙开始。

中国近现代史上,叱咤风云的北大,原本就有站在时代潮头,为科学真理,敢为天下先的精神。五四运动以来,先进思想理论和科学知识,绝大多数都是北大的"盗火者"传播介绍而来的。正如杨振宁所评价的那样:北大对中国历史的作用,远比哈佛大学在美国历史上的作用更大。

20世纪20年代的北京大学,从一开始就将"科学"作为大学的支柱,从内容到形式,从科学开始,不断拓展范围。辜鸿铭拖着小辫讲课,刘师培保皇,钱玄同主张废汉字,今天听上去颇为滑稽,不知就里者,往往一概而论,评价这些人为封建余孽,守旧愚昧,其实不然:辜鸿铭大概是最早接受西方系统科学训练的中国人,刘师培的学术出于西方,钱玄同和章太炎先生一样,同样是留学日本的"新派"人士。

20世纪绝大多数影响中国的思潮,从民主、自由主义到马克思主义,从汉学到经济学,北大基本上是我们中国的滥觞之地。北大科学、人文社会体系影响,不仅仅是通常人们所说的"一个学校(北大),一个地方(北大校园)、一个校长(蔡元培),一套主张(思想自由,兼容并包)",关键在于，北大的这四个一，在战争和历史的洗礼下，已经不知不觉地渗入我们民族的血液。北大的每一次新思想启蒙运动，科学活动，无不是一次成功的"拆墙"活动。

有人说，北大人好谈启蒙和理想。其实，凡是启蒙，都必定首先要揭去那所谓的"无知之幕"，更多的时候，还要跨越信息和思想的真空地带。每一次北大的抉择，也就是中国最卓越、最有远见者的选择。"五四"时代，北大揭下了西方科学的神秘面纱，让赛先生（科学）从此在中国登堂入室。新中国成立初期，被扰乱的北大重新进入中国和平教育的时代。改革开放，北大成为经济新思潮的绝对中心，成为改革开放中对中国经济发展方向影响最大的高等学府。

古人说"知难行易"。说是拆掉围墙，可是真正有胆识勇气下手的人，始终是极少的。就算是北大，在面临制度约束的同时，也同样可能面临所谓"路径依赖"的问题。学术研究和市场挂钩的这一决定，在北大面临重重阻力。1992年，也就在吴树青校长排除万难，在北大南墙建立房地产开发部不久，北大的南墙历史巧在20世纪的改革开放初期，成为北大一次时代精神大转折的标志。因为这一标志，北大从此在科学的大旗下，将中关村和北大、中国硅谷、改革开放、经济发展、社会主义市场经济这一系列的名词现象联系起来。

据明清小说笔记记载：近代之前的中关村，本是明清内宫太监的坟地。中关村，本是永定河故道，旱河流过故称"中湾"。明代太监猖獗，京城不少地方都有太监庙，太监又称"中官"。清朝末年编制地图，认为太监不雅，改为"中关"。

新中国成立后第十天，中国科学院在中关村组建。此后，北大和清华校园扩展到中关村，经半个世纪的发展，中关村成为中国最大的知识、教育技术企业中心区域。起初，中国科学院是中关村的领头羊：中关村电子一条街前两年创立的30家高科技企业中，中科院就占13家，北大只有1家。

1989年，吴树青教授担任北大校长，决心改变北大在中关村科技园中不利处境。吴树青上任后，决定拆掉北大南围墙，对于"激光照排之父"王选教授的方正给予极大支持，北大建成的中关村现代化电子街，为创建中国硅谷提供了较好条件。同时设立教学和科研奖励基金，培养年轻人才，使具有博士学位的教师由不足100人扩展到600多人,并主持制订了北大面向21世纪的宏伟蓝图,从而为北大跻身世界一流大学行列打下坚实基础。

有关"中国硅谷"中关村的书籍、杂志、宣传记忆,早已是汗牛充栋。中关村,除去名字外,已失去地标意义,北京市的地图上已经无法将这个名为"村"的地区,从地理上划出清晰的界线。不过,对于今天的北大,中关村却已经成为最具有标志性的印记。从某种程度上说,新的北大如今更大程度上是以一个中国高新技术输出者、传播者的面目出现。所谓北大校训"爱国进步民主科学",到最后终归是要落脚到科学之上。

北大南墙的拆除,很大程度上也在无形中拆掉了计划经济和市场经济之争的观念之墙。当时北大南门外600米低矮的南墙,不知是谁开的头,在墙根下弄了简易商铺。"这些小商贩靠着北大南墙做生意,也是借助北大的资源,有这样的资源,我们自己为什么不利用?"当时身为北京市海淀区人大代表的马树孚这样想。可是他的推倒在当时的一名北大学生看来却是一幅完全灰色的前景:北大不会再出现一名纯正的学者。

1993年,北大南墙在推土机的轰鸣声中轰然倒塌,即使连反对者们也没有预料到,从此,2500米的商业街建立起来,中关村的北大基因建立起来,一个市场和知识精英结缘的时代开始了。甚至,中关村新建的电子一条街上,北大出身的教授,为了区别,一定要在介绍中标明自己的儒商身份,或者自称科技企业家。在市场经济的大潮中,这种转身不容易,知识分子在面临成本和收益的选择时永远会贴上知识的标签。

今天看来,教授或者大学毕业生,将知识作为人力资本,创新手段,不再被看成是降尊纡贵,也不被看成是斯文扫地。相反,人们把北大这种拆南墙的破天荒举动,看成是大学的元素中必不可少的部分。今天,任何一所大学的毕业生回忆自己的青春岁月,大学周边附近的商业街和美食店,都是最生动、最值得留恋的部分。对于北大的学生们来说,中关村那些进口电子产品,从盗版碟到微软的软件,从长城电脑到苹果机,几乎全部经历了一遍,而这一切全部归功于当初的拆墙之举。

在经济学中,人们相信,类似拆墙的举动总是会牵动制度改革双方的博弈,触动他们敏感的神经。吴树青离任北大后多年,仍然可以在全国代表大会上听到不少人对他拆墙的非议。而这些非议者,很可能就是拆墙前

工资不足以比肩南墙下的菜贩，或者拆迁后正享受着北大方正或者其他北大中关村资源红利的人。有人说，这是制度经济学中的制度变迁的成本，问题是，在一个大时代里，人们很难真的清晰地指出，一堵墙的利益和成本到底是怎样的。

甚至，这些成本也许还只是有形的围墙，那些无形的围墙，比如对于北大精神泯灭的担心。当社会和公众把越来越多的目光投向北大的时候，精英意识和人们对于北大的期望，再一次被抬升到过高的水平上。自然，当他们一旦不满，就会将这一切都归咎于北大当年拆墙的选择。2009年3月，当北大宣布重建南墙的时候，有不少人过度解读为，这是中关村知识分子下海的终结，北大精神的复归，以此反证北大当年选择建设中关村的失败。更有甚者，对于方正集团也上纲上线、多加指摘，全然不顾今天北大在中关村的真实地位和影响。

不过，历史总是公正的，当人们重新评价中关村和北大联姻的这一选择，总会有一个客观的看法。2012年，当中国人民大学和北大都开始为80岁高龄的吴树青教授庆祝生日的时候，正值北京大学经济系建立100周年，人们高度评价吴树青教授执政北大的决策。相信，未来北大在中关村的建设中会再创辉煌。

中国最好的商学院

> 外国的商学院不招本科生,主要是培养MBA和EMBA,而中国不同,中国的商学院是双重任务,既要招本科生,又要招MBA和EMBA,而北京大学的学生是全国高考的尖子,不能辜负家长对学校的信任,也不能辜负学生自己的一些希望,我们必须把这部分也作为重点,所以是两个重点。
>
> ——著名经济学家、北大光华管理学院名誉院长厉以宁

北京大学在经历一个世纪的变迁后,如今的人们,在市场经济条件下,更多地关注那些笼罩在北大身上的各色光环。谈及如今的北大,不能不提到赫赫有名的商学院教育。

2012年福布斯公布中国最具价值的商学院规划项目中,北大上榜的项目在所有名校中独树一帜,其中北大国际MBA和光华管理学院的MBA/EMBA,分别位居榜单前三家中的后两位。就毕业生5年后平均薪资水平这一核心指标而言,北大毕业生的薪酬水平,在中国已经是无人望其项背,而100万元的年薪已经同国际的主流商学院的水平差距很小。

如今的中国人,提到高管,只要闻听对方是MBA,很可能立刻肃然起敬。毕竟在商业教育还没有形成特定的传统,商学氛围方兴未艾的中国,MBA的数量并不是很多。如果比较世界不同地区的MBA的人数和社会影响,显然美国的MBA早已经司空见惯,大企业的高管基本上是商学院工商管理专业出身。人们追求这个文凭,主要是出于职业的背景和专业需要;在印度,商学院基本上影响很小,人们对于MBA基本上是一种可有可无的态度,但是印度国籍出身的MBA在国际跨国公司中却占据最高的比例,因此印度人有跨国公司经理人之称。至于在中国,不少人选择MBA,很大程度上还有所谓"贴金"和"培养商业管理人才"的双重需要。

在中国的大型公司中,身份和背景是北大MBA,通常也被看成是能力和绩效的象征。媒体信息,也经常用聚光灯的方式,对待北大MBA的种种行为。

不过,在这表面的浮华背后,北大的商学院之所以获得公众的高期望和高关注度,从根本上是一种中国国情和中国经济学特殊的路径的结果。北大的

商学院,从一开始,就背负着一个时代、一个民族特殊的期望和关注。

1993年,北大光华管理学院成立,在很多方面光华是中国商学院教育的先行者。这其中又以厉以宁教授的贡献最大,他在教育学界有非常高的地位。

北京大学光华管理学院的前身是北京大学经济管理系,是1985年成立的。直到1993年,在香港光华基金的支持下,合作成立光华管理学院。这8年,也正是中国经济体制向市场经济体制改革的关键期。显然对于改革而言,这是一个完全需要企业管理人才的新时代。

国内上上下下,包括青年学者,也包括政府部门对商学院有新的认识。作为中国商学院教育的先驱者,光华管理学院无疑是第一个吃"螃蟹"的。甚至,某种程度上说,这是一个艰难的诞生历程。

当光华商学院以合作的方式第一次进入中国,人们才慢慢意识到所谓的"商学院"到底是干什么的:商学院是给企业培养经理和老板的高等学府,MBA就是商人和管理者的专门学位。在光华管理的MBA出现不久,高薪高素质商人的新形象,在"无商不奸""小商小贩"观念普遍的中国,不啻一场产业领域的思想解放。

大经济学家,中国最著名的大学,要专门培养一批高薪高素质的经理,这对于国人的思想有着极其深刻的冲击力。也就是从光华管理学院诞生的那一天起,MBA热,悄然在古老的中国兴起。在不到20年的时间里,商学院热、MBA热,不可阻挡地在中国蔓延,以至于连开启商学院教育的鼻祖,哈佛商学院都不得不惊叹中国商学院教育的突飞猛进。中国商学院的受欢迎程度,更是达到在西方看来咋舌的地步。

不到20年的时间,原本一片空白的中国商学院,如今成为全亚洲上榜最多,排名最靠前的商学院,其中光华管理学院,在《金融时报》2012年的全球顶级商学院排名中,名列亚洲最优秀的商学院。到2012年,排名在光华管理之后的一些商学院学费高得惊人,以至于《中国民航报》认为:"商学院从诞生那天起就不是给普通人预备的盛筵。"复旦大学2011年春季班的学费还是41.8万元,一年后学费就涨到了49.8万元,涨幅大约为20%。听课费、教材和讲义费、翻译费、学院资源(图书馆、计算机中心)使用费、论文答辩费、课间茶点费、住读模块食宿费、国际模块课程的相关费用,成为商学院的招牌费用和基本门槛。

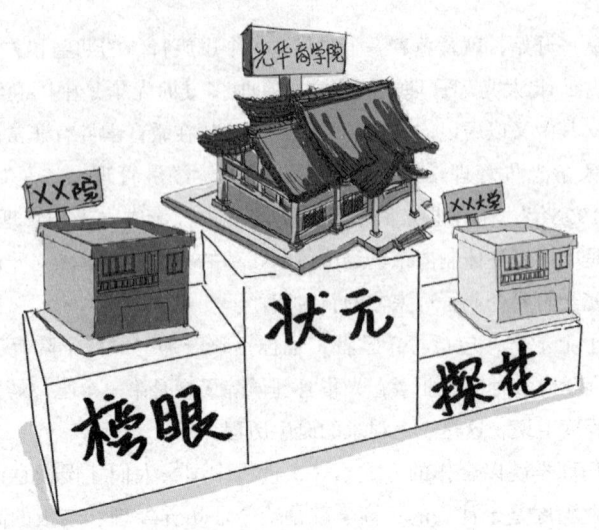

作为首任院长,厉以宁教授对于中国顶级商学院的每一步发展,如数家珍。在他看来,在光环和荣誉背后,商学院并不是像常人看到的那样真的一帆风顺,风光无限。

中国的商学院,在北大的风风雨雨,本身就是中国国情的另一面镜子。北京大学有着深厚的人文底蕴,具备成为一流商学院的土壤。但在1998年以前,中国大部分的商学院却处于内忧外患之中:忧的是师资力量薄弱,北大教师多,可是真正符合商学院要求的多面手——有企业或者社会管理经验,有学术功底,有经济培训的才能,却少之又少。

管理学的师资容易找到,不行还可以到国外请。金融和财务课程,北大却有一个天然的短板。北大没有重量级金融教授,只能靠东挪西借来配置资源。于是,这就出现北大商学院回报最高的项目之一,金融方向MBA的怪异渊源:中国的股市直到20世纪90年代才开始摸着石头过河。北大的金融和财务管理的师资,多数可以追溯到中国人民大学,其中黄达校长给予的支持最多。随着北大商学院培养的人才越来越多,社会知名度开始越来越大,北大的师资难才初步得以解决。

北大的学术地位和人文氛围,在过去的数十年时间里,让北大形成一种新的人脉文化。正如厉以宁教授所指出的那样:"一个学校为什么必须有一定的知名度,越是知名越有尖子,越有尖子就能够在这里找到将来对自己发展有用的人，一个同学今天上课是两年，将来可能一生在一起工作。对于不少北大商学院的毕业生来说，北大校园的资源和求学经历，正是自己一生最大最丰富的财富。"事实上，今天看来，经历近20年的发展，北大商学院已经成为中国商学院的标杆。

商学院的好坏，通常国外是以毕业后的薪酬来评比。实际上，以这个标准来说，北大商学院并不占优势，目前排在榜首的是中欧国际商学院和长江商学院这样的私立商学院。但就毕业后若干年的长期财富而言，北大光华的潜力和折现价值应该是最高的。

假如一个人从北大商学院毕业的时候有N数量的财产，10年之后可能是N的二次方、四次方。这里面就不只是单纯的教育所带来的，而是各种因素结合的结果，若干年后财富的增量，由于中国的国情，人们愈加清楚地看到北大商学院毕业生的强大"后劲"。

"我们培养企业家，但是希望你将来成为企业领袖，领导潮流的人。"这正是光华管理学院的终极目的。尽管和一流的哈佛商学院、斯隆商学院相比，国内案例甚少，北大光华的案例库教学刚刚起步，但是就商学院的社会责任而言，它已经走在世界一流的水平上。

北大商学院自始至终贯彻第一代经济学家们反复强调的，比如说对国家、社会的使命感。我们的目的，就是让中国走共同富裕的道路，让中国的穷人富裕。真正的企业家，一定要对中国人文有深刻的了解才行。我们推崇儒商也表明了这一点。

正像国外的观察家所评论的那样，中国的商学院不是太多了，而是太少了。一个本土化和国际化兼容的商学院，在未来能够带给中国企业和经济新的希望，北大商学院无疑任重道远。

重新认识北大经济学

……我们反人民，但人民胜利了。我们还不没落吗？除开少数的马列主义的文化战士而外，我们的确是没落了，现在无人不感到"五四"以来的老教授的地位在没落。社会科学上几乎没有什么老教授的笔墨,在政治舞台上亦几乎没有什么老教授的精彩的表演,在社会讲台上亦几乎没有什么老教授的声音。

老教授们不但在学校以外逐渐丧失了威信,在教室里或在学生群中,也逐渐丧失了威信,因为过去我们所谈的那一套,都不是代表人民的呼声,而是代表少数剥削者的呼声。

——1951年北大著名经济学家、九三学社中央委员樊弘发表于《光明日报》

北大怪人多,人们耳熟能详的那些文人名士,随便都能列出一个名单来。按说经济学是最为严谨的社会科学,怪事自然少得多。然而,北大就是北大,文人的风骨和元素,弘道传毅的精神,总是会传染到很多人的身上。实际上,罩着向西方一流经济系和商学院看齐光环的北大,在百年的历史上,总是有些人有些事情,是避不开的。比如,新中国建立后北大第一个入党的经济学教授樊弘。

北大经济学院创立一百周年纪念出书,内含洋洋洒洒的"经济学家"地图,其中樊弘大名在列。樊弘其人,只要看看他在《光明日报》上的那段陈述,其形象也就跃然纸上。

没错,公开批判西方经济学,自称:左派经济学家,这就是樊弘。正如不少仍旧在北大执教政治经济学的学者所言,在今天北大商学院的学生,谈西方经济学批判,这多少有点鹤立鸡群。大家都挖空心思,如何在

《计量经济学评论》《经济学评论》这类国际一流期刊上发表文章。马克思主义经济学或者批判西方经济学的刊物，则被学子们视作边缘。如果你在北大经济学院高喊"西方经济学批判"，估计会像某位前北大副教授一样招来各种网络匿名的嘲笑、谩骂和围攻。

事实上，北大的怪异，也就常常在历史的巧合中出现。半个世纪前的北大经济系上演的那一幕，其实和当今的北大没有多少差别。而当时被推上风口浪尖的，正是其时作为北大经济系系主任的樊弘。这件事情，从某种程度上，是北大经济学的变迁的一个缩影，也让我们需要重新审视一下北大和经济学的关系。

先来看一下事件的原委，也许看完，你就会对北大经济学，有一个另一层面的、格外新鲜的看法。

陈岱孙先生在经济系做系主任，贡献巨大。陈岱孙先生的前任，正是当时著名的民主教授樊弘。许多人不了解这样一点，为何新中国成立后，哈佛大学毕业，接受了完整的西方经济学教育的陈岱孙改宗马克思主义经济学，读起了《资本论》。不少人甚至认为，这多少有点儿宝贝放错了地方，浪费人才。

事实上，许多事情，需要放到历史的环境中看，才能窥见全貌。实际上，民国时期的北大，一直都有马克思主义经济学这一门课程。尽管军阀张作霖力图遏制"赤党思想"，厉行镇压，蒋介石大搞清党，严禁共产主义思想在学校散播。但是，说来可笑，在20世纪的中国，北大却集中了一大批左派教授，并且堂而皇之，宣讲社会主义和马克思主义经济学。

著名经济学家千家驹，在北大上学的时候接触《资本论》，并在相关研究领域崭露头角。抗战时期，在西南联大的课程表里，系主任赵乃抟教授专开"社会主义"一课。抗战后，北大复校，法学院院长周炳琳干脆提出："马克思学说也要开几门"。周本来经济学科班出身，却倾向《资本论》。但是总体而言，西方经济学占据绝对多数的地位，政治经济学的研究，只是时大时小，并不稳固。那些用《资本论》观点讲课的教授，随时面临中统的监视和迫害。

樊弘本来在湖南大学做经济学教授，1930年他在《社会科学杂志》（一卷二期）上发表《马克思经济学说的讨论》。只不过，此时的樊弘，只将马克思主义看成是经济学流派中的一个分支。真正让樊弘变成一个马克思主义的经济学者，树立国际声誉的，是其于1937~1939年在剑桥大学研修的经历。

20世纪30年代末,凯恩斯的经济学开始流行,著名的马克思主义经济学者多布,那时负责和斯拉法一起整理李嘉图的著作。樊弘的导师正是多布,在多布的指导下,樊弘创作的《评马克思和凯恩斯的资本积蓄、货币和利息的理论》在剑桥大学的权威杂志《经济研究评论》上发表。该文一方面,指出凯恩斯一些所谓创新的经济学术观点,马克思早已经讲过了;另一方面,指出凯恩斯的一些观点,实存在一定的空想而不切实际的成分,并不足以解决资本主义的经济危机。

这是世界历史上第一篇以马克思主义经济学说批判凯恩斯主义的论文。此后,樊弘就成为剑桥名副其实的左派研修学者,此后他的一生都用"科学的"马克思主义学说系统地批判凯恩斯主义。

如果说樊弘这么就成了左派,未免太过简单。实际上,樊弘是那个时代少数自觉地转向马克思主义经济学的学者。也正因为如此,当周炳琳希望开几门马克思主义的课的时候,一直公开抨击蒋介石政府,坐牢也要"反饥饿、反内战、反迫害"的樊弘,自然成为首选。

然而,樊弘却是个怪人,当九三学社邀请他加入的时候,他自认为是无产阶级,拒绝加入资产阶级的政党。新中国成立后,勉强成为九三学社中央委员的樊弘,不愿意再教西方经济学——他本来就是马克思主义经济学的研究者。樊弘公开入党,引发不少旧知识分子的恐慌,在高校引发不必要的议论。樊弘曾经是国民党党员,因不满蒋介石"四·一二"屠杀,公开刊文退党。等到他的入党申请被中央同意后,却引发另一场信任危机。

樊弘的前任是赵乃抟,不少人误认为他入党而挤走了前任。其实,赵当时被派去广西做土改工作。樊弘公开标榜自己的学术属性,特别是对凯恩斯经济学的批判,招致了同事的不满。罗志如、严仁赓、陈振汉、徐毓楠大多数是凯恩斯经济学的支持者,樊弘虽然从凯恩斯主义的发源地剑桥归来,却是最激烈的反对者。

而樊弘在学术上的中立立场,同样为政治经济学学者不容,譬如,他认为对于西方经济学中的不少真实内容应该继承,而马克思主义经济学需要补充和修正;他甚至公开提出,马克思主义的经典经济学说应该结合社会主义建设的实际,尤其中国的现实国情,进行一定程度的变通和修正。同时,他还批评当时的政治经济学只有普及没有提高。这都直接刺激了政研室负责人的神经。

今天看来，樊弘的这些主张都十分中肯。

客观地说，以樊弘在国际上的声誉和名望，即使不能成为"中国的多布"，至少他的思想已经十分接近后来的斯拉法的观点。而在被岁月埋葬的二十年里，樊弘既无法跟上英国剑桥学派的步伐，也没有办法融入后来的新马克思主义研究的浪潮。以至于今天，尽管中国是世界上最大的社会主义国家，但社会主义的经济学理论研究的影响却十分有限。一些和樊弘具有类似观点的经济学者，则形成形形色色的西方马克思主义经济学观点，或者各种激进经济学。到底什么才是正宗的马克思主义经济学，什么是科学的经济学，什么是应该继承的西方经济学都是复杂至极的问题。

在西方经济学进入北大和中国的一百多年里，始终面临中国化还是西方化的问题，不同时代的中国知识分子，则提出了不同的答案。樊弘作为一个被认为是书生宿命的典型知识分子的遭遇，发人深省。他大概是迄今为止，最早批判凯恩斯，而且最早获得国际声誉，学术水平最高的中国经济学者。

樊弘在描述他从纯粹学术研究，变成一个左派的经济学家和活动家时候，曾经说："这些年来，在精神生活的旅途中，曾碰着了许多次的为自己所信奉的理想，在实际上不能实践的困难。在困难发生，几经奋斗，而不得解决之际，心理上曾出现了无限的冲突与矛盾。"

事实上，不但是樊弘本人，中国的经济学和北大经济学，都面临着同样的危机和矛盾。这是百年至今，北大学人始终追问但无法得到回答的问题。

PART 02
"吴市场"：捅破市场经济的窗户纸

顾准和孙冶方的学生为"商品经济"翻案

> 计委那边有人说，目前北京经济学界有三个代表人物，一个是"有计划"（指有林），一个是"吴市场"，还有一个是"杨承包"（指杨培新）。
> ——著名经济学家、中国信息协会副会长乌家培

知名财经评论人、财经作家吴晓波在经济学家吴敬琏的口述自传《吴敬琏》一文中，从当事人的角度，还原了"吴市场"的绰号始末。正如做过中央政研室主任的乌家培所说，这是当时经济首脑——计划经济委员会的发明。

"吴市场"，按照吴敬琏本人的说法，是个带贬义的绰号。时光荏苒，30年后的中国，"吴市场"的原意早已从世上抹去。今天人们提到的"吴市场"，是对市场经济的启蒙者和盗火者的最高荣誉。

对于中国的市场经济改革来说，其最初的艰难不亚于难产。而吴敬琏成为"吴市场"，其实很大程度上既是经济规律使然，也是命运的偶然巧合。北大一代学人，有着重大影响的吴敬琏教授，在历史的巧合下，担当了这一历史

使命。至少在爱戴这位老人的北大校园里，"吴市场"很大程度上就是一段经济学人的中国传奇。

不管是亚当·斯密的《国富论》，马歇尔的《经济学原理》，凯恩斯的《通论》，还是马克思的《资本论》，都隐含着一个颠扑不破的真理：任何经济体，都是有资源、人力、技术约束的；即使不成规模的计划经济，也同样摆脱不了这三样。而中国的市场经济改革，很大程度上，就是这三样的大变革。市场化，其实就是改变约束。

吴敬琏坚持市场，强烈要求将"商品经济"一词写入"十二大"的文件，不单是留学耶鲁，从美国经济的发展观察获得的巨大思想冲击，更重要的是，作为一个深受马克思主义影响的经济学者，孙冶方的学生张卓元，无疑是此时和他最近的同盟军。孙冶方主张的商品经济，只要一步，就可以跨越到市场经济。毕竟，既然价值规律高于计划，那么显然，市场经济的规律自然可以适用于社会主义。现在所需要的只是完成这"惊险的一跃"。

幸运的是，吴敬琏最终从只言片语中，找到了他和孙冶方先生的共同点。在有限的妥协下，大多数人同意相比计划经济绝不动摇商品经济的说法，远比计划经济要好。在经过三下五除二地思想考量之后，很快一个浓缩了顾准和孙冶方灵魂的议案，就神奇般地实现了。

此时，政治上随着家庭联产承包制度的广泛影响，广东开放经验的魅力传递，越来越多的人开始转向商品经济。当所有的人都开始努力寻找共识，所谓共识就这样意外地出现了。

最终在"十二大"召开的1984年，吴敬琏离开了工作30年的中国社会科学院，前往中南海的国研中心工作。晚年的吴敬琏在《我在改革的岁月里》把自己的初衷描绘得十分简单："在政府机构里面，完全有条件做得更好。"

1984年后，怎么挽救崩溃的国民经济？所谓治国若烹小鲜，一部分掌握实际经济调度权力的经济学者和经济型官员，挺身而出救国于危难之间。在当时的中国，"计划""市场""承包"三种观点跃上前台。1981年4月，《当前关于计划调节与市场调节的几种观点》这样的中央内部材料，划分得更细：第一类以邓力群为代表坚持计划经济的；第二类是不那么坚定地赞成计划经济的；第三类是不太坚定地赞成商品经济的；第四类是薛暮桥、林子力等主张商品经济的。

而吴敬琏最初是被看成第三类的,实际上他真正的态度和薛暮桥是一样的,在决策者还在犹豫的时候,小岗村的农民已经开始"大包干",这样杨培林等人的承包观点也同计划派之间起了冲突。在经历一系列复杂的交流和讨论后,赞成商品经济的意见占据了上风。最终因为这种攻守易位,历史性地达成了商品经济的胜利。

1984年10月,十二届三中全会召开,会议一致通过了《中共中央关于经济体制改革的决定》,这个决定第一次明确"中国的社会主义经济不是计划经济,而是以公有制为基础的有计划的商品经济"。尽管前面还加上了有计划的修饰语,但商品经济无疑从此名正言顺地成为中国经济的主体形式。

到1992年,中共"十四大"更进一步指出,我国经济体制改革的目标是建立社会主义市场经济。此时,人们才发现,这一次会议文件的底稿正是十二届三中全会后吴敬琏调查上海浦东的成果。在风云变幻的改革初年,吴敬琏再一次站在历史命运抉择的潮头。

从"十二大"后,中国的市场经济,或者说商品经济,第一次在一个社会主义国家站稳了脚跟。也正是这种正名行动,打破了意识形态偏见的束缚,人们从此团结在市场经济的大旗下,释放自身能量,成功地在改革中杀出一条血路。那些一切阻碍经济向前发展的势力和阻碍,都在市场经济的名义下分崩离析。而中国社会,在不到30年的时间里,可谓五年一小变,十年一大变。

将市场经济送入中国经济学的殿堂,在每一个时代的人们那里都是一种不可多得的梦想。按照经济学者们的观点,唐末宋初就具备走向市场经济的中国,此后近千年都徘徊于市场经济的大门之外。在自然经济的夹缝中生长,在计划经济的重压下萌芽,这几乎成为中国社会的一个死循环。

晚明以来，中国的世情小说中，经商已经不再被视作禁脔；但最多也只是黄宗羲发表一番工商同样重要的观点，并没有成为全民共识。晚清有郑观应、王涛主张商战应对列强，可惜他们本人的行为是市场的反面典型；民国是有过一个黄金时期的，可惜等到第一次世界大战结束，市场经济就被日美工厂的纺织业垄断击垮。

1956年上半年，顾准向孙冶方指出了马克思在《资本论》第二卷第七篇的下述一段引文："在资本主义生产方式废止以后，但社会化的生产维持下去，价值规律就仍然在这个意义上有支配作用；劳动时间的调节和社会劳动在各类生产间的分配，最后和这各种事项有关的簿记，会比以前任何时候变得更重要。"当他把论文发表到《经济研究》上的时候，却没有想到后来招致异端和批判的罪名。比之前辈们的探索，吴敬琏的幸运可想而知，市场经济在中国的道路之坎坷令人扼腕。

当80岁高龄的吴敬琏今天奔走于各种论坛和高级决策会议时，抚今追昔，人们更加对其在市场经济的关键时期的作用备感崇敬。随着岁月的流逝，这一点还会更加辉煌，成为改革的永久记忆。

中国会变成寻租社会吗

经济学是一件很复杂的事，不是三言两语就能说清楚的。况且，经济学家是做科学研究的，不能像歌星那样炒作，我不喜欢这样。大家关注经济学家没错，这是因为经济是一个社会的基础，但关注的方式不能和关注歌星一样。

——2007年吴敬琏回应某报记者如是说

吴敬琏说出上面这番话的时候，留居香港科技大学的丁学良教授抛出"中国合格的经济学家不超过5个"的说法，刚满两年。他对于经济学家沦为产业代言者的现象，甚为不满。在他心目中，吴敬琏无疑在"合格"名单上。吴敬琏此时的回应，同样表明自己的态度：经济学家绝不是娱乐明星，而是踏踏实实做研究的。

对主流经济学家的质疑,一度让"经济学家"这个名词成为网络民意泄愤的对象,特别是一些经济学家争相充任上市公司的独立董事,在不少著名大学传出"车马费"的新闻,总能在全国范围内激起众人的"义愤"。丁学良质疑:中国各行各业几乎都能找到经济学家代言的现象,而这在西方不是没有,只是十分罕见。

吴敬琏认为,对主流经济学家的抨击并不公正,中国经济发展离不开经济学家们的贡献。事实上,如果对吴敬琏在市场经济改革中的学术论文稍加留心,任何人都可以发现:最先对经济学者沦为产业和资本的代言人深表忧虑,时刻警惕中国变成所谓"权贵资本"社会的,正是吴敬琏本人。

丁学良之所以批评主流经济学家出入媒体,很大程度上和他在西方看到的一个群体——游说集团有关。

在西方存在一种介于政府和企业之间的民间组织,他们一般通过著书立说、公开演讲来影响政府的关键产业政策,尔后以此获得利益集团的金钱赞助。这些组织的核心人物通常就是一批自称经济学家的游说人士。从西方议会制度建立起,这种小群体就合法化地开始诞生。

西方的游说集团,雇佣经济学家替利益集团站台,最突出体现在反垄断和贸易保护这两件事上。这促使另外一些反感这种行为的经济学者,开始研究这类行为。20世纪五六十年代哈伯格和莱本斯坦围绕美国的钢铁汽车等垄断行业的福利成本进行讨论。塔洛克于1967年提出了真正意义上的寻租思想。

所谓寻租,实际就是利益集团谋求经济剩余的非生产性逐利活动。1974年,安妮·克鲁格在《美国经济评论》上发表《寻租社会的政治经济学》,讨论美国贸易保护主义形成的原因时,第一次使用了"寻租"一词,她也成为寻租理论的鼻祖。此后寻租理论不胫而走,成为风靡整个经济学界,渗透社会学、政治学、法学和行政管理学等其他社会科学领域的开创性理论。

20世纪80年代美国著名经济学家布坎南开始将目标调整到政府方向来,他提出寻租是凭政府保护进行的财富转移,不是社会剩余而是社会浪费。在当代,寻租差不多就是一种社会浪费行为的代表。

1988年,吴敬琏教授率先在《经济社会体制比较》杂志上引进"寻租"理论。此后他在多种场合介绍、宣传寻租理论,成为中国的寻租理论之父。

天下之事,兴一利必生一弊。早在亚当·斯密的时代,从封建作坊走向机器工厂的英国，亟待"转轨"，为了同外国产品竞争，作坊主要么直接在议会中发声要求保护补贴，要么散发小册子，怂恿议员抵制外货。经济学家巴士夏则专门写了一个小册子讽刺蜡烛厂主抗议太阳对他们的贸易的影响。

自从市场经济出现，欧洲政府的专卖局就异化为犹太包税商的钱包。垄断交易，货贿公行，直到20世纪30年代还十分普遍。为了偿还拿破仑战争的债务，英国政府将货币发行权抵押给了罗斯柴尔德家族银行。美国钢铁商古尔德和对手为了铁路控制权，彼此操纵各自的法官，打击对方，争斗数十年，损失甚至超过伊利铁路的建造成本。

历史证明，转轨制度国家，寻租的人可能有各色人等，但花样总是惊人的相似。书斋学者还在考虑如何推进市场，小作坊、夫妻店早已在神州大地遍地开花。即使安静的北大校园里，市场解冻的迹象也开始浮现。一夜之间，菜贩和出租司机，都变成万元户。教授和学生却成为最穷的人，整月骑着单车，为生计奔波，也许比不上司机一夜拉活赚得多。北大才子们更加愤慨的是，梦中情人或许拍一拍衣袖和司机走了。

到后来，国际交流放开，北大的教职工们，赫然发现，中国和国外大学最大的差距，也许不在学术和理念，而是生活待遇的悬殊之别。多年以后，离开北大经济学课堂的杨小凯，在他的专著中，阐发核心论点的第一个案例就是从中国教授的简陋的物质条件开始的。

杨小凯在课堂上慷慨陈词，校园里的下海潮也开始初潮涌起。吴敬琏和杨小凯的学生们，之所以有勇气与土作坊隔路而行，自命儒商，很大程度上是因为：只要学校的"条子"在手，他们总是能比竞争对手得到更多更好的机会。而条子的光芒，刺激了更多的人，在大大小小的批条子办公室里软磨硬泡。其兴盛程度，不亚于今天美国华盛顿的K街。

到20世纪末的国有企业上市改革潮中，深沪大量上市公司造假被曝光。诸如蓝田公司案，南和案震惊海外，引发对改革、股市和金融的恐慌性质疑。股市在传递一种信息：中国股市就像一个大赌场一样，有进无出；庄家持股和信息差异操纵屡屡引发暴跌暴涨；国有股减持非但没有显现真实价值，甚至大规模地稀释租金。

让所有改革派们大跌眼镜，数年未接触股市的吴敬琏挺身而出，斥责股市为赌场。但企业主看到的则是，蓝田倒台背后，经济学家一言兴邦振业的公信力。舆论和政策上的正当性，越来越可能带来巨大的利益。企业主们权衡成本收益，他们开始用基金会、出书、研究所、讲座赞助的方式，逐渐培养偏向他们的经济学家。不少充任上市公司独立董事的经济学家，先是鼓吹改革，然后摇身一变，成为改革的受益者、传声筒。

事实上，这一幕也是发达国家利益集团形成的一般过程，但直到吴敬琏和杨小凯等人大声疾呼之前，因为缺乏相关的本土著作的论述，人们始终在担忧，中国会变成一个寻租的社会吗？

当北大的第一本著作《寻租经济学导论》诞生后，人们才从现象走向本质。在经过系统的研究和理论推广后，今天的人们开始明白，寻租是有底线的。任何非生产的逐利活动，并不是什么道德败坏，而是制度和产权不明晰的结果，更是法律监督错位失位的后果。如今，人们听到吴老奔走警告"裙带和权贵资本主义"的危险，也同时看到中国市场经济秩序的持续改善。法律和产权保护的意识空前提高，可以预见的是，发于吴敬琏，成于北大经济学，正在中国的环境下逐渐成熟的中国本土寻租研究，将更好地反制寻租的蔓延。

事实上，官倒、黑市美钞、壳资源现象在中国的衰退，正是寻租在中国退潮的证据。这说明，在北大经济学的鼓励之下，当一批批经济租的空间被改革压缩，体制漏洞被定点修补的当下，中国成为寻租社会的可能性正在下降，而这正是引进寻租概念的最大成果。

市场是一种机制还是一揽子买卖

> 我在课堂实验的测试结果，表明中国人对"何为公平"的稳定理解是"不能太过分"。譬如，在北大的那个班级，参加者60人分为30对，甲给乙的平均出价是4.2元（最高9.9元，最低0.1元，中位值5元）。
>
> ——加州大学教授、北大兼任教授孙涤

能来北大教书的当然没有凡人，孙教授是插班跳级的天才班高才生。以孙教授在《上海证券报》的文章看，他真正感兴趣的，不是北大，也不是实

Part 02 "吴市场":捅破市场经济的窗户纸

验,而是机制。

在昂贵的EMBA课堂上,师生互动,其实只有一个目的:市场到底是买卖重要还是机制重要。答案如果是前者,那么一锤子买卖的事情,为什么不能包打天下?如果答案是后者,机制重要,那么显然一想到市场,就是你买我卖,就显得有点儿小气。这种看法,岂不是雾里看花?

在北大的这个讲堂上,谈过市场这个话题的人,不下百人,有社科院出身,也有海归出身,有获得诺贝尔经济学奖的大师,也有"泥腿子"出身的企业家。可是,有关市场的性质,是买卖现象,还是制度安排,却从来模糊不清。第一个下意识地谈到机制的人,却并非这位北大孙涤教授,而是吴敬琏。这听上去有点儿怪异,因为如今人们在中国经济研究中心,已经是言必称制度的,但许多人到现在都可能模糊,这两个东西有那么重要吗?

吴敬琏的《教程》宣称:"经济学家往往认为,政府的基本职能是提供公共物品,而不是在市场上提供商品和服务;过多的政府干预会妨碍市场的有效运作并且产生腐败。因此,他们更倾向于欧美类型的市场经济,即自由市场经济体制。随着掌握现代经济学的学者越来越多,这种思想的影响力也越来越大。"事实上,将市场经济看成是一个体制的观点,早在市场经济在理论界占据主流地位时已经开始。

可是改革初年,市场的最明显特征,却和理论界的想法背道而驰。深圳和中关村的市场上,突然大量涌入陌生的流动商贩,各种各样的一次性买卖争相上演。有一次性的审批,一次性的补助,一次性的筷子,一次性的公司文件,最后还出现了一次性的皮包公司。

更加混乱的还是市场秩序,类似春晚《卖拐》的"忽悠"层出不穷。起初,还没有"一锤子买卖"这种说法,但当时转轨国家发生的大量此类事件,却促成了世界经济学界对市场的反思。

1978年,在当时市场经济的国际试验场,"一锤子交易"却成为经济学家高度关注的现象,各国研究者抱着很大疑问和热忱看待这个问题。最先测试对象是科隆大学经济系学生,人们发现,在德国只做一次性买卖的时候,卖家纵然再自私,也只提出了2.6~7.4的比例分法。不少社群的卖家甚至提出4~6来优惠对方(如巴布亚新几内亚的部落)。在蒙古,如果卖家在一次性买卖中提出优惠,会直接被拒绝,因为买家不好意思占卖家的便宜;在发达国家里,买卖两方一般会满足于4.5~5.5的比例。也就是说只有等价交易的比例,才能区别到底是否是市场经济。

当时中国的经济学人,还不知道实验经济学这个经典实

验。只是懵懂中，经济学家们粗略地将"理性人"的概念介绍到中国来。有些刚刚从西方取经归来的学者，纷纷给市场经济的"一次性"难题找原因。在他们看来，这是资本主义经济的固有弊端，有些人甚至以"一次性买卖"概括所谓市场经济。

此时作为中国经济理论的前瞻者，吴敬琏以政治经济学的角度，抨击了这种将市场经济和自私自利完全挂钩的做法。在他看来，市场固然是讲求利益最大化的，理论假设也以经济人为前提，但是实际的市场经济需要道德和秩序，法律在市场经济的运行中，起着关键点的作用，否则就会出现马克思所谓肮脏不堪的资本现象。

正是吴敬琏高调反对混乱的市场，中国理论界逐渐从简单的利益计算中超脱出来。将市场看成是一个庞大的系统工程，引入制度经济学，乃至各种有关机制设计的理论，也就成为改革中期中国经济学界的自觉倾向。事实上，一锤子交易影响深远。后来获得诺贝尔经济学奖的卡尼曼及同事认为，它就像X光一样穿透了生活在不同价值文化中的人的不同行为，捅穿了经济人的理性假设。但"完全理性人"的假设却非常强韧，拒绝退出。这和中国经济学界的自觉选择，异曲同工。

伴随着对经济人神话的纠正，吴敬琏和中国经济学界，特别是成为制度经济学旗手的北大经济学人，也将目光落定到经济体系制度对经济现象的约束中去。

在西方，市场的制度和交易之间，从来都是井水不犯河水，甚至直到那个著名的实验前，人们交易前的第一件事情，可能就是看看法律，签订合同。一个熟悉业务、干练的律师在西方企业的交易中是必需的配置。人们因为交易和制度的时空交融，有时都分不清制度和交易的关系。但在中国，最初的企业家做生意，甚至连合同都不知为何物。

正因为如此，在一个对市场经济的现代规则知识基本为零的国度，区分规则和交易，就成为国民的基础教育。在北大的课堂上，那时首要的任务，其实并非传授关于交易的方法，而是交易的规则。在北大开办的大部分课程，之所以每一章都要提及那些有关市场的规则和基本理论，很大程度上也是同样的原因。

也正是在北大的课堂上，吴敬琏关于体制改革的警告，第一次从理论化做了实践。北大的学生,很快就将课堂上学到的第一手规则知识转化到工作当中。从1978年开始,30多年来,这种以规则而不是交易为特征的改革,很大程度上改变了中国。在西方作为纯理论的西方经济学,第一次有了更加具象的意义。而大量模仿欧美制度,因地制宜执行,也就成为中国改革中最明显的开放性学习模式。

仔细观察北大经济学在改革中的地位,正如北大副校长刘伟对中小企业创新的观察一样,中国民营企业自改革开放以来得到快速发展但发展到一定规模时往往显示出后劲不足的趋势。没有持续发展就谈不上长期持续的生存。事实上,这种短期的特征从那些课堂上学习粗浅的市场经济理论课的反应来看,引进西方的企业制度也必然从开始就将面临所有企业的难题。

要知道,企业的持续发展已经成为当代中外企业界、学术界和政府面临的重大理论和实践问题。这种问题,从一开始就牵一发动全身,作为培养了中国最多的企业家富豪的大学,北大在深入传播市场,充当社会前进的推动者方面当仁不让。

当我们重新回顾改革前瞻者的市场盗火者角色,我们更加清楚地看到北大在这场火一般的革新中薪尽火传的光辉。而这也许正是市场机制观点,最终在中国赢得今天如此的优待的根本原因。

经济学家真的不讲道德吗

公众似乎对经济学家整体抱有过高的道德期望,希望经济学家都是道德高尚、言行一致的"正人君子",为整个社会的经济活动乃至其他方面的事务承担起义务指引和拨乱反正的重任。事实上,"良心"作为一个关系到人的伦理价值判断的概念范畴,主要应当是以个体的言行作为辨识和判断的对象,目前尚没有人能够对某一行业的道德水准和规范要求给予切实清晰和具有效度的定义。

——北大教授夏业良针对大众对经济学家的道德议论时撰文回应

1994年,一直安心于书斋的经济学者樊纲写了一篇名为《经济学家谈道德?》的小文章。文章发表在读者不到400人的《经济学消息报》上,却在河北财经学院教授刘福寿、作家梁晓声和樊纲之间引发沸沸扬扬的道德论战,一时间成为大学文化圈内的新景观。因为这个没有刊号的小报的影响,更多地局限于中关村的名校,特别是北大,于是不久之后,经济学家将不讲道德,在向来爱惜羽毛的北大,也掀起了巨大的波澜。

主张"道德中性"的樊纲套用西方经济学的方法论原则,按照实证主义的观点认为:经济学不讲道德,对价值观、道德观不做"好"与"坏"的评价。

他在文中举例说:"经济学家就其职业来说,可以为希特勒服务,也可以为丘吉尔服务;可以为黑帮服务,也可以为政府服务。"结果招致另外两位的质疑,也在学生中引发海啸。对于提倡为祖国工作,为人民服务的北大,这种观点无异于挑战伦理。试问,一个经济系的学生,居然可以不讲道德,那么这样的学问是不是可以在市场中信马由缰,唯利是图呢?

以伦理和道德为前提,斥责经济学者不讲道德的声音越来越多,给经济学和市场在中国的传播也带来负面的效应。不少人趁机将市场秩序中混乱现象的罪名,也加到经济学头上:不讲道德经济学,导致了不讲道德的市场,经济

学祸国殃民等谴责不一而足。好在大众正忙着发财致富，通胀和经济过热、硬着陆的风险弥漫社会，还顾不上参与到这场道德大辩论。最后，第一次论战以双方妥协草草收场。

然而5年后，国企彻底私有化的论调甚嚣尘上，引来斯蒂格利茨等经济学家的质疑。经济学家们作为国企改革的形象代言人和设计者，引起大众的激烈不满。不少高调的经济学家被人指责为失业、下岗、贫困的始作俑者。

此时，被推上风口浪尖的主要是北大或者和北大关系密切的经济学者：某杂志质疑张维迎作为电信公司的独立董事，主张开放竞争，实为公司谋利。清华大学魏杰则被迫辞去新疆屯河的独立董事。

为了给经济学家权威挽回颜面，樊纲抛出《"不道德"的经济学》："经济学作为一门特定的学科，经济学研究作为一种特殊的职业，它不讲道德、也不该讲道德；经济学家不应该不务正业，'狗拿耗子'地去做哲学家、伦理学家、文学家、政治家、牧师等在其职业领域内该去管的事情。"

此时，一向高调的北大教授张维迎执掌光华，开始进行学院人事改革。张维迎在公众场合宣扬改革，倡导自由竞争。在台下，他同样雷厉风行地执行这一理念，将学术变成另外一个激烈竞争的市场，教授能上能下，打破教师铁饭碗的传统。此时，北大的另一位教授夏业良认为：张倡导的市场化的竞争只在教师之间展开，不涉及行政人员，这可能违反公平也牵涉道德难题。

这样在北大的校园里，对于经济学家的道德问题，新一轮的论战开始。而且同上一次略有不同的是，随着网络在校园的渗透，这一次原本是经济学家之间的观点之争，迅速被扩大化演变成一个网络市场民意的争夺。

对于不熟悉经济学圈子的人们来说，樊纲的说法、张维迎的高调、吴敬琏的上镜，就是经济学家的全部。红口白牙，人人都懂的言语，不讲道德就是这样的意思：经济学家是可以没有道德底线，随时为一己之私违心发言。

问题是，经济学家真的不讲道德吗？

尽管所有的教科书都力戒出现价值判断和道德评价，避免被人误会和编写者的立场有关。事实上，即使是完全从客观事实出发的"实证研究"，同样也避不开道德和立场。为了证明自己的观点，论证帕累托最优这个市场效率的核心，经济学家总是避开诸如贫困、失业、犯罪等社会问题，将其说成是价值问题。

樊纲二度挑起道德之争的文章，实际真正要表达的是：经济学家只是一个职业，其学术是社会分工，必须尽职尽责地研究经济规律，超越这个范围，越雷池半步，像道德家一样谈道德是不适合的。

20世纪90年代刚刚涉入经济学的北大学者，此时大部分内容已经同国际接轨，同样要面对经济学内部的学术竞争和创新，此时专业的细分，分工的明确，隔行如隔山的特性，就更加明显。自然，一个好的经济学者，根本不可能有多余的精力，在他不熟悉的领域发言。而一旦发言，那也只能是经济学家的个人道德判断，与其经济学术能力无关。

这就是说，如果公众相信经济学家的公信力，那么一定要听他的学术发言，而不是跨界发言。只有这样，经济学家道德和利益的危机才可能降低。试想，一个人在自己研究的领域更可能有真知灼见，而在别人的领域则完全可能是哗众取宠，胡说八道。

北大经济学界，在国内最早和公众进行网络交流，是承受民间和学术舆论双重道德拷问的最大的地方。尽管，过去的高调者今天仍然高调，但是，在学术界内部，人们已经达成默契，为了学术和真理，大家继续缄口不言或者不讲道德，只有这样才能守住经济学家和学术的底线。而这又是不为外人所知的北大经济学的另一大秘密。

安徽粮食市场如何改变了中国的命运

> 当时主要是人民吃不饱肚子。所以说,安徽凤阳小岗村18户农民搞改革,是被逼出来的。
>
> ——2009年北大教授厉以宁谈安徽小岗村的改革

走市场的路子,一条心改革,是走投无路之举——"改革是被逼出来的"。对于这一点,中国老一辈经济学家基本都同意。但要说,这种逼到绝路的改革最终改变中国的命运,北大著名经济学家吴敬琏和厉以宁却有不同的看法:1978年小岗村18户农民的"大包干",在北大的经济学公共讲堂上,几乎一谈改革,定会涉及。血书分地,被看成是新中国走进契约经济的宣言书。但在吴敬琏看起来,联产承包早已有之,不过是农民们回归一种自己喜欢的生产方式而已。

改革的亲历者,说起让农民们哄饱肚皮的"包干"制度,其实并非众口一词。尽管天花乱坠、能言善辩的媒体早就将小岗村变成神话一般的标志,可终究掩饰不住神话背后的冷清真相。

2009年,安徽凤阳小岗村的党委书记沈浩去世。这个土生土长的普通党员,可谓极尽哀荣,除去主旋律的电影纪念外,还被选为2009年度感动中国人物,当时的评选组委会授予沈浩的颁奖辞:两任村官,六载离家,总是和农民面对面,肩并肩。他走得匆忙,放不下村里道路工厂和农田,对不住家中娇妻幼女与高堂。那一年,村民按下红手印,改变乡村的命运;如今,他们再次伸出手指,鲜红手印,个个都是他的碑文。

事实上,在沈浩来到改革第一村前,这里的贫穷一如既往,没有乡村道路,更没有像样的乡镇企业。以经济学者的角度看,在30年的改革后,小岗村唯一完成的任务,也就是温饱,小康根本无从谈起。有关"改革第一村"的生花妙笔的记忆,什么也没有存留下来——沈浩在任的功绩之一就是,小岗村改革纪念的农家乐。

也许正因为如此,包括吴敬琏在内的经济学者始终对其评价不高。在他们眼里,被逼出来的小岗村改革,最大的贡献,恰恰在其后的另一场真正的改革上。这场改革,发于小岗村,成于安徽,救危难于中国。这场改革正是20世纪80年代发端于小岗的粮食市场改革。北大经济学者断言,这才是中国从计划经济向市场经济转变的经济学标志。

1978年包干后的几年里,小岗村的粮食产量虽有增加,始终没有超越养活自己的限度。以现代经济学的观点,这只能说是"恢复",根本谈不上改革。在制度经济学中,这仅仅相当于旧制度变迁的一个插曲。

小岗村唯一说得上改革的,恰恰是那些被人忽略的细节。1984年后,小岗村终于可以上交公粮,全村人到安徽凤阳的粮食市场,卖掉自己的余粮,换回他们所需要的其他产品。

农民将自己消费后的粮食用于交换,正是世界历史上一切市场经济的开端。农产品交换流通机制的天翻地覆,正是林毅夫的论文中最为关注的环节。

经济学理论认为,农业是所谓弱质产业,易受自然灾害和生产技术、预期的影响,从而周期性波动。以人均耕地的存量来说,小岗村人均约4.2亩,远远超过当时中国的人均耕地3.8亩的水平。凤阳"自从出了朱皇帝,十年倒有九年荒",从自然条件来讲,除去农业集体化初期达到过10万千克的总产量后,再也没有突破这个极限。"承包"的第一年,小岗村就收了6.5万千克粮食。这个比例,仍然不足以养活小岗村的村民。

实行"分田到户"几年后,小岗村技术上其实也不尽如人意。事实上,今天不少经济学者侃侃而谈,所谓"一分就富",本身是站不住脚的。毕竟,从理论上看,承包制度既没有改变技术条件,也没有改变自然条件,在市场条件下反倒增加了新的不确定性变量——市场预期。如果放大这个事实,将小岗村看成是中国粮食市场的缩影,那么现状无法让人满意。

自1984年后,中国的人均粮食产量一直徘徊于最高点,到21世纪初年,甚至出现了粮食总量逐年递减的危险现象。从某种角度说,比如就粮食产量提高的目标意义而言,小岗村完全是个失败的榜样。至少从数据上说,解决温饱和承包联产制度,本身并没有通过靠得住的实证数据检验。

根据畅销书作家凌志军先生《1978历史不再徘徊——人民公社的兴起和失败》记载:20年人民公社,他的小岗减少了半数人口、半数耕地以及2/3的牲口,每一个人每年产出的粮食则由500千克减至50千克。问题是,凌志军本人并非经济学者,更非历史学家,有读者就指出其纰漏,比如1966年到1978年,"总计吃去救济粮114000千克,比他们自己生产的粮食多出1/3",按照该数据,小岗村人民公社时期的人均年产量还不到40千克。显然,"经济学家是无法拿这种不靠谱的数据,验证自己的结论的"。

真正和粮食产量和体制相关的,却是交换体制本身。更确切地说,农产品限价和补贴制度才是和中国粮食产量高度相关的制度。

事实上,由于产业的弱质特点,农产品本身是一种缺乏需求弹性的产品。小岗村的农民丰收,市场上同样涌进了更多高品质的粮食。问题是,即使是一向吃不饱的人们,不管怎么消费,在那个特定的年代,最终的需求量总是稳定的。粮食供给大于需求,当时农贸市场完全没有干预,自然价格下跌的粮食,最后只能让农民们亏损。下一年,小岗村民减少粮食的种植,由于各自为政,信息闭塞,全国市场农民同样的想法直接导致预期种植的粮食作物减少,最终粮食供不应求,甚至出现因为粮食价格升高农资涨价的连锁效应。更重要的是,和粮食相关的一切养殖和轻工业,同样被这种尴尬局面包围。这也成为改革初年的一种奇怪的局面。

在1978年进行改革的中国,唯一能够换回外汇的产品,差不多就是猪鬃之类的原材料。猪鬃产自猪身上,而养猪的最大成本,就是粮食。这样随着粮价在大浪中起伏,中国的外汇收入也时刻处于让人不安的动荡中。到1995年,美国人布朗甚至抛出所谓"谁来养活中国"的论点,引发社会思想界的动荡。

安徽市场的粮食改革,正是为了稳定粮价和种粮积极性开始的,在取消了统购统销后国家执行保护价政策。此时,外汇缺口和财政缺口都极大的中国,做出这一步,无疑是艰难的抉择。当粮食价格高于市场价格,政府抛售储备粮,抑制物价上涨。反之,政府以保护价收购粮食,让农民收入稳定。事实上,自2003年中国开启全国范围内的粮食价格保护和补贴机制以来,粮食产量不断下降的趋势才彻底扭转。正是农业在艰难的处境中,积累了大量的外汇,支持了改革开放,从而才改变了中国以后的命运。事实上,也正是从1995年开始,中国的经济走上了一条快车道。其实,这一切都源于市场机制的稍稍变动。

新东方的生意和黄怒波的冰岛土地

> 我最早去冰岛是为了交流诗歌，买地也是被忽悠了。
> ——北大毕业生、民营企业家、中坤集团董事长黄怒波因"冰岛购地"被拒后愤懑的回应

> 浑水这边人特别理解中国，它是利用美国人对中国的不理解，来套美国人的钱。美国人绝对不可能理解，公司就是公司，学校就是学校，学校不就是国家的一个机构吗？机构该怎样就怎样，怎么会在两可之间呢？
> ——北大毕业生、民营企业家、新东方创始人俞敏洪

树大招风，原本普通的生意，问题是发生在新东方和中坤集团身上，却很容易成为世界关注的焦点。作为北大优秀的企业家校友，这多多少少算得上全球化市场中国企业的困境的缩影。

黄怒波本是诗人，"选冰岛是为了北欧"。在冰岛买地，原本是打的诗意、美景和生意"三全齐美"的算盘。2011年8月24日，黄怒波出价890万美元欲购300平方公里冰岛土地。冰岛则以涉嫌国家安全和中坤集团所谓国企背景为由拒绝——内政部长认为"法律不允许"。碰了一个奇怪"钉子"的黄怒波，只能退一步改为600多万美元租下这片不毛之地，租期99年。

黄怒波所碰的终归还是个软钉子，可他的另一位校友，同样带有文化气质的俞敏洪，就不那么幸运了。一个习惯在股市中依靠财务内幕信息做空的美国公司——浑水，直接同新东方对垒。而浑水的靠山，据说正是美国证券监管当局。

尽管，所有的经济学教科书，不管是哈佛的，或者影印哈佛教材的北京大学的教科书，都几乎不提这类奇怪的交易，最多只在"保护主义""市场与政府"中语义模糊地说可能存在："不可避免，现实存在出于国家安全的某些市场自由的限制规定。"以经济学的观点，这等价于自由放任的市场是不存在的，现实中的市场其实存在某些裂痕和缝隙，而煞风景的常常是政府和某些动听的口号。

萨缪尔森和他的北大学生们说，美国是自由市场的典范。这种说法一经

出炉,在美国本土受到的挑战也最多。奥巴马国会的议员,一年所提的紧急救援保护、临时反倾销、反补贴法案,甚至超过他签署的法令数量。

在北大学子们用导师们所教授的自由市场的法则运作自己的每一桩生意项目时,芝加哥大学的弗里德曼正在诅咒管制和政府干预的一切形式,包括被北大的教授们奉为神圣的维护市场经济公平的法律——《谢尔曼反托拉斯法》。

作为市场经济学生的北大人,今天恰恰被专门鼓吹自由市场的老师所限制。这是现代世界经济学领域的一大奇景。事实上,关于这一点,有些经济学家则干脆撕掉伪装,坦率承认保护主义或者国家利益的存在。

不过,如果答案真的如此简单,也不至于称为困局了。马克思说,一切政治问题不过都是利益问题。在表面的一团和气之下,老师和学生的利益矛盾,经常是十分尖锐的。

新东方吸引美国最大的对冲基金老虎基金参与投资。据一份市场报告的调查,新东方占据了全国50%以上的出国培训市场,年培训学生超过20万人次——70%的中国留学生曾在新东方门下求学。上市之后,俞敏洪的身价涨到20亿元,成为中国最富的英语教师。当然新东方的上市地是在美国,也就是所谓中国概念股,而其美国投资股东的收益回报率甚至超过俞敏洪本人。换言之,这家中国人开办的美国公司,最简单的财务关系是,将中国学生的钱转移到美国公司手里。

新东方的成功，有一大半是通过品牌建立起来的。一切能给新东方的品质带来好感或者加分的宣传都是必要的，包括创始人绘声绘色的励志故事，"从插秧能手到亿万富翁"，这像是美国梦的中国版。对于那些西方教育大国来说，每一个中国留学生都意味着宝贵的服务收入。

新东方的大生意，乃至这一行业，对于一个国家的产业和经济，特别是贸易来说，并非福音。对于经济学来说，如果一个国家出现类似"新东方"的行业，这可能只是贸易逆差的开端，或者不公平贸易的一个源头。

中国的教育服务贸易刚刚起步，发展缓慢却是国际教育市场的消费大国。在西方的不同国家里，中国留学生的人数占据绝对控制地位，其中自费留学的又占据这些留学生的最大部分。

中国本身的留学服务贸易出口额占全世界教育贸易市场份额的0.5%左右，在教育服务国际贸易中仍属于典型的进口型国家。高等教育服务贸易进出口贸易发展失衡，存在巨大的教育贸易逆差，从资金流向来看，赴外留学的费用要高于来华留学的费用，以人民币计算，去日本每年需要14万~17万元，去美国每年需要20万元以上，而且近年来各国学费标准还有上涨的趋势，按照每人每年12万~18万元人民币的底线来计算，中国平均每年有接近100亿元人民币的教育资金流向国外。

2010年，中国的教育服务逆差规模进一步扩大到100亿美元，相当于数年前的数倍。而100亿美元的外汇流出，相当于中国的加工厂向西方出口数十亿只袜子，数百万小型机械产品。用美国经济学家的看法，只需要动动嘴皮子，在美国市场上中国廉价商品的开支，就被美国大学堂而皇之地从中国人的口袋中拿回来了。

至于黄怒波的海外旅游生意，同样目标群体是海外求学扫货，急于踏出国门的中国人。只不过，他的生意更加隐蔽些。毕竟旅游生意上，原本就是旅游大国的中国，远非冰岛可以相比。也因此，他受到的是软钉子的回应。

而新东方之所以遭受美国浑水的直接搅局，恰恰是因为将留学作为拯救危机的救命稻草的美国商界，直接控制这个摇钱树，要比掌控在对方的手里更安全。总之，为了利益，市场经济条件下，运用法律和行政法规，制定偏向性的条款，造成不等价交易的事实，早已是今天美国和西方社会市场经济的一部

分。任何人都无法回避这一点,事实上,当诸如世界银行这样的组织都被斯蒂格利茨这样的经济学家认为是美国的利益工具的时候,这个世界早已经没有什么先天的理想的神圣市场规则——那只是一些不谙实际,或者别有用心者的杜撰而已。

PART 03
喊出来的"价格"和双轨制

中国教授有粮票和美国穷人领食物券

> 粮票本来是一种无价证券,但在改革开放后的十多年中,却有"第二货币"之称,甚至在某些年份中比人民币还坚挺。用它可以在所有的农贸市场以及商业街、商业点"买"到主副食品、水果蔬菜、日用百货、服装鞋帽、花鸟虫鱼、各式家具等几乎所有商品,可以用来支付修理钟表、皮鞋、提包等的费用,甚至还可以用来雇短工,请保姆。总之,人类赋予货币的职能,大都在粮票身上得到了体现。
>
> ——北大经济学教授张曙光

1989年西方经济学家观察团注意到,粮票是最广泛、价值最稳定的"中国第一票"。在当时北京某个大规模的粮票交易市场上,精明的粮票小贩算过一笔账:"眼下粮票平议差价每50克0.3元多,居民换东西时占去0.1元,我们卖出时要加'风险费'。因为,粮票有时可能窝在手里出不去,有时被工商局查到要没收,0.1元换进要0.15元出手才划算。"

让观察团成员更惊讶的事情并不是这些,关键是参与这类名义上非法活动的，多半是教授，甚至尤其以北大等名校教授为多。教授们的生活水平，既不是工资决定，也不是名望决定，而是粮票的数量决定。北大中文系教授曹文轩回忆说："乡亲、朋友以及同学，凑了粮票和钱来……当时是雨季，等那箱子到了北京，便裂了一个大缝，足以钻进一只耗子去。"曹文轩本是工农兵大学生，对他来说，上大学地位最高的待遇其实是，以后能够用每月配给的全国通用粮票接济家里。

一度在中国，人们宁愿要粮票也不愿用货币。在城市实行地方粮食统一配给制度，20世纪后半叶直到90年代，中国人食品的构成中，粮食（主食）多于副食、粗粮（玉米小米高粱米、灾害时期包括薯类）多于细粮（大米、面粉）、蔬菜类多于肉禽鱼蛋。多余的粮票，通常也充当硬通货，换取其他紧俏商品的专用配给票。

1986年，因涨价而收入下降的城镇居民户占1/5，因物价上涨而入不敷出的城镇居民占到15%左右，人们的实际生活受到很大的影响。至于正教授之类的高级知识分子，按照当时外媒们的报道：按照当时的汇率，那时偷渡到美国的非法华人移民一天的日薪就相当于北京市一级教授一月的工资有余。教授们唯一可以用来彰显身份的，正是粮票。正如一些作家所述，他们身上拥有几十斤全国通用粮票，可以利用地区差价，换取一些较为廉价的消费品，比如电视机、布匹、糖果等。

整个20世纪80年代，中国知识分子，几乎家家都曾用节余的粮票和工业券去换取过日用品。因为他们手里的人民币实在太少了。甚至在粮票废除5年后，1998年，中国教育的全部投入也只有109亿元，只相当于哈佛大学一年的收入。正是在这种情况下，中国教授们的粮票成了当时西方知识界的怪谈。而从此后开始，大批留美北大学生开始在美国居留，获得绿卡并入籍。整个北大，也被讥讽为美国大学的预科。

在纷纷扰扰的票证时代，教授和粮票之间的瓜葛之深，是通常的经济学理论无法解释的。一本名为《知识分子和人民币时代》的书，大部分和人民币实际无关，倒是票证占据了2/3的篇幅。粮票，从清末到20世纪90年代末，整整一个世纪都和知识分子有着不解之缘，并且成为一个特殊的中国市场价格现象。

1901年，在八国联军侵华后，清政府最后的大宗收入盐税抵押给列强穷困至极的清廷滥发流通性不足的粮票，抵充政府人员薪资。学政下属的京师大学堂，财政拮据，一度以无人愿收的庚款粮票充数。在封建经济趋向解体的时代，清廷根本无力控制粮票的实体——粮食的供求，自然是发得越多，贬值得越快。

　　抗战时期，粮食成为交战双方的军用物资。当时西南联大的教授们的不少工资也是以特殊的粮票形式供应的。例如某粮票博物馆中收藏的最大面值的粮票，就是1943年国民政府安徽省财政局印发的。"43万斤"粮票，大概也可说空前绝后。直到1944年，随着美军援助的面粉增加，每月上千斤小米的粮票才逐步消失。国民政府的粮票大多数情况下，也属于空头粮票。战时经济体制下，军粮运输也经常出问题，加之日寇封锁掠夺，粮票很少足值。

　　新中国成立后印制的大量粮票，据当时人回忆，主要是法币崩溃，投机商哄抬物价的结果。1949~1952年，用粮食和粮票供给制度，人民政府迅速稳定了市场秩序。粮票大面积发行，成为一种硬通货，最兴盛的时期，正好是20世纪80年代。整个80年代印制的粮票，就超过先前所有半个世纪粮票的数量。

　　事实上，中国的粮票本身，和西方国家常年保留执行的食物券和救济券功能相当，只不过，由于时代所限，人们不能客观地将两者分类。直到最近，北大的不少教授仍然误解性地将粮票看成是计划经济的一部分。

在2011年5月份,美国申领食物券的人数创历史纪录。美国农业部的数据表明,当月,使用食物券的美国公民人数飙升至历史高位达4580万人,也就是说超过美国人口的10%的人使用食物券。食物券使用最为频繁的地区是加利福尼亚州、佛罗里达州、纽约州以及得克萨斯州这些富裕州,诸如肯德基、麦当劳这样的快餐店是食物券最主要的需求者。

根据凯恩斯以来修正的经济学理论,食物券或者说粮票,不管是中国还是美国的这类代价券,是被看成定额现金补贴的一类货币。换言之,将粮票看成是"无价证券"的说法是荒唐的。

更为一般地说,粮票和今天的食物券、购物券,本身并无任何差别。出现这种代币券,一般来说是货币流通的成本差异和商业制度导致,而与市场供求无关。

比如我们曾经大量发行的粮票,其实是改革前工商业制度、人民币的流通方式的镜像。改革前商业和工业生产往来,实行的是先计划,后分配的方式。在计划和分配之间,经常在时间和空间上有一个不小的时间差。当然,在市场经济条件下,这个时间差同样存在。

问题是,在最终消费环节零售上,市场可以通过价格信号,在不同的人们之间通过讨价还价,逐步缩小这个时间差。比如张三的粮票多了,可以大量购买粮食。但在计划下,这种信号是不存在的,即使粮票增多,按照定额分配的制度,他的粮票也是空头的死票,不能交换到粮食,最多只能通过换购其他票证,转而购买粮食。自然中间由于换购的麻烦,必然增加成本。

即使是所谓通用粮票,和所有的食物券一样,由于使用上的不灵活,其流通成本总是高于货币本身。通用粮票的购买力,并不比本地粮票高,在使用的方便性上还要低于货币。因为各地的产品都是计划执行,通用粮票的物质基础,仅仅是粮食计划中微不足道的机动部分。最后国家发行的通用票本身也成为粮票中的稀缺品,其价值甚至超过本身的购买力。另一面,这相当于地方粮票的贬值,往往促使地方为了平衡进一步加大本地粮票和粮食的流通性。这就造成地方票越来越多,越来越贬值,流通的次数越多,持有的成本也就越高,最终排斥所有的货币。这种情势愈演愈烈,到20世纪80年代,地方票的流通性超过货币,中央票的流动性超过地方票,终于形成印制得越快流通率越高的现象,最终制造出一个庞大的粮票时代。

同样，在今天大量发行永久食物券的美国，也伴随着同样的问题，食物券甚至变得徒有虚名。更多的固定食物券被储蓄卡替代，而有着更高的货币购买力者往往更喜欢使用这些食物券，因为在快餐店他们避免了找零的麻烦。

北大学者建议建宝钢吗

中国钢铁工业的副总负责人在上海告诉日本钢铁公司的经理，外界的批评已经让工程很难再向前推进。许多人认为，中国拥有大量的廉价非熟练劳动力，在这种情况下，建造只需要少量熟练工人的资本密集型工业工程是疯狂的。

——1981年《经济学人》8月刊

在当年宝钢的建设中，有一种十分刺耳的声调，不少人认为建设宝钢就是："在错误的时间、错误的地点，做出了一个新中国成立以来最大的工程建设项目的错误的决定。"这种论点，来自当时正发表在《人民日报》上，名为《替宝钢算一笔账》的一篇文章。

这篇文章的作者到底是谁，至今回忆者都含糊其辞，左右躲闪。人们大多数在褒扬宝钢的卓越成绩时，也将身为某财政部干部的作者随笔带出。当然，这个作者到底姓甚名谁，都已经不重要了。重要的是，这篇文章多多少少代表了当时经济学界对于宝钢项目工程建设的一般看法。

"被日本人骗了""从全国人民口袋里拿出30元""败家子"这样的说法，不是出自一般大众口中。事实上，这和《人民日报》上的批评声一样，大部分源自科研院所的知识分子。

事实上，当年建不建宝钢，最想要"安抚"的，正是诸如北大、社科院、清华、人大这些学校的才子们。即使是手握宝钢项目的建议权和计划立项权力的人中，有不少就是这些名校的老学生。他们的一举一动，不可能不影响到知识分子。

在不少经济学者的履历介绍里，对于宝钢建设前后自己的学术观点，今天也是多数空缺。当代人的故意隐晦，多多少少让人感觉奇怪。

按照吴敬琏的说法，中国的主流经济学者从来没有缺席改革建设史上的任何重大事件。既然如此，可以推断，宝钢工程，他们参与是肯定的。不过，即使是自称是改革叙述史的《大败局》，在宝钢一段，独独只有政治家的精神指示，唯独看不到一个经济学家出场。

要么主流经济学家在撒谎，要么就是"大败局"在撒谎，二者必居其一。

那么经济学者，特别是我们本书的主人公，北大的学者们，到底在宝钢工程上是怎样一种看法呢？

首先，可以肯定的是，吴敬琏先生是一位中国经济学家界的良心典范，他说的是真话。经济学者们的确说话了，而且他们的意见在当时还是主流。比如替宝钢算账，这么一种高论绝不会出于闾巷闲人。大众对于经济学到底是何物，还不甚了了，更别说谈论所谓人均负担了。在和日本新日铁的谈判中，《人民日报》上风波屡现。其中，据传是某资深经济学者认为，中国的技术路线应该是独立自主，选择中流技术方才实事求是。

20世纪改革开放初期，中日之间技术上的差距十分明显。1978年，我国钢产量仅为3178万吨，占全球产量的4.4%。这其中大部分的钢产品，还是钢砣之类的粗钢，适用于机械工业和汽车的板材，基本上需要从苏东国家进口。由于技术不过关，坐拥世界稀土矿的包钢，非但无法变废为宝，制作特种钢材，还得靠出口废矿渣换取日本的稀土提炼技术。

日本的新日铁已经晋升为世界第三大钢铁公司，年产量接近1000万吨。整个中国的钢产量，大约只有日本的一半，但日本的大部分钢铁还是高级的汽车板材。没有铁矿石的日本，原料全部源于进口，可谓技术制胜的典范。

在中国生产同样的一吨钢，投入成本要比日本高出3倍，价格却高出一倍。但是中国这么做，并非没有道理。中国的劳动力十分廉价，此时中国工人的平均工资，不但低于快速工业化的日本，更低于所谓的亚洲四小龙，堪称世界劳动力资源最丰富的国家。即使资源投入是日本的3倍，名义价格高出一倍，工业化开始进入中期的中国钢铁产量仍然供不应求。赶英超美的口号，依然回荡于各行各业。

显然，中国不是不需要钢铁，而是特别短缺。新建的基础设施，不论怎么压缩，都还是有远远超过西方的钢铁需求。

在生产上，如果使用自己研发的钢铁生产线，产量可以大幅提高，而且适应中国铁矿石品位不高的问题。只是特种钢材仍然需要大幅进口；第二条路是，花费巨资，进口铁矿石，建设一个总量较小的宝钢。

1978年中国的财政总收入只有800亿元，而建造一个宝钢，新日铁狮子大开口，一口价300亿元。在一个十分不富裕的大国，这意味着全国人民需要拉紧裤腰带上马这个超级项目。即使新中国成立初年的156工程，也没有如此的大手笔。

在一个预算约束明显的项目下，是选择要价较低的本土钢铁厂，还是要价高的宝钢，这是当时经济界争论最多的一个话题。同样在当时的校园里，学生们私下议论纷纷，除去担心被外人算计外，更多的人担心的是这个工程的机会成本。

时任冶金部副部长的吕东，本身就是老北大，起初在中央财贸小组是不同意建设宝钢的。他的理由和当时校园里的大经济学家是类似的，毕竟建造一个如此大规模的工程，脱离中国本土的矿石资源条件，实在有点儿冒险。很显然，以西方经济学的观点，在中国建设宝钢的机会成本，也就是放弃了用300亿投资其他项目的机会，比如当时十分在意的汽车工业，计算机制造或者新干线。

到后来，不知为何，学者们的声音都降低了，最后随着宝钢工程的第一根桩子打进长江附近的泥土里，所有的声音都消失了。其实，在经济学界的一干人等还在对中国到底是选择劳动密集型的工厂，还是资本密集型的工厂进行争论的时候，中国的决心早就下了。用领导人的话说：宝钢议论多，我们不后悔。

后悔与否，议论也罢，300亿投下去并没有打水漂。尽管从20世纪80年代开始，宝钢在中国钢铁业的产量份额不断下降，如今老大地位也拱手让人，可在这一过程中，宝钢取得的利润不但很早就超过了300亿，收回成本，而且还将建设两个宝钢的资金也赚了回来。中国的钢铁市场，已经成为名副其实的世界最大的市场，消费第一，生产第一。

不过，随着时间的流逝，以所谓工业区位论为理由发家的宝钢，看上去并非没有缺点。一来模仿日本钢铁工业模式，对于海外铁矿石依赖太强，随着铁矿石的疯涨，成本和技术创新压力日增。二来本土钢铁工业，被迫服从宝钢的行为模式，沦为粗放经营的典型，直到今天中国钢铁行业，一直面临产能过剩，集中度不高的严重问题。

在经历数年的铁矿石谈判后，中国开始逐渐意识到宝钢的进口铁矿石之路正变得日益狭窄。一方面宝钢没有获得想象中的技术进步，另一个方面原本是世界上铁矿储量最丰富的中国，矿石价格却说了不算。据计算，中国由于铁矿石涨价失去的利润，早已经超过宝钢本身所获得的成就。仅仅2010年一年，铁矿石价格带来的损失就超过400亿美元。以此衡量，宝钢这笔生意，的确令人怀疑。

问题是，如果一个人站在当年的历史关头，到底是选择清算宝钢还是支持，这还是个大难题，君不见，到今天，人们还在为宝钢的最新问题徘徊不前：放弃澳大利亚矿石，还是创新工艺发展本国铁矿。毕竟，人们寄予厚望的宝钢，至今还没有一种工艺可以写上宝钢的名字。问题是，哪一个大国的钢铁技术创新不需要时间和成本呢？

是个东西就能卖，是个好东西就会抢着卖

> 我对居民楼一年到头总有人在搞装修深恶痛绝，对市政建设规划不精细、拉链路的频频出现无可奈何，对长官意志造成的马路人行道地砖的反复更换，路旁树木不断更新感到啼笑皆非。我对水资源的担心尤甚，曾经研究过节水马桶的设计和推广，曾因试验两次小便后冲水一次而受到家人批评。
> ——中央外汇管理局局长、原北大中国经济研究中心副主任易纲

1994年，在印第安纳大学执教数年的易纲回国。遵守北大经济系新锐精英林毅夫、海闻、张维迎之间的君子协定，易纲在新成立的中国经济研究中心担任副主任和博导。和善文雅的易纲，却意外"水土不服"。平时在课堂上就乐于向学生表达个人学术观点的易纲，将归国后种种不适，最终都巧妙地诉诸

笔端。

易纲的这些担忧，并非杞人忧天。1994年，美国硅谷正沉浸在互联网泡沫破裂的创痛中；中国则刚刚实现了"软着陆"，价格回调，经济从高热开始退热。在整个宏观环境一片降温的气氛下，北大所在的中关村意外地热闹起来。任何一个经济学家，当出现反常现象时，都会下意识地感到不适。这就是所谓的经济直觉。

中关村商业街初步成型，科学家和工程师们雄心勃勃，急于用标志性的建筑展示建设中国硅谷的雄心。海归学生和教授，急于在世界电子产品展会上，挖到自己的第一桶金。而在人来人往的流动中看到谋利机会的北京人和北漂一族，也开始在自家狭小的居民楼改造上打主意。

中关村在易纲回国的前一年破土动工，此时还是一片试验田。上级的批示，只是一个大概的发展规划，详细的城建规划还无从谈起。怎么建，建什么，什么人来建，都是悬疑；管委会的计划指令，也随着建设的风向，时不时左右摇摆。所谓"上梁不正下梁歪"，马路也就成了易教授眼中的折腾路。重复建设和电子产品的集聚，吸引了更多人力和物力，搞装修，私人租赁静悄悄地蔓延到整个北大校园周围。

仅仅在10年前，北大的南墙还是一片荒芜。这种打破旧时记忆的乱象，到底是怎么形成的呢？易纲和他的同事们并非没有答案。正是因为知道这一切乱象的根源，他们的担忧在那个时代也就显得格外清醒、富有远见。

到底是什么让人们的心中产生不适症呢？一切还得换一种角度，从头说起。

1993年3月3日的《参考消息》发布了一篇重大消息："国际电脑公司进军中关村"。细一看，果然了得。中关村销售的电脑98%是美国制造：Compaq、IBM、AST和HP。而据凌志军的数据，50%的显示器、80%的复印机、90%的软件、90%的软磁盘、100%的打印机、100%的传真机、100%的硬盘、100%的主机板，都由中关村销售批发。显然，这等于说，整个中国市场基本上都是美国计算机类产品的倾销灾区。当时，美国的大多数电脑巨头都做出了扩张数倍的市场预期。就像16世纪的哥伦布一样，中国市场黄金遍地。

想象10亿人民的庞大市场消费力，高科技巨头们对这块肥肉口水直流。这种贪婪的欲望，同样更快地刺激了日本人、新加坡人，甚至韩国人。外国商家们你拥我往，接踵而至，促销会、展览会、演示会、订货会、招标会眼花缭乱。

最先来中关村的外国人，用本国根本不敢用，甚至早已经过时的手段，招揽生意。日本人喜欢疯狂的广告，美国人则通常像买卖军火一样，给中关村的第一代人上着"资本主义的第一堂速成课"。当然，他们也许并不单纯是看准了中国计算机的市场，更多的也许有刺探和搞技术情报的目的。

然而，中国人的市场神经，或许从来都是发达的。没多久，像模像样的模仿便在中关村一条街展开了。

根据标准的西方经济学定义，所谓卖方市场，就是供给小于需求、商品价格有上涨趋势，卖方在交易上处于有利地位的市场。在这种市场上，即便质次价高的商品，也可以卖得出去。相对于市场上的需求来说，供给太少了。

造成这种卖方市场的，通常就是资源和生产供给约束因素。最简单的看法是，中国人生产不了，或者自己造出来太贵无法满足需要。哪怕是美国大众普及的个人计算机，国内中科院的实验室产品也与其技术水平有15年的代差。更严重的是，美国的计算机已经实现家庭终端和中心的联网分组应用，中国的计算机根本不具备家庭化的任何基础。

这种差距，如同冷兵器和热兵器之间的短兵相接一样。如果中国继续在计划市场下完全隔绝于世界市场，可能不会有短缺。问题是，改革选择了一条打开国门，走世界市场的道路，毫无疑问，短期内供给相对不足是个必然状态。

在利润的刺激下，中国的电脑厂商也开始"师夷长技以制夷"，模仿西方的手段，加强竞争，广告迅速膨胀，1993年广告费占到公司利润的比例超过了2%。广告费的增多，又带动了更多的项目支出。

《中国计算机报》把自己的版面从32块增加到了64块，结果其他媒体也开始登载电脑广告。广告效应的扩大，又刺激更多的厂商青睐广告，刊登广告的企业在门口排着队。

也就是说，在那个卖方市场的时代，几乎每增加微小的供给，只能带来需求和价格的进一步上涨，推动供求进一步不平衡的趋势。换言之，任何影响价格变动的微弱的供给因素，从广告费，甚至到最后，连市场上的谣言，也会进一步加剧这种局面。而卖方市场的结构，沿着价格线，从一个市场逐步传递到下一个市场。

全社会的价格关注都转移到中关村，自然各种资源也全部被吸纳到中关村本地来。货币像流水一样，从一个地方流进中关村。唯一不变的是，中关村的资源存量，几乎还是没有多大变化。这就造成了一种倒逼的机制。中关村越热，北京市其他地方越冷，甚至越发资源缺乏。

也就是从1993年的那张报纸开始，中国发生的一切都变得让所有人不适应。要知道，卖方市场上终究是买方不利的一种情形。和大多数人简单的想象不同，这种不利最终也会闯到市场之外的地方来。而这正是西方给北大和所有中国人上的最重要的一课。

既是"倒儿爷",又是"板儿爷"

> 我当时正好在街上,做的就是这样的技术活。我说,这样吧,你把两个软件都给我,我帮你看看。
>
> ……我拿到这两个软件以后,很幸运,花了不到两个星期,把问题解决了。解决的方法是,我把王选的系统改了,改完之后又把它移到四通的机器上,成功了……
>
> ——新浪网创始人、北京点击科技有限公司董事长兼总裁王志东

都说IT大王天生有着不一样的直爽,改革之初的市场阳光下,这种素描式的创业经历,也许是价格现象和规律的最好说明方式。

现在看,这一切水到渠成。将两种不兼容的系统,从北大光华转换合并到四通,然后奇迹发生了:中关村电子一条街上,平常习惯经过二手三手,甚至多手,越过重重关节,越洋倒腾电子产品的倒爷,拉着一辆破平板三轮,放着两种乃至三种互不兼容的电子产品的板爷,变成了企业家和商人;中关村这个被外界称为"造假一条街"的小街,也成为中国的硅谷。

严格意义上说,王志东最初做的"技术活",本身毫无"技术"含量。从冷战开始起,苏联的技术员已经熟谙此道。和当时北大教授王选的激光照排技术原创一比,这一手连技术都很难说得上。可是,对于经济学者来说,这两者本身并无多少差异,最大的区别也只是,王志东的兼容,初次生产出的成品,让他每月赚几百元,而王选的照排则是几千元。

但从长期看,王志东的产品,价廉物美,本小利大,最后和王选专利所得相当。一个没有技术原创的人,可以取得和原创者相类似,甚至更多的收入,并非通过直接创造而来,而是价格机制发挥了作用。这就是所谓经济学意义上的创新,或者说市场的成功作用。

中关村的"倒爷"或者"板儿爷",大部分今天头上都有企业家的帽子。不过,这终归是一种虚名。以北大经济学眼光看,倒爷和板儿爷的真实价值是这样的:在需求价格下卖东西,直到这个产品达到最低的市场价格。也就是说,板儿爷们和倒爷们越多,通常一款昂贵产品的价格就越可能接近它的真实价值。

当然，倒爷和板儿爷，还是有差别的。有关系或者门路的，掌握渠道，可以大规模买卖产品的，叫作倒爷。而没有关系和门路的，只能接受倒爷们加了部分利润后出价，运一辆平板车到街头，兜售自己的产品的被称作板儿爷。在改革初期，倒爷们北上莫斯科，南下深圳河，东出山海关，西至沙特阿拉伯，凡能够看到潜在商机的地方，他们都去。

王志东做生意的时候，那时候正是改革初年中国人睁眼看世界的时候，但是在国内也同时正是关系生意启蒙，大行其道的开始。有些人天生是官二代，或者有所谓海外关系，总是能够神出鬼没地拿到批文。这其中的门道，到今天都还是中国人口口相传的所谓"传奇"。有些成功人士成功后则立刻给自己洗白，把这段经历一笔带过，或者干脆抹去。

其实多数的倒儿爷和板儿爷是没有关系的"草根"，但能够回到"皇城根"的草根，也不是简单的草根。不少人相对于9亿人口的中国，已经是特殊人群。回城青年大多数面临失业的难题，而效益不太好的国有企业，也给某些想闯荡一番的青年人以别样的激励。

在西方经济学还没有大规模引入中国前，人们没法对这种动机进行描述。事实上，今天看来，这些人正是被市场无形之手牵动的第一批人。其中最有才能，最能够把理想变成现实的人们，就称为企业家了。企业家的利润来自辛苦费，跑关系，拉批文，晒太阳，赚吃喝。

倒爷和板儿爷们的辛苦费，其实就是他们口里常说的利润，或者说所谓"第一桶金"。倒爷和板儿爷本身，其实就是一次交易中最关键的双方。对于缺乏基本市场规则的时代，这两种角色，就是经济学中所谓的市场结构要素。

在欧美经济学界，一般也将华尔街视作是掮客，也就是中国所谓的倒爷和板儿爷。只不过，倒爷们在中关村倒腾的是各种各样看得见的电子产品，而华尔街则是各种各样同质化的金融产品。随着金融业的发展，不少中关村的倒爷后来摇身一变，都成为华尔街在中国的高管和代理人。

当年在中关村做生意的柳传志也做过倒爷，而如今的联想乃至王志东曾经接受招安的方正，都变身资本大鳄。技术流变为各色资本运作，这是倒爷们的另一种归宿或者说蜕变。

其实，随着技术、制度的变迁，现代市场经济体系下，倒爷们的真实价值，还有其更加动态的一面。在各种各样的社会活动中，倒爷更多的是一种市场价格机制的新象征。

20世纪改革初年小报记者经常报道："在粮店门外、车站售票窗口、百货商场、剧院霓虹灯下，人们都可以看见粮票贩子的身影出没，听他们低声询问甚至粗声吆喝：收购粮票！本市粮票十斤两元钱！全国粮票十斤三元钱！换鸡蛋喽！十斤粮票换一斤新鲜鸡蛋！"就在这个到处是票贩子的时代，人们发现自己的物质生活日益丰富起来。再到后来，一天没有倒爷和小贩，中国人的生活就似乎无法维持下去。从这一刻开始，倒爷之类的商人和小贩，便同生产效率提高、财富增加完全地连接起来。大多数人确信市场价格机制改革，是中国人财富井喷的原动力。

倒爷和板儿爷的财富创造机制，并非是单个人的微薄利润构成的。大多数人都知道，倒爷们的财富，无非是从张三和李四的钱包里拿出部分弄到自己那里。这在教科书上是一个标准的结论。不过，经济学者所谓创造财富中的"创造"一词，和通常人们理解的并不完全一致。

在经济学上，财富的获得本来就有两种形式，第一种是直接生产，比如农民和工人付出劳动制造出来的新产品。第二种是交换所得，用货币换取产品，这样的财富也被认为是增加了财富。换言之，创造财富，在经济学中，本身就等价于增加财富的数量，至于财富的总量和源泉，和创造并无关系。

而倒爷们的机制就是，将他们的利润无限地不停地从一个地方，有序地流通到另一个地方。他们的范围越大，市场也就越大，价格的影响也越强，自然到最后创造的财富也就越多。在我们曾经的历史上，倒爷和板儿爷合二为一，提高效率，最终才创造了今日中国经济的繁荣。

北大经济学看海归潮：你还没回国呀

我向来抱着一种宏愿，要把中国社会的各方面全调查一番，这个调查除了在学术上的趣味以外，还有实际功用。一则可以知道我国社会的好处，例如家庭生活种种事情，婚丧祭祀种种制度，凡是使人民全体生活良善之点，皆应保存；一则可以寻出吾国社会上种种，凡是使人民不得其所，或阻害人民发达之点，当讲求改良的方法。

——1913年北大教授陶孟和回国时如是说

和蔡元培时代的多数大师一样，陶孟和也是留学生，而且他两次留学，一次到日本，一次到英国。在兼容并包的时代，陶孟和以善于识人著称，初到英伦，便发现丁西林、李四光和胡适之三人。胡适来北大，写推荐信给蔡元培校长的正是陶孟和。

陶知人善任，在教学之外，竭力襄助北大事务，后来一度为北大教务长。大约从陶孟和开始，民国时代经济学者的回国潮，一发不可收拾。

在20世纪的中国，留学生中大概分为两类派系，一如今日：一类是甲午之后，受日本刺激选择留学东京大学的日本留学生，简称留日派；另一类，则是庚子赔款留学生，大部分选择欧洲和美国大学深造，又称欧美派。到20世纪20年代，留学生出身的教授和讲师，已经占据北大的半壁江山。两派互相抵牾，但在一点上是相同的：在当时的留学生之间，抢着回国十分时髦。胡适还没有获得博士文凭，刚接到推荐信就直接赶回国。刘半农教授更绝，直谱《教我如何不想她》，以解乡愁家国之恋，稀释忧思难忘之情。

以今日之眼光，当年留学归国潮，大概是中国历史上最早的海归潮。民国新立，学有所成者，都希望回国一展才华，报效国家。这是经历了八国联军侵华，种种耻辱的一代学人的普遍愿望和看法。

在那个时代的人眼里，海归主要是因为，他们认为"中国社会需要全面调查、重新被认识，找到所谓改良的方法，最终有功用于国家"。

这种目标明确的看法，到新中国建立初期达到高峰。到1955年11月，由海外回国的留学生多达1536人，其中从美国回来的就有1041人。到20世纪50年代末，回国人数增至2500名。这相当于民国时期留学生人数的一半以上。1950年，数学大师华罗庚说："我们都在有为之年，如果我们迟早要回去，何不早回去，把我们的精力都用之于有用之所呢？总之，为了抉择真理，我们应当回去，为了国家民族，我们应当回去，为了为人民服务，我们应当回去，就是为了个人出路也应当早回去，建立我们的工作基础，为了我们伟大的祖国建设

和发展而奋斗!"

麦卡锡主义下,一些美国参议员认为,海归们使美国的长期利益严重受损。为了遏制不可逆转的中国学生归国潮,美国不惜重金利诱,威胁著名的华人知识分子。这一趋势,直到改革开放后才得以改变。只不过,这一次,美国人根本不再担心中国海归的去向了。

美国未来学院院长杨·莫里森,曾经同北京大学副校长陈章良谈过人力资源培养问题。此时的北大,再没有了当年海归潮的底气,陈无奈指出:95%在欧美名牌大学攻读博士学位的北大毕业生,拿到学位后都留在了美国。

直到今天,中国报纸上头版头条的重大科技教育类新闻,不是别的,而是这样的格式:某某北大海归,放弃海外优厚的待遇,携某某技术或者专利回国,受到某某领导人隆重接见和某名校欢迎。字里行间,反衬出回国者的罕见。

从20世纪90年代中关村的第一批所谓海归起,中关村不少骤起骤衰的洋海归、假创业,一度让中关村面临生死考验。这也让中关村始终无法转型,同硅谷创新为主的导向大为不同。中关村一直都像是一个大一点儿的技术展览基地。原创性的技术,很少在这里能够占据主流。

在媒体上,人们仍然愿意相信留学生互相问对方"你还没有回国"成为主流,未来并没有那么黯淡。的确,真实的数字,似乎表面上也是支持这一点的。到2012年,中关村和附近的高校,已经接待5万名以上的海归。不少企业将招聘会直接开到西方大学,一部《舌尖上的中国》勾起了不少留学生回国发展的宏愿。

客观地说,以经济学的眼光看,高级知识分子们做海归还是拿绿卡,留学或移民,选择哪一种,终归是一次成本与收益的计算而已。

陶孟和曾主张,教育应该市场化,其实全因彼时教授薪水太低,1927年北平小学教员月薪是38元至50元,年薪大约是500元。当时北京教育界,老师少学生多,僧少粥多,而官方所给的名义薪水并不高。倘若教授到外地兼课或者写文章,则有外快入账。鲁迅曾花1000元买下阜成门内西三条的一套四合院。蒋梦麟代理校长,胡适则话中带刺,大吐苦水:北京教育界是一个妓女,有钱就好说话,无钱免开尊口。

到了抗战后期,法币大量贬值,教授们的名义工资进一步下降。费正清后来评价西南联大的教师们说:在我看来,要是美国人也处于同等的待遇,知识分子们早就想法改善生活去了。

那么,如此之多的海归们归国,除去报国的热情外,有没有利益的考量呢?

答案是有的。从他们个人收益最大化的考虑上,这么做是成功的。首先,五四前夕,在欧美留学的中国学生多数学历是很低的,比如胡适就没有拿到博士学位。就算投身于学术研究,对他们也是极端不利,甚至一毕业就失业。在欧洲实行的是首席教授制度,这意味着,除非老前辈去世,根本没有他们的机会。以爱因斯坦的名气,也只得暂居专利局。更别说,在当时,民国国际地位甚低,种族主义氛围浓重的欧洲,更排斥一个中国人做教授的。

一旦回国,在国外被视为弱势的大师们地位逆转,身价倍增。在信息和知识见闻上,显然相对于封建的教书先生,更高明些。他们的知识,具有一种稀缺性，任何稀缺的东西，价格必然升高。民国初年，仅北京数年间就建立数十所大学，教师严重不足。自然，大师们也就不得不到处奔走，这就出现了大师喊穷的一种说法。一个人在不同的大学间奔走，已经成为常态现象。

1945年10月，联大教授杨西孟和伍启元为了准备《中国战时的物价问题》到重庆，杨西孟说，今后物价要调整，应该照顾农民的利益。宋子文则曰："要残忍！"连说三遍。二人当了46天顾问，回昆明联大。此事一时传为美谈，宋子文其实可能盘算的是，给教授们的工资足够农民十口之家，他们讲照顾农民，纯属虚伪的同情心！

当然，以民国时期的教授工资和普通人的生活、物价水平做比较，显然，教授的平均水平的确是普通人数倍，甚至数十倍。问题是，说到底，大师在一个文盲超过六成的国度，终归是少数中的极少数。也因此，他们的利益最大化，在一个缺乏竞争的市场上，更加容易获得最大化，甚至既可以有名，又可以有利。比如胡适，终其一生，都未尝窘困。

至于当代喊着回国的海归们，除去时间和时代的不同外，在这方面和他们的前辈并没有什么不同。大批曾经选择留学海外的北大毕业生，其实只是因为改革初年比出租车司机还低的工资。等到今天，中国经济增长率远远超过西方，大学里的待遇甚至超过美国学校。这种情况下，回国潮岂止是潮流，根本就是不可逆转的趋势。

再高的门庭，也要考虑生计。这是世界的公理，君不见美国那些本土的诺贝尔奖获得者不也喜欢来中国捞金走秀吗？更别说他们的学生了。

抵制美国货，计算机除外

> 抵制美国货，计算机除外。
> ——1999年北大计算机系学生的抗议标语

所谓世事沧桑，人心难测，北大人也不例外。15年后，1999届北大经济系毕业生回国，依旧感慨三角地这片很有意思的标语。某位当年正赶着去南加州留学的经济系高才生,半开玩笑地说,幸好有老教授劝导说靠矿泉水瓶子和石头,只能砸烂美国大使馆的玻璃,于事无补,他才有今天。现在终于有结果了,轮到美国抵制中国制造的计算机了!

微软公司其时在广州打擦边球,避开爱国浪潮汹涌的北京,跑到广州开产品介绍会。在北大校园里,人们对于美国货的抵制热情一度也达到高潮。只是,这些小高潮并未延伸到无限可怕的地步。有些人昨天还在秀水街扔瓶子,第二天便到美国大使馆领签证。不过,也有一群人,倒是真真正正地发誓要抗美的,中关村不久以后就开始树立起诸如爱国者、中华一类的品牌。民族主义的大旗,大概也从这一刻起,正式从中关村的现代科技技术园中浮出。

像中关村这样的地方,迟早有一天会变成民族主义的根据地,在经济学家们看来,只不过是长久以来的推测成真而已。一个后发国家的受保护工业,诞生保护主义的经济学观点、政治诉求,只是时间问题。古今中外,概莫能外。即便矛头所指的美国、日韩,他们也同样是从这条路中摸爬滚打出来的。

美国在建国后30年内,对所有原来宗主国倾销到自己的产品都征收重税,本土商人有优势的北美航海业,则通过金融和国债税收补贴予以刺激。到19世纪30年代,称雄海洋数百年的英国商人,被彻底挤出了北美洲航线。美国南方需要蒸汽机和纺织机,但在高税率之下,这些机器逐渐被美国生产的劣质机器替代。一直到英美战争结束20年后,英国政府对于美国北方工业企业家的敌视和竞争,仍耿耿于怀。甚至有人认为,只有发动一场对美国的战争,才能平衡美国的这种疯狂举动。

即使在国债制度和金融设计上,汉密尔顿也不忘和老对手英国人的宿怨。为了在经济上打击英国,这位财长不惜放低身段和政治对手杰斐逊达成交易,换取杰斐逊对于其保护主义政策的支持。

日本这个素来我行我素的国家,几乎从来没有低税率和自由贸易的传统。除去美国1853年打开日本国门的一段时间外,日本的保护主义根深蒂固。直到今天,日本社会中对于外国工业产品的妖魔化和排斥,仍然让绝大多数经济学家侧目。韩国则基本上模仿日本的工业化步调行动,在中关村建立初期,韩国的民族工业气氛因为大宇现代汽车、三星和LG集团,正突进到顶峰。

当一群北大的学生,宣布抵制可口可乐、麦当劳这样的美国货时,有反对者宣扬这样的论调:难道你们要开改革开放的倒车,闭关锁国?

1997年，随着经济全球化步伐的加快和高科技的广泛应用，计算机网络化已成为推动经济发展的重要手段。全世界信息产业去年总投资大约6100亿美元，美国就占其中的41.5%。美国去年国内生产总值增幅中的1/3来自以网络化和数字化为主要特征的信息产业。美国经济增幅中有27%归功于高科技企业，在这些高科技企业中表现最突出的就是与网络技术直接有关的企业。由于美国市场迅速饱和，中国这个刚刚开放的大市场，就成为美国计算机信息产业者眼中最大的肥肉。

　　更让科学家和技术工程师出身的中关村创业者不满的是，这些所谓的国产品牌大多是"黄皮白心"。不少国产电脑，其实是买一个奔腾3的处理器，日本做的显示器，最后贴上一个中国牌子了事。一个做工程的实干家，变成了二手贩子。一群肩负理想的年轻人创立凯斯集团，推出东方维纳斯设计，决定和西方厂商正面交锋。1999年，他们的主张终于得到社会和业界的广泛支持。

　　一种观点在经济学界和科技界短暂地达成一致：通过引进和借鉴西方技术，制造自己的民族计算机，在中国市场建立民族产业。实现的手段之一，就是贸易壁垒。也因为要借鉴引进，所以才对计算机的抵制网开一面。也正因为如此，没过多久，中关村的电脑市场再度活跃，而更让人想不到的是，在比尔·盖茨盘算他们可以计算未来10年的某天，他们要怎么收钱的时候，他好像也给美国的计算机产业的崩溃，埋下了伏笔。

　　10年后，中国的计算机厂商几乎在每一个零部件上，都将大多数美国同行变成了破产商人。即使是美国人最骄傲的超级计算机领域，某一天也被中国打破。甚至原本的芯片技术制造难关，也被中国一步步突破。更糟糕的是，如今全美国的电子计算机，大部分的制造地也是中国。这多多少少是盖茨所没有想到的。不少微软的操作系统，如果没有中国用户的支持，立刻会变成永久的废物。

　　有些不明事理的人认为，这是所谓自由贸易的果实。这当然是站不住脚的。因为，从中国制造的第一个电子计算机出口到美国时，其接受的税率都是高额关税。直到21世纪初，美国计算机出口到中国，仍可以享受其本国补贴的优惠。

　　事实上，通过在中关村的各种政府扶植和技术革新，中国的计算机生产技术，在10年后，已经是世界的标杆。政府购买的支持，造就了联想这样的国际品牌。这似乎才是一切事情的真相。

王选怎么把激光照排卖给日本人

> 我知道我的优点,我知道我不行的地方,我也知道我已经60岁了,在计算机这种新兴领域里,60岁很难跟得上技术的迅猛发展,我这个年龄容易阻碍青年人的发展。我退下来,对方正的发展更好。退下来后绝不做太上皇。
> ——已故著名计算机科学家、汉字激光照排技术发明者王选

1995年12月,方正在中国香港成功上市,10年后王选去世。在人生的最后10年里,自称不是企业家,始终是教授的王选,总是平易近人,超乎凡人的谦虚谨慎。人生七十古来稀,可是在北大,王选已经足够辉煌——共和国历史上,第一个成为富翁的教授,第一个向西方输出知识产权的发明者,第一个开创了独立产业的人……

这个有着强烈"自知之明"的人,不经意间创造了太多的历史。如果考虑到北大,长期总是扮演盗火者普罗米修斯的角色,你就更能看到王选身上的特殊光彩。

王选说:"我想照排系统一定是交给工厂生产。我也没有想过会有今天

这样的荣誉和头衔。"在北大这所大学里，靠舶来西方新技术和新思想扬名立万，是普遍的路径。"同村"的清华生，经常讥笑北大人华而不实。王选则不同，他对这种路子显然不感兴趣。王选喜欢走别人没走过的路，一来没有心理负担，二来选择更少，干扰更少。王选从来我行我素。

"如果那时就一心想着荣誉和成就，也不会有今天的成绩，过分追求荣誉的人一般会急功近利。那时追求的是价值，是看到了取代铅与火带来的变革影响力不可估量，是一场技术革命。"王选后来如此总结。

要做燧人氏，不做普罗米修斯，大概在处处标榜特立独行的北大，也算是标新立异到了顶点。这是王选鹤立鸡群的过人之处。而最能证明这一点的，还是方正的第一次知识产权输出生意：把汉字激光照排卖给日本人。

如今出版系统中汉字印刷技术行当上，大部分都已经是方正系统的天下。可是在30年前，日本在新技术革命中才是汉字照排技术的领头羊。在整个亚洲地区，只有日本，在技术上相当于开发出第三代的照排印刷技术。而在中国的大部分地方，大部分还是承袭古老的铅字排印，油墨印刷的老技术。

随着改革的日程加快，报纸作为传达中央政策和信息的首要商品，变得供不应求。加班加点的印刷厂，在每一个省都可以看到。时间和人力上的困窘日益凸显：通常报纸的铅字印刷，总是需要一定的时间纠错排版，一不小心，全盘皆输，工人和编辑数小时的劳动成果都可能毁于一旦。

日本和西方国家，使用的已经是第三代的光印刷技术，在最初的几年，外汇进口的日本印刷机器，逐步占领了大型的机关报纸和印刷厂。在当时整个东南亚乃至东亚市场上，日本制造，是那个时代最紧俏受欢迎的外国货。中国大型的报社，经常因为有一套据说只能打15个汉字的激光照排机感到无比荣耀。

更加糟糕的是，在当时，还流行着一种奇怪的文字劣势论。按照这种文字劣势论的说法，就算中国人能在技术上有所突破，比如能制造出打印成千上万个汉字的印刷机，但是在存储上，汉字是图形文字。而相比拼音字符，汉字的显示只能以图形存储。同样一个基本的音节和字，一个西方的所有拼音字母，只要几十个字节，但中文一个简单的字，就是他们的数十倍，乃至数百倍。而不同的字节，意味着要不同价格制造的存储器和芯片。一些技术专家因此断言：汉字将在数字时代，堕入罗马人的数字困境。

古罗马时代罗马字母没有数位的概念，最终在几千年的时间里，因为找不到足够的蜡版，罗马社会的技术和数学从此奄奄一息。即使罗马不少地方也使用纸草和羊皮，但后者的造价之高，让罗马人的代数水平上千年原地不动。如果像北大的其他教授一样，也自然地接受这种所谓的文字劣势论，或者跟今天不少发达国家所谓的工业民族论看齐，那么王选当时的做法完全就是走死路。

问题是，王选有自己独有的看法，他认为一旦自己的设想成功，付诸实践，这种毫无根据的理论会在成本和市场面前不攻自破。

在技术的演进过程中，价格和成本一直扮演着重要的角色。仅仅因为中国在同时代的西汉帝国发明了极其便宜的纸，中国的技术水平不但赶上了罗马，此后数千年里都名列世界前茅。

而王选所做的，正是类似于蔡伦和后来的毕昇的革命化之举，甚至从一开始起，王选的技术，就向着技术滞后和文字劣势论开刀。

在经济学中，这种创新本质上是原始创新的一类。因为初期研发费用较高，技术成熟的垄断者经常弃之不顾或者百般阻挠。他们甚至也会用跟随和并购的手段，等待前者犯错，最后坐收渔利。王选的汉字激光照排机，同样面临相同的问题。

王选最初报请的照排技术，在当时一度被看成是落后的典型。主管科研攻关计划的主持者，选择了开发第三代照排技术，而王选的课题连科研经费都没有取得。直到王选获得时任工信部副部长郭平欣的欣赏，被原地复活，研发经费才从合作企业那获得。

王选经过攻关，找到了汉字存储的新处理技术。根据这一数字处理方式，人们很快发现，相比拼音文字，汉字的传输和存储效率实际是拼音的数百倍。同样一大段文章，同等前提下，汉字的排入和输出远远快于西文字母。这就彻底解决了文字劣势论的束缚问题。到今天，人们反倒开始担心拼音文字，是否能有资格赶得上信息爆炸时代的需要。而在联合国用激光照排技术印制的文件中，中文文件总是最快印出，最薄的一本。

王选的激光照排技术直接越过了日本和西方的发展阶段。当经济日报社第一次使用汉字激光照排印出一期色彩鲜艳的样报时，全国开始沸腾了。也就是从这时开始，全国市场上的日本制造开始节节败退。所有的中国报纸，都开始转而采用激光照排技术。在当时的世界上,中国的民用印刷技术第一次走在了世界的前列。

1997年5月,方正集团与日本第二大杂志社——日本株式会社利库路特(Recruit)公司在人民大会堂举行购买方正日文出版系统签约仪式。方正日文出版系统相继进入日本报纸、广告和杂志业,韩文市场也已启动。原来来中国推销15个字照排技术的日本企业,退出中国市场并破产。说来有意思,当方正的技术和价格全面占优的时候,日本这个一度顽固坚持日本制造才是最好的国家,主动要求和方正合作。

而向日本出口日文方正激光照排系统,成为新中国成立后第一次大规模地出口技术知识产权的事件。这套系统还占领了国内报业99%和书刊(黑白)出版业90%的市场,以及80%的海外华文报业市场,并打入日本和韩国,累计利润15亿元,取得了巨大的经济效益和社会效益,极大地促进了印刷行业生产力的提高,研究成果分别两度被评为国家科技进步奖一等奖及中国十大科技成就。

回顾这段历史,人们在北大的人群中再度看到王选的精神价值和市场意义。事实上,如果价格规律是一个客观的市场规律,那么毫无疑问,从来都是价低取胜。任何人都无法逾越改变这一点。当越来越多的中国人迷信一种所谓的西方原创时,这一点对于需要创新中国的时下更有意义。

PART 04 市场换技术有错吗

郑也夫为什么不是后现代贵族

> 我以为后现代"贵族",无须出身于豪门家族,任何一个普通的平民百姓均可以成长为后现代"贵族",只需具备如下的两个条件即可:解决了温饱问题(因而不必考虑钱的问题);有闲暇时间,可以自由自在享受生活的快乐,精神的升华,而不是堕落。
>
> ——北大经济社会学者郑也夫

如今北大不少大众方面的名气,源于郑也夫教授这样的"知识分子问题"专家。但是,像郑也夫这样从经济角度,市场转换看问题的并不多。他在中华女子学院发表自己对于后现代和贵族的观点,也着实让人大跌眼镜。

郑教授提出后现代贵族的两大条件,其中第一条,明显是经济基础问题,简单地说,是要有钱。第二个是有精神追求,简单地说就是得有文化。这个后现代贵族的概念,是郑教授的独创,从郑教授的学术看,这观点应该源于他的贵族观。

郑教授本身是"中华人民共和国成立,则贵族灭亡"观点的坚定支持者。显然,以此标准衡量,从前的北大当然是贵族。清末虽然是帝国末世,却总算还有个"贵"字尚存。民国文人没了皇帝，能交得起京师大学堂学费的也非官即绅。当代北大，无父无君（老舍语），显然谈不上贵族。问题是，郑教授认为，北大的知识分子，毕竟不同于平头百姓。作为精英，需要标志出天然差异。郑教授的意思很明显，我们是当代贵族，即后现代贵族。

后现代贵族的概念，北大教授们也并不真的欢迎。甚至，郑也夫教授本人，压根不是什么后现代贵族。更有意思的是，在经济系里，写文章驳斥后现代贵族概念的人，也更加多。

首先，什么叫后现代主义。这种说法，即使在北大经济学内部，看起来也像异端。主流的西方经济学，是没有什么古代、现代、后现代的奇怪提法的。问一个经济系的学生，什么叫后现代主义，十有八九会将他吓得不轻。有些经济学者连历史和时间的存在价值都表达怀疑，认为唯独数学才是精确的工具。后现代主义肯定没法和数学化打交道，自然也进不了法眼。

郑也夫教授爱用经济学的概念表达自己关于后现代社会的观点，"消费社会"是学术著作中一个常见的词语。何谓消费社会？郑也夫教授认为：消费社会就是消费成为人们日常生活中最主要活动的社会。

消费社会，其实在经济学里，又叫丰裕社会。按照加尔布雷斯的观点，美国在1960年电视机的普及率就达到90%，像洗衣机、冰箱等产品也处于同等的拥有水平上。而在金融危机后，光是处理各种各样的杂物和废旧用品，一个二手货处理中心就说这至少需要3年的时间。消费达到空前惊人的地步，这就是丰裕社会或者消费社会的典型特点。

加尔布雷斯说："我们担心什么？我们担心我们的学校，我们担心我们的公共休闲设施，我们担心我们的法律秩序和公共住房，所有这些显示我们的生活质量的因素都处于公共部门的范围内。我们不担心汽车的供应，我们不担心食品的供应，私营部门生产的东西供应充足，而依靠公共部门做的事情却存在广泛的问题。如同我在《丰裕社会》中讲到的，我们生活在一个肮脏的街道和干净的住宅并存、破烂的学校和昂贵的电视同在的世界中。"

可是这些话，讲来讲去和支配没什么关系。支配怎么表达，经济学不知道，数学不清楚。于是，到经济系的先生们那里，他们对于后现代主义这个词直摇头。大部分人听完后，感觉郑教授想说的大概就是市场经济的财富概念。问题是，财富还用得着解释吗？

再看所谓贵族的概念，郑教授对于北大经济系学生们的不开窍自然是很失望的，于是他进一步纠正观点说：后现代"贵族"，与奢华的物质享乐无缘，而是取决于健全而浪漫的心态，取决于对生活超前的想象力和艺术的敏感性！后现代"贵族"，贵在精神，而不在财富！

这下学生们是听明白了，郑教授的意思是，每个人必须在24小时内具有闲暇和娱乐时间，并且能为这种闲暇和娱乐心甘情愿地付出代价。

中华女子学院的美女们听起来更加直观：我很得意……衣服价廉物美（因为是在批发市场买的）……化妆品更是物美价廉（因为是在超市里买的5元钱的儿童润肤霜和普通的口红）……在闲暇时间里我把生活安排得丰富多彩，健康快乐。比如读书，跳舞（跟舞蹈老师学习舞蹈5年了，很过瘾），看电影，听学术讲座（真的很精彩），上网浏览文章，交友等，偶尔涂抹几句，真是不亦乐乎……这不是传说中的小资生活或者中产阶级的标准嘛。

标准不标准，对于经济学来说，空口无凭。衣服、化妆品之类的，在经济学里，属于消费，压根和个人的时间分配没关系。真正和时间分配取舍有关的是，郑教授每天工作的时间和读书跳舞之类时间的不同分配。

郑教授从前连温饱都有困难，从进入大学后，郑教授才有了粮票和工作，有了时间，才可以牺牲一点儿时间，把自己变成一个后现代贵族。

在美国的历史上，比如郑教授留学的丹佛大学，就曾经有过不少制度学派的经济学家,他们就很清楚,做贵族是要付出代价的。落基山地区的西部荒野风景不错,可是除非能够猎到足够的猎物,否则贵族的风雅也会葬身熊口。所以,尽管曾经的制度经济学者康芒斯、凡勃伦对上流社会的富裕和闲暇娱乐生活表达不满,可是他们的工资基本上都是由他们所讥讽的有闲阶级提供的。

事实上,经济学研究表明,即使在中国,人们的闲暇或者说后现代生活的需求,也和郑教授的愿望不相干,而是服从收入和劳动市场的铁律。改革开放前,人们生活贫困,大多数人忙于基本生计,根本谈不上过什么贵族生活。奇怪的是,郑教授也把他们当成是后现代贵族的一部分。

改革初年,收入提高,只要多劳动,就能够获得更多的收入改善生活,结果人们花更多的时间在工作上。这时候,后现代贵族生活彻底被人群抛弃。而郑教授本来主张是新中国成立后就没有了贵族的。单单是音乐和娱乐的种类,其实就比民国时期多得多。

改革中期,人们的收入已经提高到一定程度,劳动力市场上不再需要拧紧发条,人们此时才想起了娱乐和闲暇。这时终于有人愿意过后现代贵族的生活了。可惜,郑教授指出,他们的财富归零,居然被排斥出后现代贵族的圈子里了。

于是,在所有的时代里,后现代都变成一个不识时务的概念,自然也不适合郑教授本人。事实上,脱离中国劳动力市场的真实,而去想当然地套后现代那些生搬硬套的概念,恐怕永远只能取得类似的结果。郑也夫教授还是不要做后现代贵族的好,那样比较符合现实。

从小业主到现代企业家

> 大多数民营企业家只经历了从小农意识到小业主意识的第一次飞跃,现在必须有第二次飞跃,即从小业主意识转变到现代企业家意识。
>
> ——北大光华管理学院名誉院长厉以宁教授

作为全国市场经济和民营经济研究方面的权威,厉以宁教授的总结,对于时下中国的学术界和商界，对于中国经济和企业家的生态，评价入木三分。

首先，在厉以宁教授看来，过去的中国企业成功，很大程度上是经验和小业主经营的成功。北大教授项兵有一种更为激进的观点，在他看来，小业主是最适合中国国情的企业形式。小业主构成的夫妻店、家族企业，更符合中国外向型的市场经济。

纵观世界各国的企业和经济发展史，小业主是最原始但是生命力最顽强的企业形式。老牌资本主义国家，如意大利、西班牙和法国，家族企业至今占据主导地位。例如欧莱雅家族、菲亚特家族和贝卢斯科尼家族企业，都具有极强的国际竞争力。法国奢侈品集团路易·威登集团，更是将家族概念变成企业品牌的另一张身份证。

小企业成功总是和一定的文化环境和经济发展水平高度相关，企业制度的选择必须符合经济的发展水平。家族企业无疑不是世界上唯一的至高无上的好制度，但目前是发展中国家法律不够健全的转型时期最适合的制度。

在中国的创业史上，小企业成功就生动地说明了这一点。厉以宁教授总结说民工潮的不同折射了小企业的文化环境："20世纪80年代中期，出来的都是壮汉，有力气的没文化的，他们出来抬石头，修桥，挑砖，他们出来的目标很简单，赚两个钱回家讨老婆去。1990年以后珠江三角洲民营企业起来了，大量需要少女，所以第二个民工潮高峰就是少女出来，她们一出来眼光就高了，找对象要找城里人，至少是和她一样是从农村出来的，有一点儿文化，有一点儿技术，有一点儿发展前途的，所以壮汉回去找不到老婆了。"

在一个剩余劳动力数量庞大的国家，其逻辑是夫妻店这样的小企业，通过较低的人力成本，才可能积累起资本。而这种资本的积累，又必须不断地降低工资才行，工资的降低又必须有更多的劳动力补充才能进行。而中国的经济和文化形态习惯，促成了这一点。

事实上，家族企业的最显著的特点之一，就是资本有限，但是人力资本管理和决策上的调整更快，能够以成本和价格优势，提升其竞争力。事实上，中国小企业的高效率，正是建立在这种国情的基础上的。所谓毛氏管理的流行，本质上是一种特殊劳动市场和企业制度结合的成果。

不过，在经历30年的高速发展之后，应当说小企业正面临着转型的困境。而这种困境，某种程度上，也是小业主经济的天然软肋。"经验可能是财

富,也可能是包袱。一个搞得好好的企业,为什么突然垮掉?其中原因可能就是完全凭过去的经验,做出了失误的投资和经营决策。"

厉以宁教授在课上讲过一个意味深长的笑话:有一个人去宠物市场买鹦鹉,看到一个鹦鹉,问:多少钱!回答:2000元钱!他说:"怎么那么贵呢?"答:"它会两种外语"。又问:"那只多少钱?""4000元钱!"他说:"难道它会4门外语吗?"回答:"不错!它能用4门外语说你好!谢谢!它都会!"又走到另一只鹦鹉面前,一打听,这只鹦鹉好几万元钱!他问:"它会那么多门外语呀?"回答:"它不会!""那它为什么这么贵呢?""因为那两只鹦鹉管它叫老板!"

小业主的高明在于善当老板,不见得自己去做很多具体业务。特别是,随着企业的规模扩大,涉及具体业务,会衍生得越来越远。这个时候,再坚持小业主的事事亲为,时间和精力、资金分配都捉襟见肘。当老板就要站得高看得远,这就要有现代企业家的意识。

其次,能人在创办企业当中是起作用的,但要成功转型为现代企业,必须做到产权清晰。

所谓产权清晰,必须明确管理和产权的划分,否则会阻碍企业进一步发展。历史上最典型的例子就是太平天国。太平天国从广西桂林金田村起义,打桂林,打长沙,打武汉,打南京,打下南京,半壁江山到手。但是到南京时,洪秀全排斥东王，后来又收拾北王，最后只剩下翼王石达开，带兵出走，全军覆没，剩下天王一人。中国的小企业多数有着某种说不清的封建家族管理的基因文化。

家族企业内部产权不清晰，企业越滚越大，财产纠纷就会越来越多；美国的八大家族财团的解体过程，除去垄断的恣意妄为，导致政府反垄断绞杀外，很大部分是家族内讧导致的。比如福特汽车，基本上和福特家族已经没有多少关系。而标准石油，则和洛克菲勒家族完全脱离关系。建立家族接班人的培养及磨炼机制，是使企业保持发展、持久不衰的重要方法。

厉以宁教授认为在市场准入方面仍遇到"玻璃门"现象：一些垄断行业由于利益关系，不愿意非公有制经济进入，总想拖延；国家面临一些产业的"产能过剩"问题，因此限制非公企业进入；国家还没有出台各行业进入的技术标准。但这些玻璃门存在，本身正是说明，小企业的确还不够大，没有真正建立起足够的技术和经济优势。这也导致一旦外部环境不利时他们会更加脆弱。事实上，单纯寄希望于获取垄断优势来挽救企业自身的现代性困境是不足取的。

北京大学国家发展研究院联合阿里巴巴在深圳发布《珠三角小企业经营与融资现状调研报告》。报告指出，利润下滑已成为今年小企业最难迈过的一道坎，珠三角小企业多在吃老本。

小企业"吃老本"现象严重。2011年年初72.45%的小企业预计未来6个月没有利润或小幅亏损，3.29%的小企业预计未来6个月可能大幅亏损或歇业。

温州企业主不断跑路，有人士开始担忧，珠三角小企业主会否跑路。在浙江省内绍兴地区仅有14%的企业处于半歇产或歇产状态，比例最低，宁波、温州、湖州、杭州的半歇产或歇产比例最高，为22%。更严重的是，多数的企业主不再从自身找原因，千方百计创造条件，而是寄希望于各种各样的国家银行贷款支持。无法获得贷款者，则开始向高利贷伸手，以至于越陷越深。

从长远来看，"国进民退""国退民进"都不对，应该是国有资本和民间资本平行发展的趋势。因此，非公有制经济人士要对自身的发展抱有信心。非公有制经济已成为国民经济中不可忽视的力量，70%的下岗职工是由非公有制经济吸收的。这时候，我们更需要企业主逐渐向现代企业家转换。这才是中国企业市场化的正确道路。

中关村没落的经济学

看到网络抱怨的文化，对自己没有期望，期望社会给我东西，不期望我给社会东西，作为一个暗示生活的观念越来越流行，对中关村创新文化是最大的伤害，有了市场环境和空间，怎样激励年轻人，让他们为自己的未来打拼奋斗和付出，是长辈们的责任，60后、70后做得很糟糕，这几代人做得不错，把中国现在建到这样的高度。

——北京大学中文系教授张颐武

在中关村生活20多年的北大中文系教授张颐武，对于如今中关村的没落，可谓有着切身的体会。

张教授讲述了一个很有意思的小故事：1987年，他刚来北京读研究生，在中关村一个小摊边，一个外省来的大学生推销员，眼睛冒着光地劝说他买下一万元的打字机。小伙子浑身上下，给人以活力和梦想感染。若干年后，这个小伙子自己开了一家广告公司。在张教授看来，中关村早期是一个"吸引年轻人的地方，吸引年轻人创造自己未来的地方"。

中关村以科技为依托，培养了无数大企业、小企业。给张教授印象最深的是清华科技园306房间。这个房间可谓中关村企业的梦想办公室：如果一个人奋斗成功就会搬到四楼的大办公室；接下来，就会有一个差不多的人，继续在306小房间里奋斗。所谓铁打的306，流水的创业人。

这番景象，让无数人为之心动。不少西方经济界人士认为，中关村的发展形态已经接近世界高科技企业的中心硅谷的模式。前中关村管委会负责人戴卫认为，未来的20年，中关村将成为全球创新的中心。联想汉卡、四通的2401打字机、北大方正的激光照排系统、龙芯、中星微芯片、闪联标准、TD-SCDMA标准产生于中关村。新浪、搜狐、百度、中星微等几十家园区企业登陆国际资本市场；微软、Google、AMD、索尼、日立等在内的70多家跨国公司设立分支机构和研发中心。这种高密度的全球科技资源的聚集，也是中关村独有的风景。

同硅谷不同的是，中关村几乎没有经历过泡沫，一帆风顺地走到了今天。硅谷泡沫之时，中关村半开放的保护带，任其摸爬滚打，等到硅谷重振，中关村则借力而升。也因此，这种繁华，被不少人看作是天意，仿佛中关村的兴旺发达是件100%确定的事情。

可惜，高楼大厦，车水马龙，并不能掩饰中关村的某种没落：如今的中关村，正面临一种新的困境，一条走上硅谷老路的困境。

首先，中关村似乎正面临创新之死的危机。随着联想新时代的拉开，原来科学家创业为主，技术说话的传统，早已过去。现在的中关村，是一个资本为王的新疆域。如今中关村的高科技公司里，科学家老板公司已经十分罕见。大部分公司的形式是：若干个拥有专利技术的创业者做工人，一个深谙关系的人做老板，风险投资身居幕后做股东提供资金。

这和硅谷沙滩上那些如今只提供创业计划书给风投办公室的年轻人一样。唯一可惜的是，中关村的环境下，风投和点子都是建立在一个明显发育不良的土壤之上。同美国的硅谷不同，一旦创业者和风投不合，不欢而散，和平分手是正常之事情。不过在中关村狭小的圈子里，风投的来源、创业圈子、法律政策支持，都要单薄得多。这种情况下，一旦分手，经常换来的是各种各样的诈骗和商业纠纷。熟人和熟人之间的高科技企业，明显亲疏分明，这样的环境压根无法和硅谷的技术氛围比拼。

其次，中关村的大企业，更习惯采取跟随创新，吞并中小企业。而这一点,本身就是最严重地扼杀创新的行为。在硅谷地区,比尔·盖茨的微软,无疑是大帝国吃虾米的始作俑者。每当一个可能挑战微软技术或者市场垄断的小企业孵化出来,立刻就会以二倍或者三倍的价格被微软买下——然后关闭解散了之。原本高科技企业的创新,就是为了打破垄断,这么做无疑是给创新添堵。

中国的各种高科技大公司,从某种程度上都是西方高科技企业的模仿跟进。这一点,几乎人所共知。最让经济学家们头疼的是,所有的中国高科技公司上市前,都不习惯阐述一套自己的价值和技术理念,而是直接将一个美国成功企业的名词前,加上一个"中国的"来拉大旗做虎皮。

即便优盘这样完全中国化的概念产品,到最后也只得以类似一个通用电气公司广告语给自己宣传。这听上去让人觉得不可思议。中关村大企业的产值,大部分傲视全球,其硬件产品占据世界的大部分市场。奇怪的是,这个地区的企业却鲜有独创性的技术理念,在全球创新方面经常缺席。

当然,这也并非是个特例。大部分的国际大企业也都走过类似的老路。举例来说,韩国的三星集团曾经原本只是一个普通的贸易行,但是通过模仿日本的管理和教育方式,很快就成为创新产品的中心。

在今天的硅谷,斯坦福大学的一些资深教授们认为,硅谷创新接近死亡。事实上,过早地走上了模仿创新的中关村,从某种角度上也已经接近创新之死。除去依靠山寨硅谷创意,略加包装修饰后利用市场跟进外,再也看不出有多少原创性的改变。

最后，中关村正在新的消费群体中失落。如今在海淀剧院，这个中关村休闲服务的中心，即便中关村人本身都很少愿意花钱享受数字技术的成果。3D银幕，极少在技术白领那里获得青睐。这意味着知识产品和服务的生产者拒绝消费知识产品，而根据信息经济学的规律，知识时代只有消费才能生产，否则这将导致知识的产量大规模减少。

事实上，曾经倒卖半导体原件起家的中关村，在半导体行业，基本上被日本厂商血洗。无法认同的文化背景，根本不容中关村自身开发基础产业。

如果不能培养一个与中关村的母体适应的消费者群体，那么可以预见未来中关村将无法生产知识。这也许是所有的没落中，最让人感到可怕的问题。

市场换技术，工商银行错了吗

中资银行通过竞争和合作取得了先进的管理技术、管理理念和公司制度，引进境外投资者是完全必要的。交行引进了汇丰银行；建行引进了美国银行和新加坡淡马锡公司；中行引进了苏格兰皇家银行、新加坡淡马锡银行、瑞银集团；工行引进了高盛公司等海外战略投资者。

——北京大学金融与证券研究中心主任教授曹凤岐

2006年，工行国际引进高盛集团的交易，在中国一度引起轩然大波。有人说引进境外战略投资者让钱都被外国人赚去了，是国有资产流失。

在工行高层与高盛签署正式协议后，引进战略投资者方案初步获得上层批准。工行对高盛在37亿美元收购大约10%股份的基础上提出加价要求，却迟迟无法进行，正是因为此时国内正在兴起一场批判市场换技术的大潮。

郎咸平在科龙事件上的成功，很快也让国企股权分置改革成了万众瞩目的事情。人们认为，自20世纪90年代的股权改革后，中国国有资产流失6000亿元；中国企业海外上市和引进战略投资者使国有资产损失600亿美元。

最初的工业高层的解释，和中行情形类同。当时淡马锡减持入股中行的协议获汇金批准，社保基金成为中行财务投资者，中行高层指出，引进战略投资者不为钱而为"技术"。

中行和工行的高管中，有不少是北大毕业。这件事情，也以工行贱卖论，在短时间内盛行于全国。而在此时，关于工商银行和高盛的合作，被认为是一场流失国有资产的阴谋。

1998年金融危机前，美国著名经济学家克鲁格曼在中国银行业问题上发表过一个观点：中国银行业的坏账风险和金融脆弱程度比东南亚还要高。克鲁格曼一度甚至怀疑中国银行会成为拖垮亚洲经济的第一块骨牌。

20世纪90年代末，我国银行业的不良资产率在30%左右，银行有不良资产大幅上升的风险。4家国有商业银行的资本充足率仅为-2.29%，财务上已经资不抵债。国家决定于1999年成立4家金融资产管理公司，剥离约1.4万亿元的不良贷款。

更重要的是，大部分经济学家倾向于认为，坏账和不良资产主要是银行内部管理水平较低、关系贷款严重导致的。银行外部风险管控能力和国际大银行相差太大。为此，引进外资银行的先进管理经验，加强金融合作，就成为当时一个事实上唯一可行的选择。

问题是，在东南亚银行业已经开始受热钱冲击、虚假繁荣明显的情况下，这种合作很可能具有极大的风险性。有些人甚至怀疑，这是引狼入室的噩梦。

在20世纪末的银行业改革之上，北大人站在了合作共赢、让利换取技术的观点一边。相对于其他的学科，金融本是北大的弱项。作为北大金融系的教父，曹凤岐教授算是其中最有发言权的。在他看来，工行贱卖论有失偏颇。"寻求境外大企业作为战略投资者，有利于中国银行业的发展。引进战略投资者主要不是因为缺钱而引进资金，而是要引进先进的管理经验和技术，帮助中国银行提高产品的创新能力和盈利能力，提高核心竞争力。"

在工行的内部，另一个问题是高盛同时又为中行的主承销商。高盛既当股东，又当下家——承销商的做法，当时也引来很多人的非议，认为这一过程更容易让高盛操纵获益。

随着中国银行业国际化进程的加速，也由于次贷危机前中美银行的高收益和良好的运营，工商银行数次问鼎全球最赚钱的银行，质疑工商银行上市和引进高盛战略投资的声音越来越少。

好景不长，金融危机爆发后，全球银行业开始严重"不景气"。高盛在危机后一枝独秀，也让中国的投资者更加对其不放心，5年的投资已经让这家华尔街大行赚得盆满钵满。在中国香港上市的工行股票连番走高，情绪化下跌，让投资者血本无归。

2006年4月，高盛25.8亿美元买下了工行4.9%的股份。到现在为止，这笔投资是华尔街投行利用自有资金进行的最大规模交易。可以看出，高盛在工行的投资上可谓处心积虑，倾注全力，其成本连华尔街本身都感到不可理解。

2011年10月，高盛两次出现亏损，所持工商银行股份减值10亿美元。2011年9月底，高盛对工商银行的剩余投资大约价值50亿美元，而2010年底这笔投资的价值还高达75.9亿美元。这就是说，高盛的外国投资者出现了巨大的亏损。不过这只是高盛的亏损账目，相比其卖掉工行的盈利，这算不了什么。通过3次大规模减持，高盛实际套现达到52亿美元之多。更为人诟病的是，人们发现每一次高盛的减持，都必然发生在工行股价高点之时。任何人都能从中发现做空操作的复杂迹象。

另一方面，工商银行在金融危机中，也曾经持有大量的次级贷款。这些

投资都以坏账的形式成为工商银行的新包袱。欧美银行在次贷危机中的表现，也让中国同事们质疑其管理技术的真实水平。

那么到底工行错了吗？市场换技术可靠吗？

答案也许是中性的。首先也许要问一下，市场换技术，在金融行业可能性的高低。

所谓市场换技术，其含义据说是：通过开放国内市场，引进外商直接投资，引导外资企业的技术转移，获取国外先进技术，并通过消化吸收，最终形成我国独立自主的研发能力，提高我国的技术创新水平。问题是，不是所有的行业都可以使用市场换技术。比如金融业，即使是美国的金融业，也使用各种手段设立门槛，阻止外部市场企业的进入。金融本身的流动性一旦失控，很难恢复。比如东南亚金融危机，正是外资银行主导的体系，让这些规模小的国家，在热钱面前不堪一击。到目前为止，还见不到一个发展中国家依靠金融的现代化和引进技术获得成功。毕竟，在金融监管上，使用的金融工具和金融本身，流动的是同一种东西，一不小心就会变成伤人先伤己的危险动作。

其次，即便真的可行，市场和技术的界限十分模糊，风险难以估量。市场本身和技术的关系，原本就无法度量，这就很容易变成国际空头投机的对象。例如在高盛和工行的交易过程中，出让多大的股份，风险的大小，其实都是建立在以往的财务表现之上的。问题是，正如金融大师夏普的经验分析，这种设计和其他衍生工具一样，根本无法消灭风险。这意味着，从某种程度上，在金融上的这个试验，本身带着极大的风险。

最后，也许更加让人担心的是，工行的交易收益同样是无法衡量的。在普通的会计学报表中，自然人们可以列出4大会计事务所的财务报告，评估他们所谓的成本——收益，但是这种会计成本并不能衡量机会成本，顶多只是历史成本而已。工行在这一过程是否损失了诸如金融业内部完善机制的长期收益，因为发达国家的银行同样经历了重重的危机和艰难，这种历史经验远不是战略协议书能够获得的？贸然和高盛合作是否已经泄露中国金融的关键弱点，成为对付中国经济的一颗子弹？另外，最严重的问题是，一个几乎全部由境外合作商包揽的所谓合作，失去主动权，带给中国银行业的，是不是更加严重的精神和人才上的困境？

PART 05
自然垄断不自然

经济学家眼中的走私内幕

> 这么多年来,我对市场的理解和信仰越来越深,就像一个基督徒对上帝的信仰,从一个懵懂的状态,到理性上越来越相信。
>
> ——北大经济学教授张维迎

不管经济学者们如何标榜市场信仰的神圣性,哪怕为此殉道,有件事情总是无法规避,那就是,任何经济学者中固执者都会确认,凡是市场的就是最好的。

问题是,这是真的吗?比如走私,大多数情况下是管制的结果,可是同样是受到经济学者指责的。这难道不是自相矛盾吗?

过去的30年里,西方的报纸一直指责中国改革过程中东南沿海地区的走私活动。大部分的西方观察家认为,中英街的劳力士表、廉价玩具的走私生意,本质上是一种原始资本积累过程。

中英街,其实只有205米长,极为狭窄。在改革初期,这里是全国唯一享受免税政策的购物中心。中英街曾经一度辉煌,1997年之前,这里的商店年缴税收超过一个亿,一年游人量达1500万以上,节假日人均游客超过10万人,从录像机、照相机,到金首饰、各式服装,甚至力士香皂,没有一样不是抢手货。这一带的村民是最早进入小康和中产阶层的。很多人不仅在香港置业,子女也在香港完成了学业。

地球上拥有中英街的游客数量和产值的地方并不少。不过,它们共同的特点是,有时可能要掺杂某些地下交易,形成经济学家们所说的隐形经济。

写了《地下黑经济》的李林·班·维克尔说:"隐形经济是所有法律、规章及条例所引起的各种各样的社会不安因素的检测器。换句话说,可以把隐形经济看作是健全的制度和法令的奇怪的胎儿。"

中英街20年前的走私,其实还只是隐形经济中最原始的一类。因为它从偷税漏税开始。走私行当,大概由来已久。从古希腊时代,海盗们就以干这种非法勾当获利。腓尼基人把这生意发扬光大,成为地中海上的强国。

走私行为,一般而言,经济学家认为是关税存在导致的。正常情况下,如果没有关税,显然会按照市场价格成交。但是关税存在的情况下,卖者的出价,必然要包含关税,由于价格升高,能够买得起正宗进口货的人是有限的,

其他收入较低,有需求的人无法满足。此时假如规避关税,就可能获得关税成本大小的超额利润。因此,不少人不惜铤而走险,从事走私生意。

1997年香港回归自由行开通,回归后的第二年,中英街的游客人数即跌到800万人次,到2002年就只有区区128万人次。至2005年,最后一家金融机构——工商银行也撤出中英街。其实,一旦关税取消,中英街进出口差价消失,其利润的吸引力就立刻下降。

也因为如此,在大多数经济学家眼里,走私和法律无关,倒是和价格差有关,和利润有关。和走私相关的一切人事习俗,也都被看成是经济活动的一类。

自然垄断不自然走私者当然需要避开海关执法人员的检查,必然有伪造证件和贿赂海关官员的行为和资金活动;走私者运输物品,无法获得政府和法律的保护,他们不得不用私人武装。这就造成了黑市军火生意的兴旺。非法交易的金额数量庞大,如果用于正常的投资,可能吸引银行金融的注意,因此,小额多次的现金交易受到垂青,各种各样的餐饮消费、夜总会赌博之类的活动就为洗钱提供绝佳的机会。

由于走私活动中的高额利润才衍生出一系列的地下经济活动,如非法制造证件、军火、色情业、赌博业、毒品行业等。从某种角度说,这几乎就是同一个逻辑下的完美产业链——走私洗钱一条龙的生意。

在历史上，资本主义的所有列强，都依靠这种走私洗钱一条龙的生意获取原始资本。例如，哥伦布、达伽马、麦哲伦的全球航行，完全是出于避开意大利商人和奥斯曼帝国的关税的冒险举动。

直到今天，驻守在阿富汗的美军仍进行走私毒品，然后返销地中海的意大利，经黑手党转移在西方市场获取利润，最后通过伊拉克的妓院合法洗钱的黑色经济活动。不过，在今天，由于政府的涉入，特别是美国军方各类大佬的加入，走私生意、反毒品战役已经具有超越经济学家原有认知的特点。

如今的走私，更大程度上是一种政府高度垄断的另类经济活动。事实上，不少国家和地区的政府，公开或秘密地利用走私活动，达到其政治和经济目的。例如，恐怖分子利用毒品作为经费，某些政府纵容走私毒品来实现某种外交目的。在美国和墨西哥政府之间，长期利用毒品问题调节双方的利益纠纷。

正像北大张维迎教授进一步解释的那样，这是斯蒂格勒发现的所谓管制俘获现象。管制得越多，往往也吸引那些最糟糕、最善于逢迎的骗子贿赂政府人员。政府人员为了获得租金，不惜勾结，抬高甚至进一步提高垄断租金。到最后，就形成了一种越反走私，走私越猖獗的现象。而且，鉴于美国市场管制经济学的经验，毒品的管制尤为明显，基本上成为几乎所有地下经济学的核心内容。

贩卖毒品是毒品犯罪中数量最多、涉及范围最广的一种犯罪，毒品的贩卖是毒品从制造到消费过程的主渠道和中心环节。世界毒品非法贸易的利润已超过石油利润，贩毒已成为全球性问题。目前，世界范围内的贩卖毒品的案件在全部毒品案件中所占比例极高，呈逐年上升趋势。

面对这样的情形，美国为了减轻自身的压力，对吸毒采取完全放任的态度，却要求墨西哥积极打击贩毒行为。在墨西哥政府几乎抱着与敌偕亡的态度拼命和毒枭作战时，美国人还很不仗义地对武器走私漠然置之，墨西哥政府迄今为止已经缴获了8.4万件武器，它们大多来自美国。最使墨西哥总统伤怀的是，墨西哥执法部门在前线流血拼命，美国加州却在立法准备让大麻销售合法化。要知道，大麻可是占了美墨毒品贸易约一半的份额。

美国的开门揖盗、两面三刀固然让墨西哥反毒战争显得十分悲情，但把困境完全归咎于外因也确实有很多解释不通的地方。究竟是什么让这个国家

30%的领土掌握在犯罪分子手中？是什么让一个经济成功的政府在安全方面问题严重？扫毒活动已经进行了4年，但毒枭们前仆后继，在战火中建立了一支超过10万人的步兵，要不是因为毒枭武装把内讧当作与政府军作战同样重要的任务，其可动员作战人员数量已经超过了政府军（墨西哥三军共13万人，其中包含大量的后勤保障及文职人员），所以，53%的民众相信毒枭会赢也就不足为奇了。

常识告诉我们，开放的市场经济对于法制的追求是毫无疑问的。现在，人们熟悉的常识被墨西哥残酷的现实颠覆，只有墨西哥自身的经济与社会现状才能对这种反常识的状况做出应有的解释。而这样的颠簸墨西哥也并不是独自承受的，解铃还须系铃人，美国加入毒品战争，期望会有个良好的结果。

中国为什么没有产生资本主义

> 由于没有发生西方的科学和工业革命，在西方科技日新月异之后的短短百年时间，曾经拥有辉煌成就的中国，国际经济和政治地位一落千丈，使中国和西方国际地位的比较出现巨大的逆转。
>
> ——北大中国经济研究中心前主任、经济学教授林毅夫

直到今天，东西方的经济学者都还在为同一个问题感到十分困惑：为什么18世纪中叶英国工业革命的主要条件，中国早在14世纪的明朝初年就已几乎全部具备，但工业革命竟没有在中国产生？为何孕育了资本主义萌芽的中国，却没有产生资本主义？

这个问题，从20世纪初开始被韦伯提出，后经科技史作家李约瑟宣传，以"李约瑟难题"而闻名于世。

要解释清中国没有资本主义的问题，必须还得按照学术章程，循规蹈矩，条分缕析，因果检验，方能以理服人。

事实上，学者们的解释也是五花八门。其中一种是所谓"高水平均衡陷阱"假说。这群人研究了明清以来中国地方志的人口经济情况，当然大部分

的资料还是二手的，先从日本人或者传教士那里翻译后，再由费正清系的汉学家首肯后才获得的。他们通常会认为：中国技术创新的停滞缘自人地比例的失调，"人口的数量已经多到再也不需要任何节约人力的装置了"。

清代人口的较快增长和膨胀使得人均耕地下降，劳动力越来越便宜，对劳动替代型技术的需求随之减少。反观欧洲，因为"节约劳动的需求仍然十分强烈"，大量农业剩余可供积累。所以，中国根本不需要工业革命中的大规模技术创新，也就没有资本主义制度变革的需要。

问题是，这个假说，并不是没有破绽。劳动力相对便宜和人均剩余减少，是以技术不变或进步极端缓慢这个解释变量自身为前提的。问题是，14世纪后中国技术创新并未完全停滞，在14~20世纪初，仍有许多新发明出现。而且，直到20世纪，中国江南地区人力不足，相当严重地制约了地方经济的发展。说没有节约劳动需求的愿望，肯定不适合现实。

林毅夫教授的观点，则是目前被认为最接近完善的假说。他的假说，又被称作是技术发明制度改进的学说。

技术发明的机制其实是"试错和改错"。在18世纪中叶工业革命以前，技术发明主要源于工匠和农民生产中的无意识试错和改错。到了18世纪的工业革命以后，技术发明首先转为发明家有意识地"试错和改错"的实验。

从概率的意义上，一个国家的人口规模越大，各类发明者"试错和改错"的实践经验越多，技术发明和创新的速度越快，经济发展的水平也就越高（西蒙，1986）。中国的人口总量自古以来一直远高于欧洲，自然在经验发明时期长期是超越西方的。但随着技术水平的不断提高，空间越来越小，不可避免地终将趋于停滞。

唐朝早期的科举考试，分别针对不同才能的人才，考以不同的科目，但很快考试的范围就缩小到以"进士"科为主。宋以后则完全局限于四书五经范围之内，读书人无法顾及数学和其他有用的技艺的学习，也无暇进行其他知识的探索，中国明代科学家的人数因而少得可怜。到了清代，如果读书人从事技术工作，则会降低社会地位。甚至以不检点受到申斥。这种对于人才流动的近乎垄断的设计，完全阻碍了技术创新。

欧洲在前现代社会由于人口规模相对中国为小，但是在15、16世纪的科学革命后，实验方法被广泛运用（玛瑟斯，1972），"试错和改错"的次数不再局限于具体的生产实践，因而大大增加。

到了18世纪中叶英国的工业革命以后，技术发明的方式在西方逐渐转变为"为发明而发明"，使得技术发明在碰到瓶颈时可以利用科学来打破瓶颈。不过，18世纪中叶工业革命迎来一段时间的技术发明的速度加速以后也应该会像其他文明一样，技术发明和经济增长的速度渐趋停滞。所以，真正使得中国从长期领先迅速转变为近代的落后的最主要原因是科学革命。

北大中国经济研究中心近来引进自西方的典型制度经济学研究，已经改变了基本的逻辑选择方式。比如有些人已经开始把近代中国，看成是一个同等的欧洲。因为，不管从哪方面来看，相对于庞大的中国来说，任何一个小规模的欧洲国家都无法和中国等量齐观。

英国、法国和荷兰三国在17世纪已经称雄世界，就算加上西班牙和葡萄牙帝国，他们一年的粮食运输规模，还不到清朝江南省漕运粮食的总量一半。而铁产量，直到工业革命10年后，英国才大致赶上数个世纪前中国的水平。此时清王朝已经多次下令禁止采矿，唯一看上去三国占优的，只剩下军火。

也因此，后来心怀不满的一些历史学家相信，也许是武器生产技术的强大，彻底改变了中欧之间的力量对比。而在所有的生产中，唯独毛瑟枪的标准化制造，英国超过了中国。这似乎是另一个难以解释的现象。

说到底，一个国家的某种制度，特别是在技术市场上的制度设计出了问题，那么所谓落后才可能变成事实。从某种角度说，一个国家将人才垄断在某种不合理的地方，正是中国长期落后的根源。

柯达死了，乐凯胶卷还活着

从研发设计与市场的紧密结合、生产制造的外包和高端化，到在商业领域的服务化转型，柯达在中国初步实现了价值链各个环节的转型并完成从传统光感价值链到数码印刷价值链的全面提升。

——北大光华管理学院的MBA专业教案中的柯达按语

2004年，北大经济法研究所所长盛杰民教授受商务部和国家工商总局重托，对于中国市场上的一些跨国大公司的市场集中程度进行一次大范围的调研。

他在对中国感光材料行业的调查中发现："跨国公司在中国的市场占有率高达80%以上，其中柯达公司超过50%，富士公司超过25%，其他如柯尼卡公司等占8%~9%。目前，国内企业生产感光材料（胶卷）的只有乐凯一家，市场份额15%左右。"尽管中国当时并未出台《反垄断法》，但即便按照柯达的母国美国的垄断的最低市场集中度标准，柯达也是最厉害的垄断者之一了。

柯达公司和富士胶卷的争夺战案例，也被写入北大经济、管理、经济法课程的案例库中。柯达在这些案例中基本上是以正面的领导者企业形象出现的。比如在一个常用的柯达富士案例中，教授们都会绘声绘色地讲述柯达公司的高明手段：

1997年，柯达宣布，未来5年内在中国投入15亿美元，在全球裁员一万，以降低成本；但在中国并不裁员，反而大规模增加投入，以达到最终挤垮乐凯、打败富士的目的。在1997年5月至10月半年之间，富士连续推出两代胶卷新产品，与柯达推出的金胶卷系列全面对抗。同时，针对柯达对专卖店的大规模投入，富士在1997年下半年推出新的影像服务专卖店形象，原来的专卖店全

部进行新的装修,形象焕然一新。富士的销售渠道较长,市场后勤管理上稍逊于柯达,而柯达的则分开由3家相关行业的公司负责。推广数码产品和电脑光碟,柯达取得的成绩比富士好得多,特别是电脑光碟,柯达的销售量在广州已排在前几名,而富士的则比较少见。

柯达在同富士胶卷的竞争中,先是发动价格竞争,不惜以低于本国胶卷的倾销价格,同富士和乐凯竞争;尔后,通过广告、专营店销售,甚至资助不少经济学家间接干预政策的非价格手段,实现自身的战略。从1997年开始,柯达在中国市场份额不断上升,很大程度上抵消了柯达其他市场的损失。柯达公司在此后的十几年里,依然能够骄傲地拥有好莱坞电影奥斯卡典礼式的冠名权。

而详细的过程,其实也就是柯达在中国攻城略地,大肆扩张版图,收购中国本土胶卷工厂的过程。直到某一天,当最后一家中国胶卷厂乐凯公司大张旗鼓地反攻柯达质量至上的概念时,柯达的步伐才被迫停下。

1998年3月23日,柯达与汕头公元和厦门福达成立合资公司,柯达占有其中80%的股份;柯达与无锡阿尔梅成立合资公司,柯达占有70%的股份。之后上海感光、天津感光和辽源胶片相继被前两个柯达中国合资公司收购。在这三拳两脚的组合中,柯达不声不响将新中国成立后60年胶片的家底几乎全部纳入囊中。此时的乐凯集团，因部分业务属于军工材料，涉及国家安全拒绝柯达的所谓整合。而此时，中国胶卷生产的85%，已经完全属于柯达，市场销售超过一半属于柯达。

乐凯最终也败下阵来，2003年，柯达以4500万美元现金出资取得了乐凯20%的股权。这样理论上，人们只能得出一个结论：在胶卷大战中，柯达已经取得全胜，而乐凯看上去只能苟延残喘了。

世事难料，9年后，让所有人大跌眼镜的是，柯达破产了。世界上最古老的感光材料制造厂品牌，100多年的光荣历史即将"寿终正寝"。据《华尔街日报》报道，2013年1月依据美国《破产法》第11章柯达正式提出破产保护申请。

柯达董事会主席兼首席执行官（CEO）彭安东试图让柯达远离胶片，"董事会和整个高级管理团队一致认为，这对柯达的将来而言，是必要且正确的一步"。他最大的计划是试图让柯达重组为一家相机等消费产品的厂商。

就在前一年，柯达公司不得不以低价将乐凯中国的股份转给中国一家民企。而曾经对抗柯达最为激烈的乐凯公司，在技术发展的今天，却在光学材料的制造上有了新的突破。

2005年，乐凯进行了业务结构调整，投建第一条TAC光学薄膜生产线。2008年，乐凯对不盈利的业务进行了取舍，砍掉了曾经尝试的数码相机等业务板块。

合肥乐凯科技产业有限公司总经理刘军英说："还有很多发烧友爱玩胶片机，而且胶卷拍摄黑白照片的效果是无法取代的，所以我们还是保留了黑白胶卷生产线。"于是，这就出现了一个极有意思的结局，当著名的柯达公司买断了乐凯的彩色胶卷股份的时候，它也给自己留下了更大的麻烦。

乐凯集团副总经理王英茹说："一个企业做战略调整是非常艰难的。我一直把乐凯进行的这种调整比作浴火重生。在乐凯过去几十年的发展历程中一直也在进行产品结构的调整，如从电影胶片转到民用胶片，从黑白胶片转到彩色胶片。现在数字化的发展是一场革命，我们在这个过程中也非常震惊和迷茫。"

2011年，光学薄膜销售收入已占乐凯集团收入的22%，利润占到42%。随着平板市场日渐压缩数码相机的份额，光学薄膜日益成为中国制造的核心技术。这意味着，随着改制的成功，未来在平板市场上唯一的赢家可能只剩下乐凯。最关键的一点是，乐凯活了下来。

事实上，人们曾经以市场集中度来判定垄断的程度高低。显然，以销售额和市场占有率为指标计算的结果，柯达、富士乃至乐凯本身，都达到10%以上的规模。经济学家们认为，由于集中度高，垄断企业生产产量并不在企业的边际成本上，因此常常陷于低效率和不正常的超额利润状态。

柯达公司的利润，的确在其本来早已陷入危机的20世纪90年代就已经凸显。问题是，在中国市场上的攻城略地，可能以虚浮的利润延缓危机的到来。在数码相机时代来临错误地失去机会的柯达，反复以自以为是的战略麻醉自己，最终换来了市场的惩罚。从某种程度上说，这似乎验证了一种保守的北大经济学的观点，西方的垄断定义并不完全适合中国市场。中国市场上的大量所谓垄断，并不能清楚地套用已有的理论。相反，真实的利润水平，战略和竞争力的高低，才是垄断判断的依据。

国企改革与企业家贡献

如果说国有资产受到严重侵害的话，我们看最严重的情况是什么？不是由于某个人把它偷走了，或者转让的时候价格被低估了，最大的问题是投资的时候就打水漂了。但没有人去关注这个问题。我们应该好好地调查，这几个五年计划期间，所有国家投资的项目效果如何。我所知的内部人跟我讲，至少60%、70%都是浪费性投资。国家投出去1万亿，真正创造效益的只有4000亿、3000亿，甚至更低。这是没有办法靠物权法解决的。

——北大经济学教授张维迎

张维迎教授向来以言论大胆犀利闻名，2006年这种观点一度让他走上了风口浪尖。"理性反思改革"，成为全民街谈巷议，网络和报纸热度双重叠加的话题，可谓舆论盛景。

张教授反思的对象，并非只是企业家，而是国企改革。用张教授的话语说，是一种资源很少流动，处于垄断状态的国企。

按照张教授的看法，企业家最大的贡献是改变了中国，而企业家的最大手段就是在国企改革中盘活了所谓资源。

1984年，初出茅庐的张维迎曾经希望国家从"学而优则仕"转到"学而优则商"。至于如何刺激官员们下海，张维迎告诉北大的学子们，国企改革中的企业家利润是导致一切成功转变的关键。

按照张教授的微观经济的观察和杂糅了制度经济学的观点，当官员们进入市场后，大胆和敢于冒体制风险去赚钱是一种利润诱导。"中国的改革常常是走走停停，反反复复。"为此坐牢的企业家和成功者多得数不胜数，福布斯中国财富榜有一段时间也被调侃为"监狱首富榜"。像安徽的傻瓜瓜子，一开始就引起上下各界的过度反应。

"20世纪80年代企业家面临的主要是体制风险。别人不敢干，你敢干，你的收入就高。20世纪90年代成长的企业家开始要面对市场风险。因为这种风险，当时很多成功的企业现在已经死掉；很多当时叱咤风云的企业家，现在默默无闻，甚至连生活都成问题。高风险与不确定性是所有企业家的共同特征，现在成功的企业家也同样如此。"

事实上，这其中马胜利可能是个典型。1984年，马胜利承包石家庄造纸厂时，正赶上《中共中央关于经济体制改革的决定》出台，马胜利成了承包责任制改革的典型。承包第一年，利润140万元。1987年1月，跨20多个省市、近百家企业组成的"中国马胜利纸业集团"诞生。1995年10月，马胜利被主管部门免职。

而当初在中关村里的几位重量级人物，至今还活跃在舞台上的也屈指可数。创造中国不少日用洗护名牌如小护士、两面针、中华、秦池的掌门人，则从优秀企业家的行列中淡出。这大概也是近30年来改革后企业发展的另一个缩影。

总之，在张教授看来，破除某些垄断，权力和经济方面的限制，是企业家和国企改革，改变中国的关键。

首先，所有的国企改革和企业家，都是以垄断的对立面——完全市场经济的模式为模板改革的。所谓垄断，其实很大程度上，讲的是这样一种市场结构：在这个市场上，只有一家企业和组织生产和销售同一种产品。这样的例子,实际上从来就没有存在过。就算是最接近绝对垄断的南非德比尔钻石公司,其钻石交易也是控制在英国公司手中的。

垄断的实例不好找,但它的害处显而易见。在垄断之下,比如计划经济时代的职业分配制度,人们几乎就没有选择和创业的自由。比如,按照1958年制定的户籍管理制度,除去高考、代班和职务升迁,知识分子和普通人,别说选择就业了,基本上到任何地方没有介绍信,都会成为盲流。

计划制度下的商店,同样只供应很少的产品。这些产品的极端情况,经常让经济学家们困惑。比如苏联解体后,人们发现,名义上物资供应匮乏的苏联,大部分的仓库都放满了衣食住行的基本物资——只是因为同样落后的款式,被人们无情地抛弃。选择缺乏多样性,是垄断给人的最大感官上的不舒服。

一旦给人们自由,就会有人去创业。"产品供不应求,价格很高,就会有人想方设法,组织资源,去生产和销售这种产品。这就是企业家。企业家的作用就是通过调配资源使得社会财富增加。"由于竞争者的加入,垄断的利润自然也归属企业家所有。

按照张维迎的看法,国有企业在经济中所占比例不超过10%,才有利于经济发展和企业家精神的培养。当然,这个观点并非来自张所一贯信任的哈耶克。哈耶克是不相信企业家精神的存在的。

其次,张教授认为自由扩大也意味着分配制度和激励制度发生变化,垄断情形下经常以某种价格歧视的行为表现出来。对于不同的人,同一产品,有不同的价格。按照阿科洛夫等人最新的研究看法,身份地位和等级可以看成某种价格。例如坐火车级别不够,坐不了卧铺,坐飞机买不到票。美国南北战争后一直存在的种族隔离制度,实际上也是因为尽管黑人被解放了,可是在资源分配上根本还是由白人垄断大部分的土地和资本。

在国企改革之后,各种各样的市场被建立起来,产品的唯一交易原则则是市场原则。比如国有企业过去盛行的代班机制,实际上已经被新的股东持股制度代替。政府官员能得到的东西,通过做企业照样可以得到。这就鼓励了更多的人通过创业去追求自己的利益。

最后,意识形态上的转变在垄断的破除和建立方面都有重要的影响。大部分的垄断,都会受到各种各样的政治和文化因素的干扰。比如斯密时代的海关，其实一直被看成是盗贼横行、贪污腐败的巢穴。当然，斯密本人就是海关的一位长官。

一般认为，在垄断的市场机制下，寻求利润的非生产逐利活动，经常得不偿失。解决的方法之一就是减少审批。另一方面，中国企业家的成长也依赖于社会观念的改变。

"人类所有的进步都是全人类共同努力的结果，没有国家是独自发展的，都是开放的方式。大可不必担心麦当劳和可口可乐这样的外资品牌（占领中国市场），交流越多，进步越多。"

在20世纪80年代以前，对于中国人来说，企业家或资本家完全是一个贬义的概念，它对应的是剥削、欺诈、罪恶之类的词汇。这样的观念如果没有改变，中国企业家的成长是不可想象的。

PART 06
让科学技术真正成为第一生产力

美国机场里的苹果才是中国生产力吗

> 创新一定是个社会性的过程。我们说,苹果的伟大,这个过程并不是乔布斯一个人闭门造车出来的,乔布斯自己的伟大不是他想出来这些技术细节,而是他对各种idea有各种判断力,然后能把不同的idea串在一起,形成一个技术完美结合的产品。
>
> ——北大光华管理学院院长蔡洪滨

著名经济学家吴敬琏和北大一知名教授在美国机场等回国的班机,给吴老印象最深刻的是,几乎人手一台苹果的各类设备,有听音乐的iPad,有苹果手机,还有苹果电脑。

蔡洪滨院长刚刚接任光华,乔布斯掀起的这股"苹果热"着实让北大气场也突然滑落。金融危机后,乔布斯成为中美两国共同的新英雄。雄心勃勃的苹果公司,为展示苹果的魔力,加强社会推广效果,也不会忘记自己的老客户——北大。在北大图书馆三楼一角,如今就独具匠心地存在一个苹果产品展示区。当然苹果公司的说法是,这个只能看,不卖!

对于开创了中国硅谷,在中关村上打算和美国高科技一决雌雄的北大人来说,这看上去不像是营销,更像赤裸裸的挑衅。苹果中国的潜台词很明显:瞧,这种新玩意,中国人造不出来。美国制造真的要翻身得解放,似乎打算挑战中国的世界工厂地位。师出有名,身为高科技市值第一大公司的苹果,如今在城下安营扎寨,北大的学者们也心有余悸:中国制造的生产力,会被苹果的气势压倒吗?

压力之下,风言风语自然接踵而来。先有英国《金融时报》2011年12月份评论说:中国是人类文明的发源地之一,但她现在的称号是造假大国和违反知识制度的避风港。《人民日报》则质疑北大是不是在搞商业化,"放着一个好苹果不啃是冒着傻气的清高,而不择手段捂着嘴偷吃,则不只是道德问题",要求"学生老师除了能体验信息化和苹果产品之外,还要获得实实在在的好处,比如北大图书馆免费更换一批新的苹果牌信息化设施,比如北大贫困生能免费获得一台苹果笔记本电脑,等等"。

事实上,也许我们都错了。也许,苹果才是中国制造的另一个镜像而已。美国机场上的苹果,并不是真的美国制造,美国生产力的体现,恰恰相反,它是一个中国苹果代工厂的背景。

首先,一国的生产力,最明显地体现在工业体系的完整性上。而这种完整性,通常根据收入法统计,会将利润转移到消费国。而中间产品的利润最大部分一般才可以认为是生产它的关键部分。中间品的敏感度和依赖越大,越说明外包或者生产力的专业化水平越高。

华尔街一资深基金管理人指出:"中国市场对苹果公司有多重要?我认为在18个月内,中国市场将占苹果公司收入的1/3;到2015年,苹果公司的收入将有近一半来自中国。"理论上说,苹果只是一个贴着美国牌子的中国制造而已。

根据苹果公司2011年的财报:在2011年前半年,中国市场已经占据苹果产品总收入的10%份额。这个数字大概等于2010年前半年苹果中国收入的4倍。苹果公司在中国的4家零售专卖店和联通移动的销售代理,实现了50亿美元的业绩。

一般来说,用研发费用所占的比例可以找到所谓效率,但是这不等于生产力。美国第二次世界大战后75%的增长均与技术创新有关。研发只占联邦支出的一小部分，但在促进长期经济增长方面，它却有着极为重要的作用。而另一方面，美国的工业体系按照标准的联合国产业组织的检索，大概其生产力的总体规模，仅仅等于15年前中国的水平。

苹果似乎在它的母国深得人心，被美国人喜欢，事实上这是一种误导。即便不考虑生产，苹果公司的实际高端消费者，主要的消费流，还是中国。退一步，只要看一下中国的公交地铁里，商场和商业街，特别是北京、上海、广州这样的大城市，苹果的iPhone系列蔚为流行。对于白领、高端商务人士，苹果手机已经成为彰显身份的必备行头。有市场的地方，不，更正确地说，有金钱的地方，对于商人和苹果公司而言，也就是上帝们的居住之地。

其次，美国制造关键还是要体现为一种可见的实物产品。苹果本身是一件硬件占很大因素的高科技产品。2012年3月，《美国生活》和《市场》节目撤销1月份播出的一段节目内容。这段内容就富士康糟糕的工作环境批评了苹果公司。因为这些内容实际上是记者捏造的。尽管这名记者的报道不实，可是来自中国富士康工厂的十几名自杀人员的案例，多多少少让苹果十分难堪。

乔布斯"加州设计、中国制造"的口号，正是通过富士康、广达等，分别代工不同的产品，层层降低成本，在深圳设一个采购中心实现有效的整合。而苹果在全世界范围11个国家和地区有330家体验店，利润非常高，占到总利润的11%左右。但为了达到这个利润，它只能将生产几乎全部委托给那些看起来收入低的中国代工厂。

苹果公司费用中最大的部分，正是各种各样的财务管理费用，如果这家企业要变成一个制造企业，那么按照现在的财报，足以让苹果立刻因为大量的会计师，全球销售企业的管理费用被拖垮乃至破产。理论上说，如今苹果的财务构造和那些寄生体系的金融业投行类似。它们全部的工作都在虚拟的账务上，对于生产的细节，成本的降低，真刀真枪的技术体验，完全由无数个富士康构成。

苹果的生产体系，在美国不受任何挑战，但在生产该类手机的中国，智能机的生产已经被大规模复制。这意味着，除去财务上继续资本运作，否则在制造业上毫无建树的苹果，将很可能被其对手三星和联想迅速赶下台。

根据美国公平劳动协会的调查，富士康和广达这样的工厂里的工人，在

层层降低成本的原则下，每月工资只有220美元。据中国几所著名大学的富士康工厂调查报告显示，富士康工厂的劳动条件极为恶劣。在富士康工厂的制度中，实行的是所谓的休息一天，连续工作13天的制度。根据问卷调查的结果，只要苹果公司的订单增加，这种制度就会以各种各样的方式复活。从某种意义上说，这更说明了苹果非制造业的属性，换言之，它不构成生产力的部分，只是个金融公司。这一点不少北大经济学者暗地里也多次解释过。

一种担忧的观点总说，中国的角色就是一个加工厂的角色，很难说对于美国如此重要。这种看似有理的理论到处传扬，事实上是种糟糕的谎言。

这好像和俄林的思想一样，单纯地强调资源的存量。我们不妨把俄林的思想推到一个极端的类型，假设沙特现在的石油一夜之间都没有了，沙特会变成一片沙漠。但是德国在战争中变成一片瓦砾，但是德国的经济生产和出口大国地位却很快恢复。同样的道理，像中国这样的国家，并不是依靠资源和财富存量体现其财富能力的，而是靠一种生产能力。

从长期看，中国依靠这种经济活动，培养起自己的生产能力，提高人力资本效率，斯彭斯教授认为这种能力代表的是中国实力的增长。至于美国，由于中国商品的竞争优势提升，今天似乎已经变成一个失去真实生产能力的国家。

当奥巴马总统要求乔布斯把中国的工厂搬回美国时，后者毫不犹豫地拒绝了。因为在如今的美国，根本不可能找到同样廉价的美国工人，美国的工人首先想到的问题通常是这份工作能让我休几天假，但中国工人在思考怎么做，做什么。这种人本身的差距已经不可逆转。在世界历史上，我们还从来没有看见过一个国家能够逆转，像大英帝国，自"一战"后工业衰落之后，就再也没有恢复过来。

中国小农经济赢不了大农场吗

小农经济是回应中国紧张的人地关系的自然结果。它看似落后的生产关系，却孕育了中国社会对知识的重视，当中国融入当代资本主义体系之后，这个趋势的优势显现出来，成为促成中国经济赶超的重要原因。

——北大中国经济研究中心姚洋教授

在今天的中国，有个历久弥新，专用于指责一个人没有远见、自私狭隘的专有名词——"小农意识"。人们谈起中国的农业生产，也经常性地使用自然经济、小农经济这些名词。像张五常所作的《佃农理论》，也被看成是最深刻地分析中国传统农业社会经济生产方式的文章。

后来追随张五常的理论的共同倾向是，认为小农经济是中国落后的标志，落后的思想的根源。在张五常看来，不管是分租、定租或地主自耕等，土地利用的效率都一样。如果产权弱化，或是政府过度干预资源配置时，将导致资源配置的无效率。总的来说，张相信只有大规模的农地产权归于地主，经济才能得到发展。

张五常甚至提出一种合约和交易费用互为关系的看法。也正因此，张氏的理论可以看成是没有技术创新的理论。也就是说，张五常隐晦地假设农民们的技术水平对于农业的影响微乎其微。

问题是，在北大，有一位经济学家姚洋是不同意这一观点的。在他看来，小农经济未必是低效率的，而且小农经济未必就战胜不了大农业的规模经济。

自张五常特别是斯蒂格利茨之后，现代经济学已经认识到，农业中存在的三种劳动合同关系，雇佣、分租和定租制度的消长是由激励、保险以及测量成本之间的消长所决定的。在雇佣制下，地主承担全部风险，雇工由于拿固定工资而无动力进行生产，地主因此需要付出必要的补偿。问题是，这个体制在东西方，甚至中国的华北和苏南，由于自然地理条件的差异，也彼此不同。

姚洋认为：粗放经营本身就是一个有经济含义的相对概念，问题在于如何确定可供比较的标尺。农户对土地的投入是与其在农业之外的机会收益密切相关的。从农户个体来说，劳动投入低于最佳投入才能说是粗放经营。但是，这样做显然不符合农户的经济逻辑，只有放在农户与农户之间的横向比较之中才有意义，每个农户的适度经营强度都是相对的。

当代浙江绍兴、宁县和乐清三县，当土地规模较小（10亩左右）时，技术呈现不变规模报酬；之后转为递增规模报酬。到20~25亩时，技术又回到不变规模报酬；之后呈递增规模报酬，直至35亩左右回到不变规模报酬。因为递增规模报酬是由于要素的不可分性产生的，上述每一次跳跃均可理解为农户购置不可分性要素（如耕牛、农机等）的结果。换言之，经营规模的扩大是和农户固定资产投资的增加或生产技术的改进（如引进新的生产要素）紧密联系在一起的。所谓适度规模在我们这里就不止一个，而是多个，如10亩左右、20~25亩或30亩左右等。

如果只是土地面积增加了，投资却没有跟上，农业效率反倒可能下降。土地市场的发育和乡镇企业的所有制形式有关。1993年，乐清40%~60%的农户不同程度地卷入土地租赁活动。村办企业大多数以最大化村民的就业为目标，从而使土地价值在农户之间失去了差别。乐清出现了许多经营上百亩土地、拥有十几二十万元农机资产的大农户。许多地方用行政手段扩大土地经营规模失败，除一些地方干部借扩大土地经营规模之名行增加摊派之实以外，主要是因为包括理论工作者在内的许多人对此没有清醒的认识。

既然在多个场合都不存在规模经济的一个合适的生产要素配置比例，所谓大农场在效率上击败小农经济的观点，也就无从谈起。事实上，我国的国有农场，大多数并未能在效率上超越小农家庭的联产承包体系，在法国小农经济甚至卷土重来，将昔日的欧洲大农庄纷纷击垮。

姚洋根据统计局的农村地区国民生产总值统计数据，结合田野调查分析后认为，中国的小农经济并非想象中的是一种落后的生产力，恰恰相反。在某一区间内，小农经济的效率足以抵抗规模农业。

阿里吉在多处强调，西欧发生了工业革命，东亚特别是中国和日本发生的是"勤劳革命"。亚当·斯密认为，经济发展的动力来自劳动分工。

如同当代企业一样，小农经济的家庭要预测未来的市场行情，制订作物生产计划。吉莉安·哈特《去全球化》比较了南非和中国的工业化过程。她发现，在南非，大量没有土地的黑人离乡背井，当他们变成产业工人的时候，由于没有了土地的保障，要保证他们的生计，工厂就必须支付较高的工资；在中国，由于农民拥有土地，他们对工资的要求就较低，因此中国工业化的成本比较低。

尽管中国也经历了人民公社，问题是，公社本身的生产仍然和西方的大农场有着巨大的差别。中国的人民公社，只是一个生产的计划单位，具体的生产方式过程，仍然保留传统的方式。唯一有点儿规模经济的影子是，它在技术上最早在中国实现了化肥和良种的引入和改进。这可能才是改革之初甚至到如今农业粮食产量提高的原因。

此外，无剥夺的积累使得中国的工业化过程没有像发达国家早期以及当代发展中国家的工业化那样残酷，小农经济对农民的保护也可能是一个重要原因。实际上，以小农经济为主导的东亚各国都没有太多的贫民窟。在小农经济条件下，农民安土重迁，不会轻易放弃他们在乡村所拥有的社会网络，不会随意地把自己撂到陌生的城市中。

如果推行大农业，规模化经营，未必不会产生拉美和南非体系下的贫困化过程。"我自己去过一个南非的小城，你从表面上看这是一个中产阶级的小城，都是独栋的房子，可是那个地方的失业率达40%，也就是说企业根本没办法经营。中国的这些价廉物美的产品完全就把他们的工业冲垮了，原来那是一个纺织城，现在中国的纺织产品一去，他们根本没有办法跟中国竞争。所以你怎么定义这个人权？你给了少部分人所谓的人权，可能你使得很多人享受不到最起码的生活保障。"事实上，不少实行农业大户和公司加农户的地区，已经出现了农民佃农化和贫困化的过程。换言之，大农场可能无助于解决农业的效率问题，更有可能带来新的农村贫富悬殊的问题。

让科学技术真正成为第一生产力

> 衡量一种生产关系优越与否的唯一标准,只能是看生产力发展的情况。能否促进生产力发展是衡量一切是非的最高标准、最高原则,其他任何原则都不能和这个原则并列。
>
> ——中国社会科学院研究员、经济学家于光远

于光远教授是我国著名的经济学家,是当年"科学技术是第一生产力"论断的撰稿人。于光远教授几乎没在北大上过课,但大部分的时间里,自己的同事都是北大的教授。比如曾经的那一段时间里,"实践是检验真理的唯一标准"探讨过程中,他和北大的教授们几乎是最接近的。

如果从科技是第一生产力这个论断说,真正的受益者其实倒是北大的教授们。事实上,在科技是第一生产力提出之时,北大正是亟待被这个论断解救的重灾区。北大的一位教授指出,改革开放,物价都在涨,唯独教授们的工资只有从前的十分之三四。第一个受到中央关注的高级知识分子,正是中国著名

物理学家、中国科学院院士、第三世界科学院院士、北京大学教授，国家最高科学技术奖获得者黄昆。

不过，也许至今都让不少经济学家们困惑的是，怎么让科学技术真的变成生产力，要更加艰难得多。这远不是一句论断那么简单。

大多数科学工作者已经认识到一点，科学技术与经济增长不是单向过程，而是双向回流互动。在美国，工业企业的研究开发工作占到了美国全国研究开发工作的3/4，工业企业的科研人员亦占美国全国科研人员的3/4。90年代初，位居美国工业公司科研经费支出之首的通用汽车公司年度科研经费高达60亿美元。日本的民间企业更是其科技发展的主体，民间企业投资科研的经费占日本国家R&D总投资的80%。

1999年10月，以"知本家风暴和风暴中的知本家"为主题的研讨会在北京召开，来自信息产业内外的有识之士就"知识标准""崛起中的知本家现象""中关村改制与中国知识经济发展"等问题进行了交流。

2000年，《知本家风暴》一书引来人们的普遍关注。这个从中关村的创业者中引发出的新名词，是每年汉语中新出现的800个新名词里的一个。这个词的基本含义是：中国新兴知识分子——靠知识创新获取财富的一部分人。北大方正的王选、联想当年的总工倪光南是一类；新浪网的王志东、科利华的宋朝弟等算一类。现在的知本家，是以知识为资本的人，这些人共同的特点是知识是他们赖以立足的最大资产。

当不少人重新寻找当年呼风唤雨的人物的时候却突然发现，那个曾经红得发紫的知本家，今天大多数已经让位资本和权力，只剩最后一点儿光线从中国各个角落里散发出来。

2006年，王选去世，如今的方正集团已经不是技术发明人做董事长的高科技公司，多元化的经营，大规模的资本运作，替代了曾经的技术流路线。王选的技术遗产无人继承，在现今崇尚报表的方正集团，缺乏乔布斯式的潮流领袖，也没有像亚马孙贝索斯那样对前瞻发展有着绝好直觉的领导人，方正式的生意替代了知本家的热情和创造。

联想总工程师倪光南作为联想时代的开创者，仅仅因为向上反映部分公司信息，被解除职务。科利华则在宋朝弟之后走向终结。当年由技术员、工程师教授、科学家树立的联盟，演绎着一个个过河拆桥的故事。大多数中关村的英雄企业，要么在技术创业者离开后另辟新路，要么完全变成金融和经理人运作的大试验场。

总之，这似乎已经完全不是20世纪90年代那个热血澎湃的年代，知本家不再时髦，受到尊敬，相反，他们在今天还要处处受制于资本和权力。甚至从某种角度说，资本对于创新和知本家精神的破坏，远远超出人们的想象。

国内著名财经记者吴晓波的《企业家可以是知识分子吗？》对此的基本结论是，"知识分子与企业家是两种无法兼容的社会角色，前者或后者，你只能择其一。目前中国商业界及知识界很多的困扰，都是因为这两种角色的混淆而产生的"。

在中国的教授下海潮告一段落后，知本家概念开始受到新的严重挑战。

首先，资本对于知识分子和科学渗透商品化，让象牙塔变成废墟的警告开始出现。随着市场经济的发展，社会生活的每个角落都会染上商品的气息，人们动辄以某某教授、某某专家兼某公司的顾问或独立董事，就认为这些专家教授不可能再有知识分子的公正性和学术良心，因而已经丧失作为知识分子的资格。

没有哪一个知识分子不隶属于某一个利益团体，无论是大学教授还是社科院等研究机构的专家，都不同程度地在社会上兼职，或者自己办公司，或者自己炒股票，或者在企业做顾问，五花八门。这直接导致知识分子完全向商人转化，成为徒有虚名的空壳，过度热衷下海，甚至毒化了教育本身。这也导致了教育产业化的理念的盲目执行。

其次，资本和权力的多元色彩扰乱了知本家的定位。除了做企业外，那些企业家们有的在人大、政协兼职，有的成为全国或本地媒体的明星。社会活动的增加和社会影响的扩大，使他们自然也会产生更大的社会责任感，振兴民族工业，创民族的品牌，为国人争光的名义下，不少企业家将原本是知识分子的名誉用商品化的方式移植到自身头上。"虽然我们不能让中国人富起来，但我们要让中国人辛辛苦苦赚的钱更有价值"是这类人的名言。

不管商人们和权力所有者如何打扮，狐狸尾巴总是要露出来的。张瑞敏被称为"儒商"，因为他像哲学家一样思考；李东生被称为"儒商"，因为他"宽容""厚道""平易近人"；王石被称为"儒商"，因为他很有文化味

道；刘永行被称为"儒商"，因为他爱读书，喜欢思考，有一股儒商的气度。

最后，不论怎么说，知识的生产和财富分配终究是两回事。尽管人们往往将技术人员入股发财致富的事情看作是知本家的典范，但是在世界的其他地方，例如硅谷本身，也是一个不存在的事实。靠一身技术打天下，这是不可能的。在硅谷的所有大富豪里，没有一个核心的创新发明者能够拿到50%的回报。即使是微软和苹果，也只能让它的技术中坚做一个不过问实事的股东。

知本家本身只要选择和资本对话，就必然要让渡自己的资源给资本，从而丧失对技术和发明的控制权，最终也就等于失去了财富的独家分配权。一个知本家和资本权力的合作，总是以自己的所得为成本和代价的。

中国工人的生产效率到底有多高

根据新的国民经济核算数据，改革开放20年间，中国制造业和服务业劳动生产率比改革初期约增加了6倍和3倍，显著高于发达国家。同时，中国劳动生产率的相对增长是美国累计相对增长的2.2倍。

——北大中国经济研究中心教授卢锋

不可否认，正如《中国不高兴》的作者之一的王小东所说："我们这代人不可能太强硬，特别是知识分子，绝大多数爱美国，就算不爱也怕美国。"其实在经济学的世界里，这种立场总是不自觉地影响学者们的判断。

尽管今天中国的工人大概可以算是世界工厂的主力军，全球接近20%的产品经由他们之手得以被世界消费，仍然有种流行观点主宰经济学者们的大脑：中国工人的生产效率很低。

这种中国制造和中国工人低效的说法，早在1994年就已经被定型了。北京大学经济学院团委和学生会组织经济文化月活动。当时，邀请了数名海外留学归国的经济学者，其中经济学者茅于轼教授做了7分钟发言，提了7个经济学的普通问题，给不少北大学生留下了深刻的影响。

这7个问题中，有6个今天基本上没有人会感到新奇，已经变成常识。唯独第一个问题，至今还像天上的魔影一样，让更多的中国人困惑不解。

这个问题是：何以穷国和富国同工而不同酬？"有的经济学家解释说，一般而言，美国工人使用的工具先进，所以同样劳动产出的价值较多。可是拿洗碗、理发等服务业来说，工具的先进并不起多大作用。再说中国也有高度自动化的流水生产线，那些工人的待遇仍不能和美国工人比。"

事实上，在20世纪90年代，最先挑起中国工人的生产效率低的论争的是几个从未登上中国土地半步的美国人。不少美国经济学者认为，中国的GDP数据造假，更严重的是这个国家的生产效率，脱胎于低效的苏联式计划经济体系。因此，除非接受西方市场经济的改造，否则中国将永远无法成为一个"像样的国家"。

不过，有志于统计自己的劳动生产率的本土经济学家们，并不相信"远程发言"的美国人的危言耸听。像北大的卢锋教授，利用统计局的调查数据和抽样数据，较为客观地获得了中国劳动生产率在不同时段的增长轨迹。研究数据表明，服务业劳动生产率的增长相对平稳，而制造业劳动生产率在20世纪80年代反而是下降的，20世纪90年代特别是90年代中期以后有一个显著的提高，呈现相对加速的趋势。

2003年的劳动生产率数据表明，中国制造业生产率只相当于美国的8.8%，服务业只相当于美国的6.5%。当然，这个生产率的数据统计，同样是建立在名义汇率和低估制造业劳动的基础之上的。

根据联合国调查结果，经济学家多蒙西娅的话说，欧洲3个国家的生产效率高于美国有许多原因，其中有他们利用高技术的因素。工作效率的差别还取决于工作态度、技能和训练水平。美国是世界上年产值最高的国家，但美国工人比欧洲工人付出了更多的工作时间，法国、比利时和挪威工人的工作效率均高出美国。美国人均生产值高出欧洲国家的原因部分在于，美国工人比欧洲工人的工作时间更长。2002年美国工人平均工作时间达到了1825个小时，日本的与美国大体相当，欧洲人均工作时间则仅为1300～1800小时，但是美国的生产效率不如一些欧洲国家高。

事实上，一些西方国家指责中国工人的常用托词"懒惰、效率低下"，根本是天方夜谭。大多数中国的工厂的平均劳动时间，不但超过欧美，也超过被称为工作狂的日本人。不过，由于无法解释中国工人年产值低，其实也就是报酬低的原因。卢锋和几乎多数北大经济学家只好认为主要是因为工人没有掌握可以大大提高生产力的技术。

不过，这种偷懒的方式，也只能让学生们暂时相信。十几年前的课堂上，大多数中国留学生还能心安理得地在跨国公司做高级白领——毕竟这是因自己的效率不如人。有位叫"愚蠢小猪"的网友，那时正在海外留学，大约也是刷盘子洗碗，勤工俭学的凄苦工作都——经历。他倒是很快发现，西方人不但不比中国人勤奋效率高，相反倒是很懒很笨。有位在英国工作的留学生开玩笑地说，在英国，不少人连基本的两位数乘法的零钱也搞定不了。

宋国青、卢锋以国家统计局的"全部国有及年销售收入500万元以上的非国有企业"调查数据为主要依据，得出结论：中国工业企业的资本回报率以1998年前后为拐点，在整个改革开放时期大体呈现出先降后升的走势，净资产利润率从1998年的2.2%上升到2005年的12.6%，扣除所得税后的真实回报率约为10%。

白重恩认为"我们得到的回报率曲线比较平稳，没有北大的那样大起大伏"，但他和谢长泰、钱颖一共同完成的研究也支持这一基本判断。显然，资本在中国的高资产回报率，绝不可能是效率低能产生的，一个低效率的产业劳动者是无法获得高利润的。

人们曾经误导性地以为南北战争的奴隶制的南方庄园的效率低于北方的自由人。而根据福格尔的研究，这种认识更多的是毫无理由的偏见，很明显地和经济学的基本理性判断相悖：毕竟如果效率和产出较低，奴隶主为何不使用更高的自由人？

事实上，仅仅从2003年开始，人们便发现，将中国工人再度看成是低效率的这种做法，已经是一种笑料。举例来说，当中国的高铁制造业集成水平差不多和美国公司隔离了近一个世纪时，再度吹嘘美国铁路的辉煌历史显然太过天真。实际上，在同等设备装备前提下，一个美国人的效率差不多只有一个中国工人的一半而已。

北大教授们的研究显示，即使是像汽车和飞机这样传统资本技术密集的行业，美国效率的神话也逐渐被中国工人逼近或赶超。事实上，自从福特流水线导致福特汽车败于通用后，提高手工制造的价值，放弃效率，差不多才是当今西方制造业的普遍形态。单就这个意义来说，当比亚迪使用更廉价的农民工流水线，很快就让西方的工厂受到严重的挤压。有些人认为中国的大飞机受阻，主要是由于效率问题，其实不然。像发动机制造这样的领域，很大程度上取决于累积的产品经验。而根据西方经济学的干中学观点，经验的累积，是工人效率提高的充分条件而非必要条件。换言之，这不一定能够证明美国工人的效率高。

还有一些人，对于中国工人的效率，用了一种近乎荒唐的双重标准。在他们看来，美国工人的保障比欧洲低，那么这是自由的标准差距。而中国的工人保障要比美国名义上低些，这就变成了人权问题。这显然对于效率高低来说，是种荒唐的意识形态干预。中国目前似乎已经回归19世纪商品帝国的地位。所谓美国经济模式一度受到广泛质疑，而所谓中国模式和中国经济增长奇迹的各种说法和讨论正在成为热点，然而经济问题本身有着自身的规律性，不论中国模式是否真的存在。

撇开这种模式论的争议的华丽外壳，有必要对这些评论的真实性和背后的规律性进行一次统计和理论上的理清，这对于清醒看待中国工人的效率奇迹和所谓模式都是一个很好的借鉴。

不要出门就说你是北大毕业的

> 我这个二十几岁的留学生，在北京大学教书，面对着一般思想成熟的学生，没有引起风波；过了十几年之后才晓得是孟真暗地里做了我的保护人。
>
> ——20世纪北大著名教授胡适

胡适在如今各类民国的电影、电视剧、书籍中，早已被看成是毫无争议的大师。比如主旋律电视剧《走向共和》里，年轻的胡适俨然威信甚高，青年才俊模样。事实上，胡适的北大第一堂课，上得一点儿都不精彩，台下起哄，要求胡适下台的声音更是多得惊人。最后，傅孟真支开胡适，对学生们好言安慰一番，这才平息下去。

真正没让北大学生们奚落过的教授不多，也因此能做到这种地步的，也自然是大师中的大师。其实，被学生起哄、奚落，并不算件意外的事情。反过来说，资深的教授，事实上对于学生也是同样的高要求：很多教授和校长，在毕业典礼上，总是会强调一点：不要出门就说你是北大毕业的。

这很大程度上是一种知识传递、技术培养中的真知灼见。在20世纪的北大，如果教师授课的水平不能令学生满意，那么只会有两个结果：第一个结果是可能被学生民主地抗议，直至离开讲台；另一结果大概就是胡适的结局。当然胡适终于成为大师，倘若没有学校的保护，很难说这会不会留下什么历史遗憾。

正如林毅夫教授所总结的那样，无论过去还是现代，知识本身都是无数次试错改进的结果，这种行为在技术科学的生产过程中起着极为重要的作用。

　　不少留学海外的经济学家都发现，在美国大学里，即使是学习和论文环节，也体现出知识试错和修正的全部过程。在国外，一篇论文的写作，要经历一个极其复杂的环节。第一步，打磨论文，也是公开发表前的一个必经过程。事实上，任何人的作品，不管是诺贝尔经济学奖得主还是初来乍到的新生，论文在初始阶段看起来也很粗糙，漏洞很多。这就像盖大楼一样，首先只是建一座毛坯房。这里面的破绽和错误，原本就是等着别人挑错的。

　　其实，这套做法原本应该是北大推广的。不过，像胡适毕业的那个年代，这套环节还没有在美国建立。胡适的文凭严格说来是美国大学赠予的。在熊彼特进入美国后，他推广的一套论文改进过程，大大地改变了知识的生产效率。如今在北大或者美国的多数名校，你可以拿着这样的论文各处去宣讲，参加各种各样的论文宣讲会。借着与会者的建设性意见，论文可以得到逐步完善。一些文献出炉前，实际上在许多个场合都被推销过。

　　当然这种会议，经常也让宣讲者十分难堪，比如有些直言的人物，像著名的原子弹之父奥本海默这样的刺头，会干脆打算宣讲，喧宾夺主，常常在一些场面下，宣讲人大有困窘之急，钻地缝逃走的想法。即便是很温和的处理，也常常让人心有余悸。

　　北大著名教授张维迎，大约正因为某位教授的意见，学位迟迟无法获准通过，以至于常常被同学们误会。而国外讲义大多可以免费下载，学术圈子里的人都很尊重知识产权。而且公开的好处在于这种公开有助于减少一些重复劳动。这样的学术交流平台对于促进学术进步太有必要了。

　　在宣讲自己的观点框架不久后，再接下来是工作论文阶段。写作论文到文章的发表，至少要一两年时间，甚至更长。名气大些的人发表周期可能短一些；若观点方法或资料有所创新，发表周期也可能短一些。

　　当然，这种机制并非完美无缺。索洛曾经假设大学是生产知识和技术创新的专门制度，问题是，实践当中如果是按照我们上面这个大致轮廓的话，显然知识的创新速度的确不敢恭维。比如大部分的欧美教授顶级论文和设计其实并不多，不少人都是"十年磨一剑"。这种速度的直接后果就是，我们很少能够看到像流水线一样制造出来的论文。简而言之，这种追求质量的倾向很可能在速度和数量上就有所减慢。

而在工业革命前,这种机制也不存在,仅仅是靠盲动的实验和个人研究开始,既没有成熟的教研和方法论,甚至也没有可靠的证明体系。所以,实际上在第二次世界大战前,世界的科技发明速度还不及当今的1%。整个20世纪的发明,可能还不及今天一天的专利发明的申请数量。

于是,经济学家们开始转向,认为只有将科学和知识直接转化到生产中,才能看出真正的效果来。20世纪60年代后,有些经济学家开始重视亚当·斯密的古典观点,他们相信,如果工人们能够在生产中靠经验积累不断进行职业化分工,也同样可以取得巨大的进步。

这种观点起初并不受到欢迎,因为当时日本人的技术水平增长得很快。大批的日本技术工人,在大规模的工厂中,熟练的技能赶上了美国最大的工厂。如果同意在干中学,日本人可以超越美国工人,这对于世界霸主来说有点儿残酷。为此,美国政府投资于一些新的高科技的领域,直接向大学发出命令,让他们用技术发明的速度超越日本工人的学习速度。很快这个办法就收到了奇效。由于网络技术的高度研发,快速进展,日本技术工人咄咄逼人的气势今天已经看不出来了。

北大教授卢锋举例说:"科技对'一方水土'的'适用性',与科技研发'前沿性'不一定有正向联系。一般来说,农民和其他从业人员总是文化水平越高越好,从接受科技成果角度看,通常需要农民具备一定文化水平,但不等于说较低文化水平不能接受。实际上对我国农业产生了重大影响的很多科技成果,对利用者文化水平要求并不高。如利用化肥、利用薄膜覆盖技术、我参观浙江农村看到的竹笋稻草覆盖技术,都是一般文化水平能够胜任的。至于很多较有文化的农民从事非农活动,也可以从市场需求因素和劳动力要素相对优势这一供给角度去理解。"

理论上说,如果今天的北大学生同样在技术方面和自己的老师们比,可能同样面对的是美国困境。此时,也许利用新的观点。以空间换时间,以速度比质量,也许仍然能够取得成果。在最新的《自然》杂志上的论文数量中,中国的论文明显已经超过日本,成为亚洲发表自然科学论文和专利发明最多的国家。

中关村还能再辉煌吗

> 中关村之所以成为留学圣地,既是知识经济发展的必然,又有源远流长的历史背景。
>
> ——北大教授厉以宁

在2008年奥运会召开后,北京的经济增长开始陷入低谷。为了北京的蓝天,北京曾经最大的支柱产业首钢,被迁往河北唐山。汽车业因为严重的潜在污染问题、人口资源压力,面临瓶颈。此时对于偌大的北京,唯一的增长点只剩下日渐凋零的中关村。

中关村被大多数人寄予厚望,当时北京市政府的领导高调赞扬中关村的赫赫功绩,更对中关村的未来有着更深的远景规划。"中关村地区蕴藏着巨大的知识和智力优势,有着推动发展的巨大潜力。在加快中关村园区的发展中,广大的归国留学人员艰苦创业,取得了可喜的成绩,如星光中国星工程,就受到国家领导人的高度评价。当前最重要的任务就是要不断地巩固这些成果,并通过改革把发展的潜能挖掘出来,把中关村地区的创造力释放出来。"

但事实是,此时的中关村正似乎和现在的硅谷一样,面临同样的发展难题。当我们回顾对比一下硅谷的两次创新讨论危机,这一点就更加明显。

硅谷和美国的创新，曾经有两次大危机。第一次是苏联人1957年第一颗卫星上天，美国从上到下，技术和科学危机的讨论迅速升温。五角大楼决定，优先在美国的西部和南部海岸地带建设两个庞大的高科技中心，在太空领域赶上苏联人的步伐。当年的斯坦福大学，因为工科优势突出，成了这项应对措施的首选地。硅谷就是斯坦福大学的宠儿。出租土地致富的斯坦福大学也一跃成为美国最有钱的大学之一。

第二次是日本人在半导体产品上把美国人赶出了市场。人们对于美国创新的失望程度甚至超过了第一次。这一次里根总统大打政治牌，抓住"苏联邪恶帝国"的救命稻草，发动星球大战。IBM这类大公司将计算机编程的小项目交给微软、苹果这样的无名小公司，后者的惊人创造力很快让美国技术创新生机勃勃。到20世纪90年代，美国在计算机领域已经将苏联、日本远远落在后面。

在进行两次大讨论的时期，美国的创新都处在低谷，接着就迎来一个创新的繁荣期，硅谷和斯坦福赚得盆满钵满。第二次被讨论得最厉害的创新危机中，1986年仅仅1亿美元身价的微软老板比尔·盖茨，1995年的个人资产竟然达到148亿美元，10年的时间翻了148倍。微软也从做IBM的小跟班，变成计算机领域的巨无霸企业。

正当美国人扬扬得意，宣布美国新纪元时代到来，硅谷却意外开始了一段漫长的泡沫期，到处是惨淡经营，持续至今。2008年美国金融危机前思科公司的前副总裁朱迪女士那本畅销书和2011年詹姆斯教授口里的创新危机中说，美国的创新危机不是人们想象中的今天的事情，恰恰相反，过去10年，也即1998年小布什上台以来的这10年，美国实际正处在一个长达10年的创新枯竭期。

大企业们只要有一天还能获取利润，他们大概不会放下身段，走到技术创新的第一前线。朱迪女士抱怨声不断，却离她抱怨的对象越来越远。斯坦福大学的企业家和教授们在认识上并没什么本质的差别，只是行为上出现了分离。历史证明，凡是出现这种分离的时候，美国的创新就是低谷时期，只要低谷过去，美国的繁荣依旧可以期待。

斯坦福这样一个屡屡产生大规模创新的基地，今天面临这样的困境，一方面大学的教授明白所有企业家和研究者必须从事充满风险的一阶段的工作，另一方面，企业家们包括斯坦福大学的校长们，更喜欢二阶段的丰厚回报。任何事业的开创都不是易事，目前美国经济困难则使得创业更加无利可图。

即使斯坦福有全球最好的经济学家、金融家、企业家，最优秀的财务专家，还有一个企业家研究中心，但风险和回报如何取得平衡，那个理想的数值是多少，却找不出科学的答案，结果是，拥有最多创新成功的地方，最抱怨创新不足。他们真正的抱怨是：为什么斯坦福母亲养育了硅谷，却不能替硅谷这个成年人摆平一切？

同样的问题在中关村也是一样的，当初中关村的成立，正是在全国上下对外开放赶四化的阶段。最初的一批科学家，更是寄希望于让中关村，变成第二个中科院。最早的中关村的土地人才技术，无不源于知识界的科学家。唯一巧合的是，在硅谷处于低谷的1993年，此时正赶上中关村的大发展时期。也正是这一时期，中关村诞生了如今写字楼里的大企业。

中关村的创新，在过去的十几年里，成为中国技术创新的一个标志。这个地方，一度成为中国技术创新的中心。和硅谷一样，中关村也同样诞生了关于技术落后，创新危机的各种议论。从最早的落后就要挨打，到接下来的女娲民族主义，再到今日对于西方技术，特别是硅谷创意的模仿，中关村几乎将硅谷的道路重新在中国的土地上演绎了一遍。

2003年，北大卢锋教授曾指出："一般认为网络泡沫破灭后，美国经济将经历一段较长低增长的调整时期。美方一位著名经济学家预测，由于技术革命在企业成本发挥提高生产率作用，会带来美国经济在今后10年间保持平均3%以上的增产速度。美国这样在技术创新前沿的国家，宏观经济能否获得像20世纪90年代那样持续高速增长，关键在于是否存在像推动IT行业发展的成熟的信息科技革命成果。虽然人们预测生物技术突破和大规模产业化，可能取代信息技术革命，成为新世纪宏观经济增长的推动力。然而在预测技术革命经济影响时间表问题上，经济学家从来没有过良好表现，因而我对这一预测虽然乐见其成，却不敢用真金白银下注。"

问题是，世界上找不到完全相同的两片树叶。硅谷毕竟是硅谷，不同于中关村。两者终究是植根于不同文化中两种创新的方式。硅谷一开始就是以自我创新开始。地球上大多数的技术创新都和硅谷的思想有关，那些成功或失败的点子，正是我们今日不少的技术发明的根源。而中关村不同，应该说，历史背景决定了，中关村的自我创新基因极少。即便是中科院这种机构，也同样嫁接于英美苏的体系。这和所谓四大发明的古老中国的创新，乃至美国硅谷，自从爱迪生时代的发明创新风气，根本不可同日而语。

也因此，我们在中关村的未来命运问题上，经常不得不以悲观的看法概括结论。毕竟，即使看起来最接近西方的日本，同样也不过是《菊与刀》中那个作坊式的民族。同样，模仿的基调，不管怎么升级换代，总是被一种无形的手牵制，让人们无法开创自己的道路。

更为糟糕的是，至今人们也难以看清硅谷的复苏的希望。乔布斯只有一个，而扎克伯格也许只是昙花一现。更糟糕的是，中国已经完全地复制了乔布斯和扎克伯克的创意。这样的环境，很难说真的会出现中关村的辉煌。

温州模式打败了深圳

> 温州是一个并不开放的城市,从现有建筑物就可以看出……现在要吸引人才和本土的先富者留在温州,政府首先要做的就是加强城市环境的建设……温州企业到外地招聘,与长三角城市不具有竞争性,该如何解决这个问题?
>
> 温州的环境注定了在与其他城市竞争上处于先天劣势,因此在人才招聘上,要将温州企业给予人才的特殊待遇体现出来,充分展现温州企业现有的优势。
>
> ——北大副校长海闻教授

温州,这个浙江小商品经济的中心,在改革开放中迅速崛起,在金融危机前一度成为政界、学界瞩目的中心。温州经济一度成为学者们高度关注的明星地区。

20世纪80年代初,温州还只是偏处浙江沿海的一个不起眼的贫困地区。温州和当时最早开放的深圳相比,看不出有任何优势。

同深圳相比,温州要小得多,甚至穷得多。1992年深圳成为特区之时,政策的倾斜和扶持,几乎使全国资源都向深圳集聚,此时的温州,非但没有深圳的政策和区位优势,还和其他地方一样,有着各种各样的制度和意识形态障碍。深圳可以设立特区,减税让利,合资办厂,温州却没有深圳的腹地资源,就连办厂也要戴着各种各样的"红帽子"才行。

深圳的模式,是大张旗鼓,公开进行市场经济改革,配套政策制度可以顶风执行。而温州和整个浙江的小企业,却只能偷偷摸摸,做了再说。后来学者们将这种自发地模仿特区进行制度改革的方式,先是归纳为苏南模式,后来改为浙江模式和温州模式,到最后则称之为诱致性制度变迁。

在1992年,深圳的区位政策优势,一度吸纳了大量的创新和创业人才。许多人把来深圳叫"淘金"。最优秀的人才纷纷投身企业界,真正的现代企业大量出现。

深圳的代表企业,基本上都以自我创新、自成一家为特点。地产业如万科,银行业如招商银行,通讯业如华为、中兴通讯,家电业如创维,IT互联网行业如腾讯。

直到最近,深圳还能争取到国家持续不断的特区红利,在深圳市的规划中,前海新区将开展以跨境人民币业务为重点的金融创新合作,适当降低金融机构在前海新区开展人民币业务的门槛,设立前海银行、商品期货交易所、保险交易所、跨境黄金场外交易市场、银行业金融工具交易中心和国际再担保、再保险交易中心等。

温州这些都没有,温州企业的特点是,家庭工厂和家族企业。在毫无资源倾斜民营经济却像野草般生长的温州,王均金最早创业时,当地的年轻人都跑供销,单位就挂靠在乡、镇、村下面的企业上。它们有着"公有制"的外壳,实质却按照私有制来运行。"红帽子"有效地培育了温州的民间经济,回避了所谓的"路线问题"。

奥康集团董事长王振滔回忆说:"赚到第一桶金以后,由于大家争论比较多,关于温州到底姓资姓社,很多温州商人赚了钱以后就出国,也不再大量地投入生产。"这个情况一直到1992年"南方讲话"后才告一段落。他当时迅速决策,给奥康的前身——永嘉奥林鞋厂投资购进生产线。"这是我们的第一条生产线,也是当时国内比较好的流水线,我们还扩建了厂房。"

1992年到2001年,"南方讲话"到加入WTO期间,温州引领全国民营经济的发展,温州工业生产总值92.4%来自民营经济,形成温州模式。这十年,温州的光芒,随着世界工厂的扩张,盖过了深圳的名气。海外的学者也开始高度关注这些小工厂制造出来的世界奇迹。在他们看来,温州的历史文化传统让温州成为中国改革中计划经济到市场经济转轨中摩擦最小化的经典样本。费孝通教授,更是将温州模式,归纳为以农而商的典型。当1985年,温州模式被《解放日报》正式提出后,这个名词一直在中国的经济中占据重大的关键地位。

问题是,温州模式,真的能代替创新为主的深圳模式吗?

温州籍的北大学者当然愿意相信温州模式,甚至以北大曾经的温州学派为例,证明文化传统的战斗力。20世纪北大学者中就有陈介石、陈怀外、林次公、章献猷、孙诒棫、许璇、马叙伦、陈宝骐、高谊、林公任、黄公起、林涛等共十多位温州人。蔡元培担任北大校长,与国会里的浙江同乡、教育部内的改革派的积极策划不无关系。浙江籍教员占"半壁江山"也没有什么可奇怪的。胡适对蔡元培不满,很大程度上和温州学派们得势,蔡元培为国学和本土的教员靠山有关。

既然过去北大里的温州人,能力和品质鹤立鸡群,称雄民国半个世纪,文化传统和制度的力量,自然也可能让温州占据上风。问题是,相信和信心不代表现实和困境缓解。

如今,"温州模式"从顶峰急速衰落,实体经济低迷不振,民间借贷麻烦缠身,面临转型期的危机。从2003年开始,温州的固定资产投资就开始急速下降。低端加工制造业的利润递减,让不少温州企业转而进入金融和房地产领域投机。从GDP总量和增长速度来看,温州经济已呈现"空心化"趋势,热衷于资本运作,虚拟经济日隆,实体经济凋零。

高房价、高人工、高税费、低利润、低技术,温州的短板已暴露无遗,没有经济的"护城河",必然要步入衰退调整的危机中。在经济发展跨过资本原始积累之后,"温州模式"缺乏创新技术、创新人才。温州拥有雄厚的民间资本,良好的民间信用,促使民间借贷异常繁荣而稳定,但由于金融业未能开放进入门槛,导致温州民间资本被阻挡在门外,只能做体外循环。

这一切都表明,说温州模式代替深圳模式,显然是一种错误的乐观。随着金融危机的后遗症体现,温州本身的城镇化不足,也开始暴露弊端。这和深圳业已转变成技术驱动的发展模式,截然不同。

不过,海闻教授在上述看法之外,还有另一种对温州经济的看法。在他看来,即便加工制造业衰落,民间金融的正式化,仍然给温州的未来以新的希望。"温州现在到一定程度以后,变成了资金运作。其实我觉得长三角比珠三角走得早一点儿。不能说长三角没有技术,只不过到一定程度以后遇到了瓶颈,那些瓶颈我也提到了,技术上的瓶颈。另外它的资金又不是足够大到进入一个新的行业,或者把这个行业提高到一个新的层次,它有钱又没有足够的钱。在这个情况下,确实像温州很多企业,明智的选择或者很自然的选择,就是从最早的制造业,逐渐就变成一个运营资本的企业家。"

在海闻教授看来,资本不足和转型的困难,只不过较为成熟地产生在温州。随着产业阶段的推进,长三角的深圳模式,迟早有一天也会向温州模式转化。从这一点说,温州如能胜利转型,那么无异于在发展的道路上算是打败了所谓深圳模式。

PART 07
遭殃的铁路农田

解释中国经济成长

比较而言，验证林毅夫教授预言的难度就小得多了。今年早些时候，林教授在一个国际性研讨会上推断，2030年中国经济总量就可以超过美国。一时间舆论哗然，网上更是吵得热闹。但是毅夫的预言怎么可能是儿戏：2030年为时不算太远，他本人和许多现在听他预言的人届时一定健在。学者把自己的名字写上去的预言，外人不应该看轻的吧？

——北大经济学教授周其仁

周其仁教授提出一个新的论断：中国现在正处于经济观察的绝好的一个大时代。怎样看经济？对同一个中国经济，判断和看法彼此相左，实在是非常正常。无论怎样看，中国经济在全球舞台上有了一席之地。简化复杂的世界，集中于某些关键变量，就可通过分析限制条件的重大变化推断未来。

首先，周其仁教授从中国经济的状态和发展本质做出这样的描述。中国经济突然在全球竞争中大有看头？一种流行的解释说，"廉价劳动力"是明显的中国特色。就专业程度高的岗位而言，中国人工成本与发达国家的差距在缩小。在开放的早期，"人往高处走"——发达国家的高薪把中国人才都吸引走

了。更广泛地观察,中国不但劳力廉价,而且其他要素的成本,比之于发达经济也便宜。从国际范围来看,比中国劳动力还要便宜的地方还有不少,从历史看,早期中国劳动力比今天更要便宜很多,可在那时,中国经济哪里有什么世界影响力?

要素成本之外,还有两个变量也是至关重要的:一个是"制度(组织)成本",另一个是"要素质量"。三缺一,就不能很好地解释经济增长。如果要素很便宜,但生产的组织成本或制度成本非常昂贵,那么经济还是没有竞争力。另外一种情况,要素价格低,组织和制度成本也不高,经济也不会有竞争力。

经济学重视生产要素的比例。经济之间究竟开放与否,是一个制度性的限制条件,不能先验地假定。要是经济制度不开放,产品和要素交易的壁垒很高,比较出来的"优势"就被歪曲了。

"制度成本"是阿罗和张五常对科斯的交易费用概念的扩展。改革开放之初的中国,经济要素成本很低,差不多只及发达国家工人的1/100,而经济制度成本却高得离谱。比如外资、合资、个体、民营的市场准入——不但不能干,而且不能想。原子弹可以搞出来,大量普通工业品质量乏善可陈,圆珠笔怎么画也写不出来。

改革开放大幅度降低了制度运行的成本，鼓励了人力资本投资，提升了要素质量。20世纪90年代中期之后，中国的国际竞争力才令人刮目相看。要素价格低廉、制度成本大幅下降以及要素素质显著提升，可以解释中国经济为什么20世纪90年代以来很快在全球舞台上有了一席之地。

但是，仍然用这三个变量看中国经济的现在和将来，却不让我们轻言乐观。最重要的是国际竞争环境大变，中国的成本优势重新面临挑战。

成就的另外一面就是麻烦。中国经济在全球舞台上有了看头，没有谁会真正无动于衷。从转型的角度观察，倘若俄罗斯要扩大开放——然后再促进内部改革，我们应该怎样估量其竞争潜力呢？1991年印度奉行"拉奥革新"以来的"另一条印度道路"，今天再看印度，落后于中国的地方依然举目皆是，但某些领域领先于中国——例如软件出口——却是不争的事实。印度的平均劳动成本比中国低，而其专业人才的质量又绝不在中国之下。

周其仁教授说："一位去过越南的朋友说，有些在中国行之有效的经济政策在那里差不多照单全收。人家可以宣布'五十年不变'！如果中国经济的制度成本能继续大幅降低，或要素之质量能继续大幅提升——且两项合并的效果可以抵过要素成本急升——那么中国'制度'不容易观察。"熙熙攘攘的市场、井井有条的公司、不时大爆新闻的经济活动，都容易观察。可是，从哪里可以看见"制度"呢？用"不易看见的制度"明明白白解释世事，却乏善可陈。其实，市场是一套制度，企业也是一套制度，恰恰从成本、代价和费用（cost）的角度，市场中的人不难明白，经济活动还有许多其他费用——寻找交易对手，对商品和服务的质、量定价，履行契约，解决纠纷等。即便是学校，也同样如此。

周其仁教授，从北大的经济学的发展历程得出结论说：现代的经济学，已经不是靠一支粉笔和几页文字就打发的。如果说以前想成为一名经济学家得有一本过硬的专著或教科书，那么现在，就得要有几篇叫得响、引用率高的论文。专著有时候被看成是论文的"稀释版"，因此还是以论文为先。这就是所谓专业化和分工的结果。分工和专业化本来是经济学最基础的思想之一，但是往往因为司空见惯，倒不像从前一样找得到特别好的案例。官员们没法混进经济学界，其实倒是个绝妙的例子。

一般来说，政府的官员们也接触经济，也具有部分经济上的经验和认识，但是这些经验并没有什么逻辑性和规律性。教授们的经济学则是说理性强、语言规范、论证严密、可以广而告之的那种指南。而且由于经济领域涉及范围日渐扩大，任何一个官员所能得到的经验都是极小的部分，这样他们的经验的适用范围就进一步减少，结果只有经济学家专门有时间研究这些内容，才能获得更好的认识。长期演化磨合的结果，就是经济学家们形成自己的组织，自己的一套制度和规范，也就是经济学的各种模式。很早以前，官员出身的经济学家是不少的。但现在随着分工的深入，这种可能性几乎下降到零。

分工的扩大，导致专业化，最后排斥非专业人群，这种现象也不稀奇。就像曾经兴旺的手工作坊，现在被大规模的流水线替代一样。只有极个别的手工作坊还能生存下来，倒不是因为专业化出了问题，而是通常非专业人群被排斥，市场也跟着缩小规模，在这个小规模的市场里，一些原来不专业的，也变成专业化人群了。比如在一些哈佛的学院里，能够懂得一些稀有的印第安语言的人，虽然可能不识字，也是专家。

在逻辑上，制度总为节省交易费用而存在，也为节约交易费用而变化。改革越来越困难，降低制度成本、推进经济增长是中国以往经验的基调。问题是，改革开放已经30多年，继续降低制度成本的空间在边际上究竟还有多大？

铁路农田交易和刘永好的饲料业

看看我们的餐桌、食品购物单和大街小巷里的餐饮业吧，市场上冒出来的新食品何其多也！在北京城里满街招摇的"加州牛肉面大王"，我在洛杉矶读书6年可是闻所未闻。"康师傅"据说是一家台湾的"乡镇企业"，到了大陆市场，一年的方便面生意就做上百亿。四川刘氏兄弟在饲料市场上直追泰国正大集团的故事，不是改革开放怕永远不能听到。还有那把大城市团团围住的"白色革命"（塑料大棚），所谓的"反季节菜果"赚去了多少钱？

——北大中国经济研究中心周其仁教授

周其仁教授讲述过自己亲历的一件事情：听北京"红磨房"创办人讲他的面粉和面包生意。这位温州出生、在法国打工并进修了一些工商管理课程的人士，对大都市中高档食品市场情有独钟。不料，千难万难生意上了轨道，粮食政策忽然收紧，除了政府的顺价粮，"红磨房"不得自行到市场上收购麦子！

后来四川刘氏饲料公司不断向房地产、高科技"转型"，涉足农业和食品的公司，分布的规则清晰可循：行政干预越频繁、开关越没准的市场，像模像样的公司越少。

更有意思的是，饲料大王刘永好有自己的苦衷，他指出在美国，如果办厂，根本不需要额外雇人看守饲料的原料。因为没有人会认为这些东西有价钱，盗窃它们根本不值；在国内，饲料公司除了要付出大量的生产成本外，还要雇佣更多的保安，甚至使用警犬来看场地，还得提防有人暗中搞破坏，趁火打劫。

无独有偶，人们发现，中国铁路两边的庄稼在20世纪经历了两种截然不同的遭遇。改革初年，铁路边上的庄稼经常遭受灭顶之灾，一到成熟时节，主人家还没有收获，已经被横扫一空，为此铁路部门不得不给路边的农民部分补偿。这是因为农产品的价格较高，而临时起意盗窃被罚的成本很低；后来铁路旁边的农地产量越来越低，农民干脆不种任何东西，结果是荒草遍野。后来铁路上的物资运输加快，铁路周围盗窃物资的声势越来越大。为此铁路不得不支付更多的钱，要求农民种植粮食作物，甚至专门建铁丝网，帮助农民护地，此后铁路物资丢失才有所缓解。

在周其仁教授看来，一片农地一种原料对于工业、城市的意义，不是肥沃程度，而是——现在房地产商经常讲的——位置、位置、位置。农地主人对土地增值有一项重要贡献，那就是"放弃"农地的使用权。农地的主人本来可以通过使用农地而获得收入，要他放弃使用，他就没有了那笔收入。你不出一个合适的价钱，他横竖不会放弃本来可以有所得的农地使用权的。铁路部门和刘永好，如果不出足够的钱，就没办法保证自己的安全。

比较不容易明白的，是产权的主人只有在他认为"值"的条件下，才接受别人的出价而同意放弃使用权。面对同一个出价，张三说值，李四说不值，他们两个都对。

第二点，一支铅笔5角钱，买者认为"值"，高于他为生产这支铅笔的全部所付。一笔生意成交，双方都认为"值"。这是市场经济最令人着迷的"戏法"。

第三点，按照各方认为"值"的原则成交，所谓资源配置才有效率。工业化和城市化要占用农地，仅仅"补偿"农民失去土地的代价是不够的。西欧、北美、日本的工业化和城市化领先全球，土地制度都是清楚的私人所有、自由买卖、按值成交。日本在明治维新以后，工业化城市化大有苗头，难道与废除封建土地制度、法律保障土地交易无关？

在产权的价值基本确定后，还必须有一个执行的制度监督。如果没有监督，就会出现产权和所有者拉锯的问题。比如各种各样的土地制度变换，一度让人们感到头疼。像英美两国为了土地，打过仗还在法律上争论不清。

土地本身的垄断性所有是土地租金成立的原因，不过租金的多少归根结底却要取决于租期的长短、所有者和使用者博弈能力的大小。虽然经典的教科书上告诉人们租金是因为土地需求不断上涨导致的，但是那只是一种不考虑土地税和历史制度现实的说法，1987年斯坦福大学行为科学研究中心的新经济史学家道格拉斯·诺斯对于西班牙的封建土地和英国、美国的土地制度、地租进行了详尽的制度分析。在他的研究中，他指出，地主尽管醉心收租，掠夺农民的财产，但国王和国家的产权制度才是地租变迁和帝国兴衰的原因。

英军将领查尔顿还收留了大量独立战争期间的美国保皇党人。这都让美国开国元勋们时刻担心英帝国会卷土重来。按照英国的法律，英国所有的土地，包括美国的土地也都是英王的，美国的总统也不能抵制英国国王的土地所有权。按照这个原则，那些独立战争后逃亡加拿大的美国居民，开始要求美国的居民向自己偿付一笔赔偿金，美国新开发的土地同样要同英王扯上关系。

1812年，美国前总统杰斐逊提议：美国的任务是兼并加拿大，把英国人赶出北美。1815年，英军最后战败，美国和英国勘定了疆界，宣布废除地主的特权。这笔历史上最大的英国地主和美国佃农的官司才宣告结束。

美国人意识到"地主"是个相当可恨的名词，美国法律规定土地使用者的权利要优先于所有者。如果地主放弃经营一块荒地，接受者耕作一段时间后这块土地就将归属开发者。这种方式相当于降低了土地的租金，更有利于资本主义的发展。美英战争后，英国农民和地主的忠实仆人的反抗不断出现，就像《呼啸山庄》里描述的故事一样。

地租和地价并不仅仅是由供求决定的，甚至很多时候，和供求毫无关系，这是在诺斯等新制度经济学家兴起后人们对于土地的新认识，制度的执行是制度的根本。虽然这个认识在中国还并不太深入，但是在今天，无论英国和美国，还是世界上的绝大多数地方，土地的使用权都实际优先于所有权。

供应链就是契约链

从一个角度看，供应链就是契约链。天下形形色色的契约，其实都是有待兑现的承诺。麻烦来了：一项承诺无法兑现，要影响其他契约的履行。在契约链的情形下，一个契约的违约，要影响的是整个契约链。

——北大中国经济研究中心周其仁教授

自从郎咸平开始宣讲自己的供应链经济学，即使是周其仁自己，也认为听得最多的一个词是"供应链"。从经济学上看，公司在要素市场上是买家，与其他买家一起按"出价高者得"的准则展开竞争。但看见"利润最大化"的字样就以为赢利很容易,那是把真实世界想简单了。

重点在于,要素供应是一个完整的链条。所以这门学问的重点,在于把整个供应链条掌握起来。天下形形色色的事情,从本质上来说,都是某种契约或合同的组合,只不过这些契约可能有待于实现或者执行。一般来说,制度经济学者认为,这些契约的执行需要花费某种成本,这种成本也就是所谓的交易成本。可是在人人欠债的商场上,债的链接何止三个节点?说到这,我们不得不说,周教授再次犯了制度经济学家常用的万金油的错误,用各种非经济的内容勉强凑合而已。

首先,所谓的供应链或者叫产业链和国际分工,在克莱斯勒宣布破产之后,奥巴马说,"如果你现在正考虑买一辆汽车,我希望你能买一辆美国汽车"。肯尼迪国际学院的劳伦斯教授批评说:什么叫"美国汽车"?由于资源在全球范围内有效配置,现在的汽车很难说到底是哪个国家的汽车了。他们认为克莱斯勒倒闭的一个原因就是全球化程度不够,它没有像其他汽车公司那样,大举进入中国和印度等新兴市场。

典型的例子是丰田和通用汽车。他们的贸易如此国际化,让人很难说清美国车到底是什么汽车。横向投资是指在国外建立一个在功能方面和母公司基本相同的公司。这种投资适用于重量大的产品,跨国运输不便,但为了占领国外市场,接近消费者,公司决定横向投资。

换言之,现在的美国汽车和日本汽车乃至中国汽车,在质量上的差异已经可以忽略,大部分消费者认识到的差别,主要是品牌的感受和其他主观看法的不同而已。

关于这种贸易的解释,最早提出的解释是所谓垂直贸易,他是匈牙利经济学家贝拉巴拉萨的一个概念。国际垂直贸易的实现形式主要有两种:一是通过垂直型国际直接投资,在一体化企业内部完成不同生产阶段的生产并进行企业内贸易;二是进行国际外包。制造流程的拆分或外包已成为贸易和外商直接投资的重要原因。外包是指一家公司将其制造的部分流程转移到其他国家。外包的执行公司既可以是一家跨国公司的子公司,也可以是一家外国公司。

其次,产业链的其他链条,本身只是一种贸易形式。哈佛制度经济学家

奥利佛·哈特就认为按照交易成本理论，国际外包又包括通过契约从其他企业获得某种特定投入以及通过现货市场交易购买某种普通投入。企业的边界依据交易成本最小化的原则来确定，而企业内部的一体化生产有利于消除企业间通过契约进行交易的成本；但另一方面，建立在国际直接投资基础上的垂直一体化需要较高的固定投入，外包却可以带来生产成本的节约，因此企业必须在外包带来的生产成本节约和外包契约不完全性引致的交易成本之间做出权衡。

国际贸易的分布出现集中化趋势。全球贸易最发达的11个国家占据了国际贸易的60%，其中前四名的国家又占据这其中的70%以上。当然，对此趋势亦可有不同的观察：现在世界上发达国家的双边贸易占88%的比例，而发展中国家之间的贸易只占到12%。这才是郎咸平所谓的控制，实际上产业内贸易本身很简单，就是国际贸易倾向于集中的表现而已。根本谈不上控制。例如2011年一场大洪水，就把这个所谓的产业链冲得乱七八糟。各大公司的利润迅速下降。而郎咸平视作产业链的不少幕后人物，如今不是破产就是失败。

三井帝国在行动，这样的说法，曾经在中国不少地方引起轰动。在不少人看来，向日本的三井系财阀的各种海外产业链上下游布局，几乎就是藏富于民的不二体现。现实是，所谓的三井帝国，可能从来就没有存在过。随着日本在国际贸易中的份额日渐萎缩，东南亚的经济景气越来越差，贪图贸易利润的三井集团，在不少行动中损失惨重。丰田、东芝、索尼、松下、三洋、NEC等大企业连年下滑，有的企业被迫卖出总部大楼，换取资金链的完整，有些干脆等着破产扶持。

弗里德曼曾经以记者的感官考察印度外包客服中心的工作，盛赞这是所谓全球化的滴水均沾的模范。可印度充其量，只是一个不入流的中心。随着网络技术的普及，新兴国家的用户，很少给这些客服中心订单。其结果是，经历一次金融危机后，这些外包的客服中心的弊端日益明显。最明显的，除去难懂的印度口音英语外，很少有中国客户希望和客服打交道，一封电子邮件和短信可以解决的问题，已经无须低熟练度的印度工人代劳。甚至印度本土的公司也开始独立从事更高级的技术贸易服务，这种新的变化，已经让国际贸易出现了另一种截然不同的集中化趋势。

最后，就算所谓产业链阴谋论是正确的，那么控制这些产业链的规模，必须建立在操控国际贸易总规模的数倍资金的水平上。全球金融资本的流动，相比贸易总额来说是微不足道的。此外，各国的法律和政治、政策风险，无时无刻不像一堵墙一样，限制金融资本的国际流动。除去某些极其自由的加勒比岛国和欧洲袖珍国家，世界上所有的大经济体，都对金融资本的流动，进行大量监管。通常认为美国是一个金融自由度较高的国家，事实上，目前世界上所有的金融管制制度，都源自美国。

退一步说，从贸易额来说，中国的商品贸易额还是超越美国的。一些北大经济学教授的研究发现，在中国商品贸易额占据绝对优势的时候，除非技术和金融服务贸易超过商品的重要性，即便中国称得上世界上服务类贸易管制最少的国家，也同样不会产生什么本质的变化。何况，技术服务类贸易总是和一些政治国家安全的问题纠缠不清。

美国政府多次以各种理由，对输出的高科技知识产品设置壁垒。即便是像美国国家航空航天局（NASA）正常的会议论文交流，也受到联邦调查局不友好的调查。这种调查自从20世纪的麦卡锡时代就持续不断。严重的政治不正确，像悬刃一样，让几乎所有的贸易和金融活动，包括产业链扩张，总是不可能在实际活动中游刃有余的。

什么是全球供应链

> 谈真正的问题是同在全球链上，肥的环节甚肥，瘦的甚瘦。话说爱迪生生前查机器，只在病灶处画一个圈就收1万美元。收费毕，爱翁明说：画一个圈收费1元；知道画在哪里，收费9999元。刺激中国企业家的问题是：为什么我们老做要画1万个圈的辛苦生意？什么时候我们也可以画一个顶他一万个？
> ——北大中国经济研究中心周其仁讲述爱迪生的故事

周其仁教授很多年以前感叹：从珠江三角洲的鞋厂、成衣厂、锂电池厂到内蒙古的乳品厂，车间里的当家设备，差不多都是德国造。不过他还是相信，不管别人怎样看，选走这条路线的中国公司将越来越多。

周教授不同意仅仅从附加价值分配着眼。首先，当今世界，从公司组织到产品的全部要素，皆由本民族生产、本民族拥有的"民族产业"再也难找。200年前斯密创下的分工定律，已经包含了"谁也不能通吃全球供应链"的现代含义。

其次，经济竞争是知识竞争：组织管理知识和市场知识。画辛苦圈的个人、公司、地区和国家，持续对知识投资，一点一滴积累，一手一手尝试，总有一天可以潇洒画圈的。这山望着那山高，是有看头的经济。

不过，到底什么是全球供应链，周教授还是语焉不详。当然，周教授术业有专攻，并非国际贸易问题的专家，更非财务专家。所谓全球供应链，说到底还有另一番景象。

多数人赞成斯托尔珀-萨缪尔森定理。这个理论说，某一商品相对价格的上升，将导致该商品密集使用的生产要素的实际价格或报酬提高，而另一种生产要素的实际价格或报酬则下降。

比如汽车这种资本密集型产品价格涨了，那么对于高技能员工或资本拥有者来说是好消息，对普通劳动者来说是坏消息。反之，如果一个劳动密集型产品的相对价格升高了，那么这对普通劳动者来说是好消息，对高技能员工或资本拥有者是坏消息。

美国的白领阶层的工资和蓝领阶层的工资比例从20世纪90年代后期以来没有什么变化，有大学毕业文凭的人与只有高中毕业文凭的人的工资比例也没有上升的趋势。

一种可能是，由于数据采集和计算过程的一些特殊性，收入比例变化的程度显得微乎其微。另一种可能是，美国的进口产品其实有很大的技术含量，并不都是劳动密集型产品。这些高技术含量的产品对美国本土的高科技产品形成竞争，限制了这些产品的价格增长；按斯托尔珀-萨缪尔森定理，抑制了高技术人员或高学历人员的工资上涨。

美国进口的一些低技术含量的产品，在美国本土已经不生产了。例如新英格兰地区原来有很多纺织品厂家，他们在美国本土的市场维持一定的份额，没有激烈的竞争，所以工资和报酬都不变。

但是美国普通消费者的确从中获得了大量的好处，如果没有廉价的商品，失业和因此生活困难的美国人会更多。事实上，造成美国制造业失业的原因有很多，其中国际贸易一体化和外包的增加是首要的原因。美国计算机行业的制造业就业人数大约是16万人，甚至还不及第一部个人电脑MITS Altair 2800于1975年问世之前的水平。而在亚洲崛起的计算机制造行业雇用超过150万人，从工人、工程师到经理人，各个职位都雇用了大量员工。就拿富士康说，雇员超过80万，苹果、戴尔、微软、惠普（HPQ）、英特尔和索尼（SNE）在全球的员工加在一起也没有那么多。

大量的美国工厂和就业机会去哪里了？答案是多方面的：一种是转移到美国的其他行业里去了。比如汽车制造业催生了汽车贷款，原先的汽车销售经理变成金融产品推销员，一种是所谓转移就业，海外的大规模工厂无论是灵活性、勤奋程度，还是高技能的工人，都已经全面超越了美国同行。而苹果不再能在美国提供更多的制造业和中产阶级工作机会最为主要的原因在于，并非因为海外工人的雇佣成本更低，而是牵涉了整个供应链条，包括了成百上千种配件的采购和组装。还有一种是经济萧条就业机会的丧失，举例来说，电影厂在金融危机之后日渐萧条，许多人只好暂时放弃电影生产，有些演员成为色情演员。

而就现有的统计来说，最主要的还是第一种和第三种。如果抱怨第二种现实的话，这也是对极少数人的回应，以此做出的政策也只能是杯水车薪，无法解决问题。

当然，不少人对于这个全球供应链的不公正分配很不感冒。问题还有解决的办法吗？有，但是需要付出很高的成本。首先按照巴拉萨—萨缪尔森定理，国际工资水平最终要保持到同一水平，才会停止贸易发生。尽管工作已经

流向海外，但是海外工人的工资报酬水平还是低于美国，并且只要这种水平没有拉平，贸易的方向就不会发生逆转。也就是说除非现在提高中国的工资水平和美国工人工资水平相等，否则将不会停止工作的流失。

其次，就算中国愿意提高工资，但这必然意味着中国工人生产的其他廉价产品也将同步提高，那么也就是说美国将无法享受到廉价商品的好处。美国必须为此承担福利下降的损失。

最后，为了这么做要进行的各种政策，比如保护主义措施，一方面这些措施的制定，将有损美国进口商的利益，可能导致他们失业。另一方面，执行的政策成本可能很高昂，比如可能引发报复和制裁，这将导致美国出口也出现失业，比如配额和关税中的各种腐败行为。

而且从就业本身来说，投资工厂生产需要一定的周期，这意味着美国缺乏迅速转换的时间和能力。现在即使让美国恢复19世纪的钢铁工厂，也需要更多的环境评估和各种政策的转换。这种成本也是企业必须考虑的。即使马上工厂可以投产，但是工人的效率和产品的质量短时间不能取得成效，这将导致企业可能大规模裁员。这不是在国内制造就业，而是制造更多的失业。

市场中人的理念

回来向国内读者介绍访问心得，我以为关键是撒切尔夫人的理念。这个理念简单，那就是"放松管制能够刺激经济长期增长"。为此我写了如下感受：理念不是虚无缥缈的东西，而是行动的前导和实践的重要组成部分。从长远看，理念有着重要的价值。

——北大中国经济研究中心周其仁教授

不少象牙塔内的人士，以为在熙熙攘攘的市场里，人们被卑微的赚钱动机驱使，随波逐流，哪里谈得到什么理念？

周其仁教授的一位做鞋的朋友说："只要市场里无人出价31元，30元就是最高出价。"简而言之，在他看来，所谓定价的基本原则，就是市场中人的理念。人的理念就是市场的理念。再扩张一点儿，撒切尔夫人的新自由主义，美国的资本主义下的方式，也是人的理念。

在中国有一种经济学家推崇的所谓主流民意，大意是中国是跟着美国走，才成为全球化的赢家。比如，一些经济学家在不同的场合中，就干脆大言不惭地将中国经济的扩张归功于美国的支持。由于"金融化""去工业化""美国梦"载体的中产阶层不断萎缩，不少经济学家，特别是亚洲的中国人仍然坚持，过去美国也遇到大的危机，但后来都克服了，美国确实有复原能力。

事实上，如果说中国的现在都是学习美国的结果，那么中国的代价的确有点儿高。至少在经济、政治、文化、军事、社会方面，中国如今的困境都并不比自己的榜样美国少。甚至，在不少人的观察结论里，中国已经变成一个四分五裂，被各种经济、政治势力撕裂的碎片化社会。

清华大学教授孙立平提出一个关于中国社会加速溃败化的观点。在他看来中国社会正在多方面分化为失败的国家。而孙教授的观点，也是中国目前的社会经济思潮中最为典型的一类。按照他们的观点，中国所有的问题都是中国自己产生的，而好处却是美国赐予的。这是真的吗？

按照孙立平的说法：一个国家13亿人口，大灾小难也总是免不了的。如果总是刻意寻找不稳定因素，当然会找得到的，更何况失控的权力还会不断制造出"群体性事件"。世界上哪个国家像我们这样刻意地去寻找不稳定因素，都是找得出来的，但只有我们有稳定压倒一切，有"维稳办"这样的机构。其实，孙教授完全是抱怨错了，这种压倒一切的观点，在美国社会中早已经是常态，中国高级官员们的训练主要是来源于哈佛大学的社会管理指南：

作为世界上犯罪率最高的国家，美国的经济和犯罪率的高度相关性，自然也产生了最庞大的安保维稳力量。

社会认同和社会向心力在急剧流失。美国社会按照多元思想倡导的原则，就是没有社会向心力的。资本主义的美国方式，不需要这一套虚情假意。因为只要钱说话，一切都是摆设。这一点，可以请孙教授看一下熊彼特对美国的分析，托克维尔给美国人的定义。

社会失去进行长远思维的能力，在权贵资本主义上形成的既得利益集团又过于注重眼前，既无古代帝王对子孙后代的责任，又无贵族的超脱和超越精神。邯郸10年换了7任市长,全国市长任期平均1.7年。新班子上马前半段是被"扶上马,送一程",后半段则是寻找培养接班人。孙教授这一点有点儿冤枉人,美国商会做出的调查结果是,他们认为中国的政党是排在上帝之后最有信用和长远思维能力的组织。至于美国政府,几乎可以被定义为三令五申,朝秦暮楚。

造成社会衰败的根本原因是权贵资本主义的形成。在2002年的时候,孙教授曾经提出"断裂社会"的概念;权贵资本主义下的既得利益集团会形成一种"我们"与"他们"的区分或区隔。孙教授显然忘记了美国社会中心照不宣的精英和大众的区别。甚至,在美国社会中,还有一个远比中国人数众多,势力更为雄厚的贵族白人精英阶层。

中国的改革其实并不是始于"国民经济到了崩溃的边缘",改革的启动是几股力量合在一起的结果。这当中有民众改善经济状况的现实要求,有知识分子改变现状的理想,但其实更有力量的,是失势者重归权力中心的要求。孙教授也许没有读过美国历史,美国自从民权运动兴起后,就再也没能找到改革和增长的稳定力量。据说,这也是美国经济最终走向金融危机的根源。

如果说,美国社会是中国的榜样,看来的确是一件悲哀的事情,因为正是在这个榜样的力量下,中国才有了今天的困境。

PART 08
光华魔鬼经济学

从"朝三暮四"说参照系

> 商务部这一举措很有创意,在国外大众媒体上做广告,可以快速改变外国普通消费者对中国产品认知上的偏差。
>
> ——北大光华管理学院副院长武常岐

2009年年末商务部曾经花费巨资,在美国有线新闻网CNN等国外媒体为"中国制造"投放广告,从"Made in China"到"Made with China"理念升级,广告语中文翻译为"中国制造、世界合作"。武常岐认为,整个广告是一种无声的表达,表明中国已经是全球价值链中的一个环节,中国制造的附加值包括上游、终端等国外研发、设计等。

这样一个广告,无疑的中心意义是塑造一个中国产品,是高端产品,高技术制造的国度。但是,这个广告面临的受众,却意外地尴尬。其效果,更是让人啼笑皆非:直到今天,要在美国雅虎的评论栏里,找到哪怕一点儿将中国产品看成是高科技的人并不多。尽管中国给世界大多数国家的产品基本上都是本国设计,本国制造,结论还是一样。

在不少华人社区,人们对于中国的基本看法,还是用纺织和玩具加工业来概括。但事实上,论工业生产总值,中国才是世界第一大国。而且早在10年前,这个状态已经如此。纺织和衣服之类的产品总值,其实只有2500亿美元的规模,就中国的庞大产业规模来说,实在算不得什么。自然,对于从不看美国以外国家的报纸,从不关注世界银行的统计数据的美国普通人来说,这些事实根本是不存在的。

日本在20世纪进入美国时期,实际上其尼桑产品的质量,完全超越美国汽车。但在一般美国人的心里,无论日本人怎么做广告,谈论到本国产品的质量时,美国人仍然坚持自己的产品最好。这直接导致丰田在底特律生产汽车计划的流产。

事实上,北大的教授们在看待商务部的广告的时候,可能忘记了参照系

心理偏差。这类偏差，总是设定一个基线，或者历史和时间上的虚假标准，让人们通常总是先入为主地假设，比如人们会认为智商或者能力不足的人才会作弊，钻空子，但事实常和我们预设的相反。

事实上，根据行为经济学的实验发现，人们对现状和过去的心理账户，通常和未来是不同的。而碰到新事物的时候，通常会将过去的心理账户看成是一个参照系。

光华魔鬼经济学行为经济学奠基人阿莫斯和卡尼曼认为，人对于风险和收入的看法是不同的，损失的负面影响比收益大。"益智游戏"的损失太大，教授们拿到作弊证据的可能性为零，在这种情况下，聪明的学生比重视考试的笨学生更加喜欢作弊。对笨学生而言，做简单的题目已经很困难了，自然认为收获更大些，反倒更加认真，主动作弊概率反倒比较低。

糟糕的是，这种先入为主的假设经常自己把自己拐到阴沟里。商务部人们的广告，显然，当你把真正的事实，用广告展示给一个宗教情绪甚为浓厚的国度，比如一向自诩是高科技是第一的国家，很可能会起到反作用。显然，任何技术思想的引入，都可能加大他们的逆反心理。这就像是班门弄斧一样，自然获取不到什么新成果。

当奥巴马在自己的国情咨文中引用美国商务部的数据，将中国描述为世界上最大的清洁能源生产国时，台下几乎没有几个议员愿意相信这个事实。按照他们的一贯看法，中国应该是一个对化石能源高度依赖的国家。其实大多数人犯了一个致命的错误，美国才是地球上最大的石油进口国，同时还是最大的生产国之一，而中国的能源其实还是煤为主。

为什么这些选民们选出的这些受过高等教育的人，会做出这种可笑的判断？

行为经济学家们认为，美国人习惯于用上帝代言人的态度看待一切，自然任何可能对这种代言有威胁的事实和言论，一概会得到负面的评价。因为这对美国人的效用是负的。人类心理上的弱点，总是在利益面前表现得最直接。但这个观点并不到此结束。

美国参议院的投票法案统计，大多数美国议员们很少参与对华绝对优势的贸易产品，比如对玩具和衣服产品的倾销指控。只有在奥运会上，这种人才会临时为了政治上位，赌上一把，拉中国陪绑贸易威胁。一旦他们地位巩固，则可能下一次彻底关掉本土的服装工厂。当负面的评价太高，比如说九成失败的时候，总是希望赌上一把，这也是美国政客的特色。

此外，美国是个宗教信仰普遍的国家，普通美国人从慈善中得到的精神慰藉要更大些，九成以上的美国穷人相信某种宗教，穷人担心上帝的惩罚并不比法律影响小，而现代新贵们许多是无神论者，慈善不过是他们不错的作弊幌子。在法律和慈善的信仰权衡中，富人显然在慈善上诚信上越差，收益越高，欺骗的伎俩也越高明；穷人则多数深有自知之明，反倒接近真实可靠的水平。如同我们开头的实验结果一样，统计证据也表明，美国穷人的捐献比比尔·盖茨之类的富人更可靠和更诚信。

无论人们现在信与不信，美国过去的无神论者所占的比例都比现在高。地产富商王石自认为是宗教维系了美国市场经济秩序的稳定性，但数年前根据巴罗等人的经济学实证发现，两者根本不存在任何关系。而其他经济学家和历史学者的研究更加惊人，他们发现，美国从网络经济泡沫破裂后，经济持续下滑，宗教信仰者却高速增长。

当然，还有更加极端的案例说明，我们的历史错觉有时和中国古典时代朝三暮四的猴子一样短视。大多数中国人，都相信为富不仁，可是一旦换成一个外国商业报纸包装起来的伪善名人，立刻就丧失了判断力。卡内基是美国历史上开创企业家慈善事业先河的大人物，人们至今都在津津乐道这个人在美国各地的各种善举，不过真相是尽管这个苏格兰移民在童年受尽苦头，在他的一生中，他最关注的慈善地从来不是美国，而是英国和加拿大。

大多数中国人可以肯定办学校是善举，不过，人们并不知道的是，在19世纪的美国，设立学校是一种国策。执行这项国策的人，会被授予某种教育上的管理特权，纵观西方的历史，办学是获得政治特权的候选办法之一。可是在中国历朝历代，从来不会有办学者能借此获得名位的可能性。孔夫子曾经游学，开办私学，但他没法靠办学在诸侯那讨到半点儿便宜。

在卡内基奉行慈善的时候，和英国的财富相比，美国只不过是个刚刚有点儿钱的暴发户而已。可见在这一点上，东西方的暴发户都有共同的文化传统。这不是一个简单的经济解释能说明的。顺便说一下，一直以来卡内基并不受他的母国欢迎。

谁动了我的奶酪

你可能已经意识到，人们对于任何自己认为是属于现状的东西，都比那些被认为是不属于现状的东西有更高的评价。

——北大教授董志勇如是说

都说中国人动辄得咎，有位北大的留学生开玩笑说，我们出去的时候只有在上厕所的时候，承认自己是中国人。结果在西方人看来，中国人需要特别指导，于是在机场附近贴上了中文的各种标识牌。

这本来无可厚非，问题是，对于从来没有在西方生活过的人，没有接触过拉美裔和印度裔居民，或者没有在纽约的繁华区段生活过的中国人来说，这和歧视中文没差别。于是，有种观点就开始形成了，中国的强大迫使西方开始形成不太正常的变形心理。我们动了西方的奶酪。

正如美国大战略家如基辛格和布热津斯基等人的自白，最可靠的方式就是用别的更巧妙的方式，比如培养一群热爱美国观念的人，然后把这些人作为消费者，将中国人赚走的钱拿回来。我们动没动西方的奶酪，要看的经常是，西方文化的毒奶酪，比如好莱坞电影中的意识形态，流进了中国多少。

为什么会是这个样子呢？答案是，这是一种心理上的现状偏见。在一个文化制度环境下熏陶的人，更容易认同自己的周围环境。而一旦超出这个环境，他们就会有意识地给对方贴标签。他们用从前的环境中的标准，对新事物指手画脚，出价评议。

这种笑话，在传教士第一天到达美洲就开始了，比如西班牙传教士认为印第安人是失踪的犹太人。在观看印加人的太阳庙后，他们仍然坚持这是埃及法老的美洲领土。后来，当他们决定屠杀印第安人的时候，则完全按照西方对于黑人的看法，将印第安人分为可以做奴隶的和不可以做奴隶的人群。

在传教士们的探险活动开始时，海上风险主要就是海难，此时宗教的纽带和在此基础上的保险多少给了他们最大的安慰。而奥斯曼帝国的打劫，让这些传教士相信，在地球上的某一地方，应该有上帝的忠诚信仰者或者后裔，和他们同道。这种传说也被他们嫁接到了美洲。

正因为最初将印第安人看成是失落的犹太人，传教士们才得以轻松地受到土著人的欢迎。可是当土著人的表现，和传教士们的心理有落差的时候，他们认为后者所有的做法都是背弃教义的野蛮行径。于是，屠杀和疯狂的报复也就开始了。

在中国的课堂上，行为经济学家们，即便是写了《思考快与慢》的凯尼曼，大概也惊叹如此之大的一个国家，居然可以听任隐秘的含有政治和意识形态暗示的美国电影的渗透。在这些电影中，充斥对中国社会的种种误解和固化，比如印第安人和黑人永远是仆人般的角色。而中国人，则总是被当作配角和装饰，甚至在波兰斯基的电影中，华人成为罪恶的一种象征。奇怪的是，这些明显会在法国、意大利受到禁止和不欢迎的电影，总是能在亚太市场上获取高额的票房。

有些美国电影，以戏谑的手法攻击中国为所谓的"盗版和知识产权侵犯国家"，问题是，真相是，当经济学家的国际知识产权的经济统计显示，世界上最大的盗版和伪造知识产权国是美国，在好莱坞文化影响下的中国年轻人，居然有半数认为这是"五毛"伪造的数据。这多少让不少经济学家不得不承认，意识形态和好莱坞文化的确存在关系。

在这些堂而皇之的保护主义外衣下的，同样是糟糕的和平演变的图谋。只不过，如今这笔大生意，已经成为美国全球化战略的一部分。正如中情局披露的文件所显示的那样，好莱坞电影更多的是中情局授意下的某种宣传美国式文化和意识形态的道具。从1942年好莱坞充当战时新闻宣传局的打手开始，这一点从来就没有变过。

正如维基解密上的文件披露的那样，好莱坞演员和编导文化公司在中情局的特殊地位，如今随着电影外销到世界各地，成为一种更深层次的传教士式文化侵略工具。这也正是多数权威的美国经济学家在谈论好莱坞电影的时候，都不假思索地给其套上意识形态标签的根本原因。问题是，这一点北大的教授们不清楚吗？

北大教授焦国标曾有首很著名的诗《致美国兵》："假如今生注定死于战火，就做美国精确制导炸弹下的亡灵。"我们唯一能说的也许是，好吧，如今只要焦先生申请到美国绿卡，并且声言加入基地组织，您就可以得偿所愿——前提是不要拉上不愿做亡灵的大多数中国人。

中庸之道与极端逆转

某次刚刚下课,一位年轻学人问我:"你怎么理解中国人很中庸的说法?"我毫不犹豫地回答:"那只是一种价值建构。而建构只是表达一种愿望,激发建构者形成这种愿望的社会现实可能与这个愿望恰恰相反。"

——著名学者摩罗在北大讲座时的一段逸事

著名学者易中天曾经不满地说:在我们这个社会唱高调太多的结果,就是出现更多的突破道德底线的行为。如果不坚守中庸之道,只能有这个结果。问题是,中庸本身是不是也是一种极端类型呢?

如果看一下西方也同样存在的,所谓言行不一,甚至完全让人崩溃的局面,这一点也许就更能让人理解。人们经常会在网络和现实的对比中发现,有些人天生是两面派。在网络上这个人可能是个呼风唤雨的达人高手,在虚拟世界里口吐莲花,耀武扬威,才华横溢,可是现实中,这样的人大概属于最没有风采的普通人。一个中庸保守者,在网络上可能是变态和激进分子的代表词。

这种行为并不是说不可解释,让人十分恐怖。其实根据现代行为经济学的研究,这是完全合法合理的。因为根据行为经济学的说法,

人们的非理性行为具有普遍性和一贯性的特点。特别是在风险极高的条件下，出现极端赌博行为的人会更多。

《纽约时报》有名的年轻写手史蒂芬·列维特成了《纽约时报》评出的最畅销图书榜桂冠，他至今获得的最大成就还包括2003年的克拉克奖，《堕胎合法化在犯罪问题上的效应》的"火药味"论文。这说明不了什么问题，事实上我们在这里打算揭开列维特之类著作的伪装。

阿莫斯·特沃斯基尽管直到去世前还是斯坦福大学校方顾问委员会的主要人物、行为科学中心的主要调查员，并且还是行为经济学绝对的奠基人，不过没有几个美国人知道这个人。许多美国人一听到这个人是计量经济学会会员，就感到他是个数字怪物，于是敬而远之。这证明了经济学家通常也是一群不讲理性的人。

莱维特、都博纳、艾瑞里这些目前炙手可热的畅销书经济学家，与早逝的特沃斯基相比，只能说是小字辈，特沃斯基比他们早出生40年，他要比他们更加年轻有为。在他们现在这个年龄，他已经是美国心理学会的特别贡献奖获得者，已经完成行为经济学的奠基性实验，如锚定实验、预期实验、基数偏差实验等。

莱维特写书后引来了一场诽谤案，2006年另一个经济学家约翰·罗特认为莱维特引用他的《枪支越多，犯罪越少》论文时说"该文没有获得实证"属于诽谤。列维特则声称罗特向芝加哥大学出版社行贿，让反对的论文无法发表。罗特败诉，因为法官和学术界对此的看法类同：他们并不把列维特写的东西看作经济学。

更有意思的事情是，莱维特在书中描述的堕胎合法化导致犯罪率下降，严格来说倒是招致许多反对，比如美联储波士顿分行的两位经济学家就指出，莱维特和都博纳的数据取舍统计研究发生了技术错误，这两者根本没有什么正相关性。而且有位经济学家还指出，血铅的影响要比莱维特的研究更加靠谱。

这也可以解释，为什么许多经济学家对于魔鬼经济学几乎不发表任何意见的原因。除了《纽约时报》捧场，鲜有经济学家对莱维特的著作进行支持。

而且，莱维特的大部分畅销文字，都是谈到大量的实验如何，但是在学术上，他不承认实验经济学，尽管北大和不少中国的一流大学引用他的经济学著作。莱维特在专栏上写的文字也有另外一面,根本不相信实验室内容的莱维特却在谈实验室的行为经济学。看来,魔鬼经济学家们也有一层更厚的表面,而他们的著作可能是为了给他们企图解释的世界加上更厚的伪装。如果说这些著作能从根本上彻底改变人们看待这个世界的方式,不要忘了,这本书的作者和内容也有一个未知的世界。

行为经济学的一个基本概念就是非理性行为是人们的常态,按照这个逻辑,打破常态并不利于人们的生活。举个另类的验证方式就是,尽管行为经济学深入人心,从莱维特的专栏开始,美国人的生活不是变得更好而是更坏,如果按照莱维特的研究思路将他的畅销书和美国人的生活质量联系一下,也许我们得出的结论是这样,魔鬼经济学的畅销导致美国人民生活水平数年来的不断下降。因为银行家从中学会了理性地从事非理性的诈骗,注意,我们保证在数据取舍上不会犯都博纳和莱维特的低级错误。

这也许是跟魔鬼经济学开的最大的黑色玩笑。每一次美国人在危机中都要想念哈耶克,然而危机过去,他们会立刻把哈耶克永远送进胡佛所的档案研究室里。

中国的北大主流经济学似乎和莱维特一样犯着同样"魔鬼"的毛病,这边听到股份制和私有化如何提高国有企业的效率,那边却在大规模地制造企业效率下降。一些著名的经济大案,居然让所有的经济学家彻底失去发言权。在金融危机前后,大量的中国主流经济学者们依旧旁若无人地鼓吹新自由主义经济学,尽管这个经济学主张,在全世界,包括其母国美国都灰头土脸。在中国,这种经济学却可能有着我们所知道的最大受众。

大多数的中国经济学者其实未必相信什么新自由主义,或者哈耶克之流的观点,他们真正的目的,也许是醉翁之意不在酒。撇开其他不谈,哈耶克的文章没有逻辑,但是长于叙述,似是而非,便于普通人学习。这一点大多数现代经济数学是无法与之抗衡的。对于习惯于偷懒的经济学者来说,这么做的目的很显然。如果你知道良药苦口,小孩子不愿喝,那么最好给瓶蜂蜜或者糖衣,仅此而已。

也许是因为类似莱维特等人更了解同行们,所以他倾向于反向操作,事实上,就像阿西加玛普罗斯的农场主一样,这也是预期下的生存之道。

拖延与行乐的悖论

我们一直被人称为"上班族",是有人身自由的,同时也因为劳力付出而获得薪水。恰恰相反的是,在我们的社会人格越来越独立的同时,我们的职场身份却越来越奴隶化。

现在的某些企业,就像是一个个的奴隶营,拼命地压榨着自己的员工。虽然表面看起来是雇佣的关系,双方都是平等的,实际上企业不需要用人身限制,就可以很好地绑住员工,使得员工不得不为其卖命。

——某知名门户网站网络编辑感慨

在地球上,如今只能清晰地分出两种人来,一种是雇佣别人的人,一种就是被雇佣的人。上班时忙忙碌碌,下班后像丧家之犬的人,像流行的"植物打僵尸"中的僵尸一样生活,已经不是一个人两个人的看法。一些纯粹无厘头的情绪作品,从一个国家传染到另一个国家。除去心灵相通、工作环境类似外,找不出更好的理由解释。

在雇佣和被雇佣的精神或者看得见的链条——合同契约外,大家的真实身份到底是什么?奴隶还是自由人?

张远大学毕业后,来到某大型企业上班,相比自己的同学,薪酬要低得多。他起初决定工作一段时间,希望可以步步上升。几年后,张远的工资并没有比当初提高多少,职位晋升不甚如意。在这种情况下,当初的雄心壮志消失了,更糟糕的是张远却无法脱离现在的岗位。用他自己的话说:自己既不能下定决心,和现在的工作一刀两断,又不能全身心地投入工作中。

李明的情况比张远好些,可是他也有他自己的苦楚,因为现在的岗位来之不易,在上岗前交了一部分押金。行业内其他公司答应给李明更高的工资,可是这意味着原来的公司会以毁约的名义扣掉他的那笔押金。李明如今只能采取地下工作的方式,和另一家公司签订劳务合同。

像张远和李明这样,为工作所累的人不在少数。实际上,在许多对工作经验和资历要求较高的行业中,如注册会计师、律师等行业领域,刚刚取得行业资格证书的人还要在某个事务所工作或实习满一定时间才能获得执业证书,而在这段时间内,他们要长时间地、大量地工作,得到的报酬只是很低的固定工资。转正后,或者进一步提高职称和职位后,收入和期望会达到很高的水平。这种无法决绝选择悖论,也被叫作职场选择拖延问题。

在这种转正期,总是存在一种所谓的激励机制。也正是这段时期,让所有的雇佣者和被雇佣者十分纠结:雇佣者将对方看成是上班一族,相信只要给以物质和精神刺激和奖励,能够更好地满足个体的需要,而个体的行为动机又是个体的需要的体现,但作为被雇佣的上班族,经常却认为自己是奴隶,那些激励不过是用来让自己不得不工作的锁链。这种情况下,诱饵越高,意味着上班族为此付出的代价可能也就越大。

从北大教授董志永的行为经济学的角度看,人们的时间效用本来应该是工作的时间越短,先期工资越高越好,问题是,这经常会导致跳槽和边际效用的下降,于是就出现了相反的报酬激励机制。拖延的人越多,行乐的时间越少。

类似会计师事务所之类的公司,几乎每年都传出"过劳死"的新闻。其实撇开工作的高强度和心理压力的后果,真正导致这一切的正是所谓激励制度。用马克思的话说,这是一种劳动者异化的勾当。

100多年前,卡尔·马克思看到劳动者变成上班奴,还是以各种各样的超时工作和恶劣的劳动条件的血汗工厂制度为主要形式。100年后,血汗工厂早已成为历史的遗迹,即使不少地方残存,也成为众矢之的。现代的劳动者,表

面上看起来更加自由，8小时工作制度，带薪休假等，其实却被更多的新的异化手段捆绑起来。

不少工作制度将工资的一部分作为激励，以股份和各种待遇福利的形式植入到所谓的收入待遇里，迫使每个人像追逐自己尾巴的狗一样追咬自己。甚至一个人越是勤奋，就可能异化得越彻底。越是想脱离工作，就被绳子捆得更紧。

这还是激励的一面而已，另一面激励制度还让人产生更多的自我加压问题。每个人都会向往更优越的工作岗位，而这个岗位的准入业绩往往高于个体当前的业绩能力，对于初入职场的年轻人来说尤其如此。当个体应聘某个工作岗位的时候，他必须能够提供足够的信息证明他具备创造高于该岗位的准入业绩能力。如果不能证明，他可能就会被辞退，如果能力太高，报酬太低，他就会跳槽。

因此，不管企业采用什么样的薪酬方案，外部公平性都是一个首要原则。年轻人对于未来职业发展怀有远大的志向，而且，对于刚参加工作的应届毕业生来说，其业绩能力没有任何参照，外部公平性的要求是比较低的，所以，公司可以仅仅支付较低的固定工资。这种期望目标与现实之间的巨大落差激发了个体强烈的内在动机，从而保证了较高的努力水平。

正是在激励制度内外两种形式的压迫下，人们都成为介于职场奴隶和职场自由人的中间人身份。换言之，在雇佣者和被雇佣者的分类之外，实际上还真的可能存在让人头疼的中间态的人类。大量的人，处于雇佣和被雇佣者中间，长时间悬浮。这已经成为世界性的现象。

PART 09 从北大才子的一封情书谈信息

从一封北大情书谈起

> 这是一个缺少情书的年代。
> ——北京大学社会学教授夏学銮

这个时代北大这个文科才子汇聚的地方，真的缺情书吗？当然不是，既然能够出版《两地书》，让鲁迅先生和夫人许广平的爱情见证在校园里流传，可见，情书在这个时代已经完全公开化了。夏教授所指的是，像纸质情书这样的情书，现在越来越少了。

的确，也许正如不少出版人谈到的那样，也许知识分子的情书，自从王小波和李银河之后，就很少被人提及了。如今人们谈到情感的中介，不是物质就是赤裸裸的其他表现，这多少有点儿煞风景。至少以北大浓厚的人文历史气氛而言，没有一封像样的情书，的确很让当今的才子们没有面子。

然而民国文人的情书集，正在恢复，更多的人开始对这个大学的情书表现出与以往不同的兴趣。

"……凤凰引火自焚，然后有一个新生。我也是自己捡起柴木，扇动火焰，开始焚烧我自己，但愿我能把以往烧成灰，重新开始新的生活……"梁实秋是至性之人。此公的高明是，拿得起放得下，爱得彻彻底底轰轰烈烈。然后，他给新情人写情书。梁实秋与亡妻程季淑有过50年相濡以沫，写完据说直逼《雁秋词》水平的《槐园梦忆》半个月后，与韩菁清的情书就出现了这样的文字。

我们不妨做个假设。情书的质量，应该不取决于荷尔蒙，大概取决于情人之间的信息差异。大概就是，如果一方和另一方的感情纠葛越深，可能情书也就越多，也就越是文采飞扬。

这话并不是空穴来风。在经济学家这里，似乎情书应该是一种信号传递的工具。这个工具作用越强的时候，通常可能就是市场上滥竽充数最多的时候。

一个不能预算的企业永远不会成为一个好企业，一个不能预算的爱情永远不会成为牢靠的爱情，恋爱双方都需要学会对自己的爱情做好预算。只有在两个人的爱情预算能够基本达成一致的情况下，才能减少甚至消除婚后一些不必要的磕磕碰碰，使自己的爱情幸福美满。

爱情的预算恋爱中的男女关系，类似于投资者与拟投资对象之间的关系，相互间眉来眼去，传递的是你有柔情，我有蜜意。即使在某些问题上难以达成一致的意见，也都能够相互谦让，彬彬有礼，所以总是情人眼里出西施。

从北大才子的一封情书谈信息可是，这只是说的两情相悦，万一只是偶尔相见，或者根本不了解对方，急于碰瓷的，另当别论。

徐志摩压根没有见过陆小曼几面，结果就去给人家献上那些浓得化不开的情诗。当然才子的事情，肯定与一般人不同。对于普通人来说，显然既没有徐志摩的才气和胆量，也没有足够的消息打探清楚。怎么办呢？显然写点儿文字，透漏自己的个把信息，投石问路就成为一个好方法。

我们不妨做个假设，恋爱中的双方，都处于选择和被选择之中，双方的机会是平等的。而恋爱中的任何一方，大概都想着对方能是白马王子或者白雪公主。唯一的难题是，双方的真实属性是模糊不清的，任何一方都不掌握全部信息。

在20世纪，美国人对于婚姻的看法经历了三个阶段。第一个阶段是所谓"正统化"阶段，包括第二次世界大战前的数十年，那时候的婚姻基本上被视为是经济上的联姻。这些人在经历过中年的危机后，会因为经济的改善离婚。这好像是一场买卖，本来就建立在利益之上，一旦有新的机会，自然是要分手的。

20世纪50年代至60年代,进入"伴侣式"阶段,那时候的成功婚姻是指那些结婚的伴侣们能够很好地完成各自角色的婚姻。丈夫成功与否取决于他作为家庭经济支柱的能力大小,妻子好与不好则取决于她处理家务以及相夫教子水平的高低。这种婚姻,在经济学家看起来,似乎是分工的一类。

显然,买卖的好坏,完全取决于一个人对于商品的信息的掌握情况。这个时候,一份情书,包括数量和质量,就不同程度地反映了这个商品的部分信息。

假如情书的质量不错,那么可能透漏出对方的个人才能不错,通常而言,人文语言水平部分反映一个人的志趣能力和背景谈吐。一个官员中的老油条,是不大会有山盟海誓的,倒是有黄段子的可能性更大些。一个农民的情书,也许只是家长里短。文科教授的情书,可能华而不实。理工青年的情书,可能言简意赅。

情书的速度,也可能含有当事人对情感的价格定位。廉价的感情,可能来得快,去得也快。比如有点儿始乱终弃嫌疑的某北大教授,其情书整理,恐怕让人都觉得是个力气活——多情必滥。另一类可能是缺乏耐性,也许在被对方拒绝后,就已经明白了自己的定位。要价太高,很可能让潜力股丢失。

事实上,因为情书写得不好,最后姻缘不成,遗憾终生者并不少。当然,如今的时代,这种咄咄怪事,已经很少见了。像清代李渔那些错认才子的闹剧早就没有上演的可能。

随着信息技术的发展,情感的宣泄和个人品质的判断,更多以直接交往的形式出现。这种方式,明显提高了信息收集的速度和质量,双方之间的误判也大大减少。久而久之,礼物和短信,直接交流,代替了情书。也正因为如此,情书的工具性能越来越低了。

挨光计:你为什么天生不是情圣

高达117:1的出生性别比仍是相当离谱的,没有任何理由沾沾自喜。

——北京大学人口研究所穆光宗教授

人口学教授也关心起婚姻和犯罪问题，大概不是第一次。只不过在校园内外，穆先生忘记了一点，在一个据说到处是宣扬"恋爱"秘籍的时代，可能更多的人变成了光棍。因为简单的供求常识告诉我们，正是因为情人们找不到真爱，这种指导书才可能脱销。

英国某数学教师，根据自己的计算公式得出这样的结论：之所以自己找不到女朋友，可能完全与自己无关。根据这位学者的看法，要随便找到一个情投意合的女朋友，其概率之低，已经低于我们能知道的概率以下。

英国教师彼得·巴克斯利用了一个名为"德雷克方程"的著名公式：
"$N = R^* \times F_p \times N_e \times F_l \times F_i \times F_c \times L$"。

等式左边的，表示银河系中地外文明的数量，右边7个因数分别表示：每年银河系中新生恒星速度、其中恒星有行星围绕的概率、其中可能支持生命存在的行星数、其中实际有生命迹象的概率、其中演化出智慧生命的概率、该智慧生命能进行太空通讯的可能性和这一通信信号在太空中传递的时间长度。

这个寂寞的英国教师认为，对英国单身男性而言，24岁至34岁之间、居住在伦敦的单身女性，全英国3000万名女性中只有26人可能成为他的女朋友。"因此在某一天晚上我能遇见这几位'特殊'女性之一的概率只有0.0000034%，也就是约28.5万分之一。情况看来不妙"。

"数学的算法研究结果对那些寻找真爱的人来说可能是个打击，"他说，"但它同时告诉单身汉们：单身也许不是你的错！"

问题是，这种计算方式和结论也许并不可靠，至少对于经济学家们来说，一个人是无法判断出未来的意中人到底喜不喜欢自己的。喜欢这种东西，在经济学者们眼里，是一种主观效用评价。这并不是一个足够硬的可比较的指标，甚至极端的看法是，经济学者们也许更相信生物学家们的观点，所谓情圣，可能是生物学因素更占便宜的人。

择偶乃至人际交往，男人对异性的相貌、身材似乎更为看重，女人虽然也喜欢英俊小生，但对他的才华、学识、身份地位以及经济状况更加挑剔。古往今来，男人一直在进化，但好色的老毛病一直改不了，也不想改，走到大街上，哪怕遇到一个素不相识的美女，也会心猿意马、左顾右盼。男人就是这副德行，视觉上的贪婪决定了他们总是难挡青春美貌的诱惑。

男人看美女，靠的是视觉；男人娶老婆，重的是感觉。有的美女，只有视觉上的耀眼，但缺乏感觉上的愉悦；有的美女，外表爽心悦目，内里却空空如也。对于这种纯粹的视觉系美女，男人只会短线交易，不会做长线投资，因为女人的美丽只是一份附加的资产，而非全部的资本。

这么做的原因，很大程度上是因为经济学者们看到，大部分的人们其实更关注的是生物学上的自然选择内容，诸如身材，可能暗示适合哺乳。声音和皮肤，可能暗示健康，对于下一代的成长至关重要。

但是，怎么解释最后有些情圣看上去并不符合人们的自然选择呢？

答案也许是因为，这里面有着赤裸裸的经济计算。人除去动物基因外，可能更明显的是能够以经济的手法看待自己的效用高低。

客观地说，一个女人对一个男人而言，首先是一笔投资，甚至说双方可能都是投资，这一点大概已经被不少从事家庭经济学的北大学者向学生暗中宣告。近半个世纪的美国历届第一夫人，她们的人生都远比她们的长相更加轰轰

烈烈。英国王储查尔斯舍美丽的戴安娜而就老丑的卡米拉，就是智慧女人打败美貌女人的有力佐证。后者虽然被人嘲笑"年龄是戴妃的一倍，美丽却不足戴妃的一半"，查尔斯却在她身上找到"温暖、理解和他一直渴望却从未在其他人身上找到的坚定性"。

某些男人只看重美女，就跟一个吝啬鬼千方百计想得到金钱一样，想想钱到了葛朗台这样的男人手里会是什么感觉？除了虚荣心和占有欲，什么都没有。如果一个男人只把眼光瞄准美女，他的心态是不够健康甚至扭曲的。一个女人跟了这种男人，就等于跟了一个十足的赌徒，准保输个精光。所以，当女人碰上一个特别好色的男人追求时，她得打起十二分精神。

喜新厌旧是男人的本性，再美的女人男人也会有审美疲劳的时候，而且越是成功的男人受到的诱惑越多，男人跟你春风一度是一回事，下决心娶你又是另一回事。要想长久地吸引住男人，靠的不是美貌，而是智慧，因为美丽的女人只会让男人风光一时，但智慧的女人会让男人受用一世。

"一入侯门深似海"，但男人娶个太漂亮的美女回家，也怕"满园春色关不住，一枝红杏出墙来"。所以，大多数男人虽很好色，却很理智，他们深知美女可以喜欢，但不能爱，更不敢娶回家。

倘若把人生比喻成一笔投资，某些美女只把年轻貌美当作唯一的资本，总想一本万利——她们生怕上天辜负了自己的花容月貌，可是投资总有风险，一本万利的美事不是人人都可以遇上，结果往往"似这般良辰美景都付与了断壁颓垣"。何况美貌是有时效性的，迟暮的美人就像旧年的日历牌，看着让人心酸，因为它只会让人想起如风的往事。

20世纪北大经济学者中光棍不少，比如著名的陈岱孙先生。对于一个理智到底的男人来说，很可能选择独身，这不是什么生物学的原因，只是经济社会的选择。除去多愁善感的艺术家们，在经济学者眼里，大多数人成为情圣的概率很低。

时间是女人最大的敌人，再美若天仙的女人也会被时间打败，而且女人越看中自身的外表，在时间面前会输得越惨。花瓶式美女和智慧型女人就像龟兔赛跑，一开始前者领先，最后准保是后者获胜。而绝大多数的人大概和那个一口气写下数百行哀怨情诗的北大中文系才子差不多，只能等着做光棍。熬过光棍的生活也许也是人生中的一种历练。

荤段子与广告、婚姻

在私人领域里和非正式场合，人们往往采取一种甚至比西方还要"放任"的态度，如酒桌上的"黄笑话"或手机的"黄段子"泛滥，等等。这些却缺乏必要的限制，使得保护青少年成长方面也缺少相应的保护手段。这又强烈呼唤法律的完善。"二元性"公共和私人领域的分化，让共识更难以达成；而理性和客观的认识也难以成为舆论的主流，往往不是严禁就是放任，不是过分严厉就是过度宽松，无法找到合适的尺度和界限。

——北大中文系教授张颐武

大概喜欢谈荤段子，是个世界范围内的严重流行病。大多数中国白领在职场中，遇到的最尴尬的事情是，你的上司可能口吐白沫，对于一个不怎么样的黄色段子，津津有味；旁边的女性同事，则要么强颜欢笑，要么只能尴尬应付。荤段子的流行，其范围之广，让人惊讶，上至官场，下到民间，几乎凡有饭局，讲一些不太高明的段子，已经成为某些人的家常配置。

无独有偶，自从有了谷歌的社交工具，像脸书和推特上，各种各样的荤段子也开始占领网络。举例来说，在英国，这个向来被认为保守的国家，如今也被看成荤段子的大本营。在网络社会中，英国的所有文化作品仿佛就是被各种各样的情色段子类型包围的重灾区。

即便是经典的电影比如特工007，福尔摩斯大侦探系列，如今也有意无意地插入各种同性恋暗示的剧情。甚至广告和相亲网站，也打出同样的卖点吸引客户。据调查，在所有的欧洲国家中，英国人最喜欢购买色情杂志。平时保守的英国人，是浏览色情网页最多的人群。世界上大多数色情网站，都和英国发达的娱乐行业有关。

但是这还不是最重要的影响，事实上，也许有一个事实是北大经济学家们都无法直视的，比如看上去在西方最保守的英国，连前北大教授辜鸿铭都曾经观察到：大多数英国人的婚姻，和这类看上去不怎么高雅，有点儿低俗的段子流行有关。

举个例子，一个满口脏话的英国妇女，更可能和荤段子的流行传染有关。她说这些脏话，明显有两重的意义。第一种可能是教养不高的表现，一个世纪前英国的贵族，即使是骂人，也只会用生僻的词替代，如今的英国贵族，包括王室的两位王子，在伊拉克、阿富汗战场上训练的最大收获，就是流行粗口。而英国观众认为，这是王室平民化的表现。第二种可能则相反，用街头流氓的心理学说，这可能是某种暗示，比如关于她的婚姻生活的偏好和选择。

实际上很多年来，英国的经济学家们发现一个两个高度相关的现象。比如未婚妈妈和受教育程度，经常是反比例地出现。过去的25年里，同样英国的犯罪行为，可能也出现了下降的情况。在经济学家们看来，这可能是色情文化等因素导致的早婚的一个反常后果。

其中的逻辑链条是，由于青少年受到不良文化的影响，他们偏向接触不良的生活行为。初次性行为的尝试，可能导致大量的未婚先孕现象。未婚先孕者结婚后，面临较高的抚养成本。随着政府干预的增加，据说犯罪分子出身未婚家庭背景的人也大大减少。

佩罗特说："我要说的是，每个家庭都应该有健康的家庭单元，在那里孩子应该得到爱、得到养育、得到鼓励。婴儿在18个月以前就会对自己的能力做出判断，会形成积极的或消极的个人形象观。他们在很小的时候就掌握了如何去学习。如果我们的孩子周围缺乏爱和关怀——你们看看我的孙子孙女们，我担心他们不能学会走路，因为他们总在某人的怀抱里。那么我认为，如果每个孩子都得到那样的爱和关怀，那难道不是很好么？但是，他们不能。只有每个家庭都有健康的家庭单元，我们的国家才会强大。我认为，你可以把白宫当作很好的讲道坛，宣扬这些孩子的重要性，特别是在他们的早年生长期，要塑造这些精美别致的陶器艺术品，以让他们长大后同样过上富裕、充实的生活。"

有北大的经济社会学者指出，过去家庭的组合不谈感情，夫妻对家庭只谈责任和义务。但近十多年，浪漫的爱兴起，对婚姻的冲击很大，"因为爱情比婚姻更不易维持。"离婚率越来越高，家变得越来越脆弱。个人主义的需求让现代人不知如何与别人共组一个家。现代人想活出自己，又想脱离社会桎梏，却缺乏对生命价值的思考。"家庭对个人越来越不重要。"

这一代的年轻人被称为亲情荒漠的一代，他们的求学和工作遭遇了市场化、工业化乃至信息化进程，这个进程解构了传统的祖孙数代同堂、朝夕相处的大家庭，导致中国家庭形态和家庭关系的骤变——家庭成员四散谋生、离婚率猛增、婚外情泛滥，还有亲情遭遇金钱离间……许多20世纪七八十年代出生的年轻人记不得父母的生日，而父母的谆谆教诲也成了观念落后的唠叨。许多年轻人认为，荒漠亲情已经成为经济和精神独立的代名词，成为时尚，成为一种进步，成为后工业、后现代社会的表征之一。

媒体和舆论应让公众了解更多信息和更多世界各国的法律、公共政策，避免简单的"泛道德化"讨论。我们要知道这既是一个道德问题，同时也涉及人性的复杂。

性选择和北大爱情领导力的奥秘

只要是实行AA制的相亲男女，80%最后都能配对成功，且占到所配对成功总数的50%。现代职场女性都很强调独立意识，希望在接触一开始就男女平等，不愿意被人认为是借相亲之机蹭吃喝，特别是担心万一相亲失败，惹人说辞。

——武汉高级婚姻家庭咨询师左力羽

事实上，不单单是中国的婚姻介绍和相亲约会中AA制如此成功，在美国，这个规律同样成立。

据传，"AA"一词源自两截门（Dutch Door）——一种农舍门，由两个相等的部分组成。这好像是商人们的做法，很早以前荷兰人聚时交流信息、散时各付资费，为了大家不吃亏，彼此分摊便是最好的选择了。荷兰人精明，凡事都要分清楚，逐渐形成美国人的let's go dutch（让我们做荷兰人）的俗语。情人们信用评分、债务、开支预算以及财务目标可能并不一致，但是，在财务及其他问题上，平等地对待对方，是避免为金钱发生口角的方法。

问题是，大多数情况下，这似乎并不是真的。有一段时间，在著名的未名站上，总贴出"布什同学会"AA制的新闻。至于约会云云，这本身是美国人的隐私，一般没有人会从大众的渠道得到这方面的描述。据《南方周末》的说法是：布什在国际事务上的"牛仔作风"，令很多人不敢恭维，但从他搞同

学会实行"AA制"处理同学会的经费筹集方式来看,他并没有被胜利"冲昏了头脑"。这也许同布什是一个虔诚的基督徒、同时一心争取连选连任而进行的自我约束有关,但更显然,能让这种自我约束超越一时一处的表现,则要归功于美国日益完善的权力法治、强烈的监督意识和透明的监督体系。

北大某教授甚至不无得意地指出,其实我们从来没有听说过AA制这么回事。爱情中双方的真实选择,特别是第一次相亲,很可能别的因素影响更高些。至于那么多人成功相亲,最主要是因为大多数人倾向于互不相欠而已。

事实上,美国夫妻喜欢各付一半的传言只是误解。其实夫妻都是用一个共同银行账号的。工资都放一起,同一个账号一起付每个月的支出。吃饭如果你多加留意,多数都是女方在付钱,因为美国多数家庭都是女方管财政。

两位经济学家和一位心理学家组成了一个研究小组,专门对这一问题进行研究。阿里·霍达斯库、古恩特·希施和丹·阿里最近对一家大型约会网站上的资料进行了分析,分析的对象主要集中在3万名网络用户中。超过4%的网上约会者声称自己每年收入超过20万美元,但实际上只有不到1%的约会者能够达到这个标准,有70%的女性用户宣称自己的长相"比较出众",其中有

24%的女性用户表示自己长得"非常好看"。这说明大部分网上约会者不是吹牛鬼，就是自恋狂。

对于女性来说，真正重要的是一个男人的收入水平，一个男人越有钱，他所得到的电子邮件就越多；女性收入水平对男性的吸引力却像是一道抛物线：男人不喜欢跟收入水平过低的女性交往，可一旦女性的收入水平过高，他们又会对其敬而远之。而男性则不喜欢那些头发干枯，毫无光泽的女性，他们更喜欢金发美女。在网上约会的时候，女性的一头金发能顶得上一个大学学位（染个头发只需要100美元，而读完大学要付10万美元学费，这笔费用显然小得多）。

由于"不完全信息"，就算是情侣，仍然面临不知道对方的真实想法的麻烦问题，"因为误解而相聚，因为了解而分离"。约会网站上的人们之所以那么选择，钱和收入、相貌这些条件，可以看成是一种优质的信号。至少钱是很重要的。可是一旦争执发生的时候，自然因为钱发生分手的概率也比正常的时候大得多。

如果人们真的把恋爱、结婚和上升的离婚趋势想得这么清楚，那么结婚过程的本身就是不值得的。人与人之间只需要契约进行合作，通过契约解散合作，一切仅仅是履行法律程序而已。恐怕没有比这一分析更能说明经济学的极端理性和有限的解释能力了。

正如我们解释的那样，通常美国人并不总是AA制，多数人还是女管家执政。这充分说明了一个问题，婚姻不是钱那么简单，但也不是不提钱就可以解决的。

但不管怎么说，和约会伴侣提钱是个坏主意。根据丹佛大学的一项调查，婚恋关系中的头号问题就是钱。美国运通公司的调查报告显示，情侣和夫妻之间引发焦虑的主要来源就是财务。因此，如果你们还未因钱而战，那么没准会在今后幸福快乐的日子里为钱争吵。

哈佛的克劳迪娅·高尔丁教授可能是同意这个观点的芝加哥一系经济学者。1972年她从芝加哥大学获经济学博士学位，曾在明尼苏达大学、普林斯顿大学和宾夕法尼亚大学任教，主要研究领域为美国经济史、教育、性别差异、女性和家庭在经济中的作用，也涉及劳动经济学，是哈佛大学经济系几十名全职教授中屈指可数的几位女教授之一。

她分析，当男女双方都认为他们结合的价值大于他们各自生活的价值的和，他们就有可能结合，多出来的这部分价值就叫作"盈余"。但有盈余并不意味着他们一定会结合，因为他们生活在一个有N个男性，N个女性的"婚姻市场"中，有N的平方个结合的可能性。只有在各个结合的盈余的总和最大化的情况下，这个婚姻市场才达到"均衡状态"。而当这种盈余变成负值时，人们就会决定分手，重新进入婚姻市场。

事实上，这里面的价值，是以双方各自的收入、财产甚至身高、学历、谈吐、资历等可以转化为货币价值的东西为主的。

石成金的爱情魔法

据说"史上最牛丈母娘"的微博列出27项标准甄选女婿。这位最牛丈母娘列了一份表格，将相亲人的性别、年龄、生肖、户口、情史、收入、18型人格、生活技能等进行评分，并计算出总分，只有合格的才能得见女儿的芳容。据悉，有一位来自福州的小伙子，最终获得未来丈母娘的欢心，得到了与其女儿见面的机会。

按照最牛丈母娘的观点，其中最硬的条件，恐怕是提出一个石头般的条件——房子。自从丈母娘推高房价论出台后，所谓爱情的成败得失，总是被沉甸甸的水泥的定盘星作用左右。有些经济学者甚至讥讽房地产，是一个能把石头变成金子的新印钞机。

北大某经济学教授甚至提出，如果自己的学生买不起房，买不起某品牌的手机，那么就不配做自己的学生。言外之意是，如果在房地产这个宝库上你还是不能赚钱的话，那基本是个人生的错误，是一种所谓经济学应用上的弱质行为。

大学教授可以指责学生们不能看到机会发财，丈母娘自然也有样学样，干脆规定没有房子，就不能嫁女儿。一部《蜗居》的走红，实际上表明，能够在爱情和婚姻上起决定性作用的，已经不再是彼此的情感共鸣，相反那块石头,才可能变成金子般爱情的基础。如果一个人不相信这一点,我们可以用这块魔法石头的背面看清这一问题。看看裸婚者的爱情是怎么丢失的。

"裸婚"的"裸"不是指什么都不要,仅仅花9元钱办个证,而是根据实际条件,确定婚庆及婚后的生活方式。否则一种可能是,债台高筑,享受几天新婚大喜,婚后背负几十年债务,或者是让老人们背负这些债务。

第二种可能是,花掉两家人几十年的积蓄,尽管以后没有债务,但没有积蓄的日子还是相对清贫的。

第三种可能比较普遍,就是花的是债务也好,积蓄也罢,只是"富裕"的一方承担,通常是男方财力消耗过度(当然女方富裕的也比比皆是),之后财力相差较大的双方及家庭会在生活上产生诸多异点甚至是矛盾。

因此,"裸"婚就是结婚不举债、不奢侈,没有先前结婚那么多复杂的东西和程序。

热衷于"裸婚"的年轻一代一般年龄在20岁到35岁之间,其中80后居多,他们大多思想前卫,其中也不乏高学历、高收入的都市白领,在"裸婚族"看来,领了证就生活在一起,轻松自然,正是他们的提倡,让"裸婚"如飓风般在这个城市刮过。据网上最近一项关于裸婚的调查显示,其中赞成"裸婚"的年轻人就占大约六成,他们认为"爱情就应该抛弃金钱的世俗,真心相爱才是最重要的"。所以裸婚也成了80后的新时代婚姻选择,同时还出现了并非完全"裸婚"的"半裸婚"。

面对高昂的结婚成本，人们也看到，当下正值80后婚恋高峰期，面对高通胀、高房价，现代版的无房、无车、无存款的"三无"人员数量激增，"裸婚"一词更广泛地走入大众视线。"裸婚"，是指没房、没车、没钻戒、没婚纱、没存款、没婚礼和没蜜月，直接登记结婚的一种节俭的结婚方式。

但是，这只是问题的另一面。现在又出现了另外一个相对的新词——"裸离"。这是指双方中的一方，净身出户，不带走一点儿财产的行为。这类事情同样发生在裸婚或者高昂婚姻的人群中。

同样是因为高昂的成本，不少富豪为了保住自己的财富，甚至决定签署婚前协议，让自己的另一半保证不分割财产。更为荒唐的是，连创投事业中，事先投资者都要打听一下合伙人是不是可能裸婚，否则只要像某一个互联网公司的案子，就可能让投资者的钱打水漂。

人们都说结婚难，是因为高昂的婚姻成本，其实，裸婚和裸离同样逃不开这个规则的限制。根据各国的婚姻法则，为了防止某些配偶的财产分割阴谋，不少地方都规定所谓共同财产，还是个人财产的分割。这些协议并不是免费的，一旦执行，有时候其分割的律师费、诉讼费、公证费等往往超出财产本身。

就算是嫁给希腊船王的杰奎琳，到最后也不得不面临严重的危机。因为船王的亲戚，最终通过法律空子，让杰奎琳分割的财产比原本规定的要少得多。在普通人的裸婚，同样是个麻烦。因为结婚之前，当然双方是没有财产可言的，可是经过几年生活，他们的全部财产都将是共同的财产。一旦离婚，这些财产上的争执可能比有财产公证的高昂婚姻更麻烦，因为后者显然是原物奉还的财产，可前者等于损失了共同的规模。

在各种经济困难和法律难题之外，还有更加严重的诸如社会道德后果问题。根据北大曾经做过的一个社会学调查的结果，大部分单亲家庭子女可能成为各种问题的受害者。在另一项研究中证实，未成年人犯罪率较高的频率出现在单亲家庭或者父母一方有过离婚经历者的家庭。

这也许对于那些找不到寄托的裸婚裸离者是个不小的警告。问题是在中国的离婚率曾经一度攀高，成为离婚大国后，这很难说还会有什么让人忌讳害怕的理由。

正因为如此，不少裸婚的夫妻，一到离婚的时候，往往一方只好采取极端的方式，比如净身出户，或者对簿公堂，可谓更加严重。

PART 10
世事胜棋局，经济在燕园

中国土地落价又归谁

我们意外地发现，政府对市场收益的左抽右抽，与对市场损失的左补右补，在逻辑上居然是相通的。这样的经济，居民私人投资的自由和责任一起被削弱，人们的注意力不能不更多地从市场转向政府、转向议会甚至转向街头和广场。那是一个纷争不断、口水旺盛、唯独不那么刺激人们努力生产和交易的世界。这样的世界，才真正称得上"国危矣"。

——北大教授周其仁

不少统计局官员承认，在北京买一套住房需要祖孙三代的积蓄。这并非是虚言，如果以北京市区8万元左右的平均工资而言，大多数北京人在北京三环的地段，不吃不喝一年只能买一座普通的100平方米商品房中的3平方米。换言之，这等于一个家庭近40年的总收入。

对于一个非要买房的刚需家庭来说，要在北京买到这样的普通得不能再普通的住房，必须要靠6个家庭成员不吃不喝6~10年的总收入，也大概等于6个家庭成员30~40年的家庭存款。显然上有老下有小，一家三代辛苦努力买房有其必然性。

　　房价之高,高到一个家庭和家族成员必须为此付出沉重的代价,最后换来一所70年产权的住房,这就是现在中国人买房和高房价的真实生活写照。无论如何,在提倡和谐社会的今天,这种情景是不该出现的。

　　三代买房,这种现象在国外十分罕见。在国外的家庭,通常只有老人占有一套住房。一个人从工作到衰老,至少会买3套房子,初出茅庐的年轻人除去按揭借款外,父母是一分钱也不会提供的。在日本和韩国,传统上除去家族自然继承外,父母也不会参与购房买房。

　　高房价和三代买房这种情况,在中国戏剧性地出现了。这其中,一定有不为人所熟悉的经济因素,导致这个本来不可能的事情成为可能。

　　一些人认为,房价高和家庭买房,主要是政府控制土地供应导致的。按照房地产资本家的逻辑,房价太高的责任完全在政府。解决房价过高,必须政府大出血。政府控制的地皮面积有限,开发商却不少,人们的需求也高,有些人说要扩大供地,比如"农地入市"成为热闹的话题。"农地入市"简单说就是把农村集体土地变成工业和建设用地。

　　但这个显然和《点石成金》里那个看上神仙指头的蠢人的见识差不多,而放走真正高房价的元凶。有点儿头脑的经济分析人士指出,就算大大提高土地供应,地价未必能降。

　　实际上,就算是美国那样地广人稀的国家,房价高的地方照样存在。真正的原因恐怕不在房子,而是捆绑在土地上的各种经济和行政限制。历史上,北京、上海的户口金贵得很,二、三线城市的户口就差很多,但也比农业户口强。现在各地的限购令把买房子的权利也和户口挂钩,这看起来优惠了"本地人",但在更大的背景下则是在加剧中国户籍制度背后巨大的不公平。这种不公平,本来因为这些年户口作用的逐步淡化已经消除不少,但现在又被人为地加强了。原本房价在不同的户籍性质下就有不小的差别,现在这个差别进一步扩大了。

因为出现了这类限制,等于人为地增加了房屋的价格成本甚至价格预期,在北京买房,不只是等于买到一套房子,也等于买到了北京的教育、公共社会保障和就业机会。要知道大多数买房的人,都怀着同样的目的:北京市本地学生进入北京大学深造的概率相当于其他地方的几十倍乃至几百倍。从很早开始,大规模在京买房落户的人群的投资性住房就从没有停止过。显然不去掉这个不公平的预期,就算是增加再多的土地,也不能让这种住房需求停止。

在这类制度性的价格因素外,还有更加严重的金融干涉因素。房地产项目利润一般在20%~25%。一个总投资1个亿的项目,它的实际利润大致就在2000万~2500万这个水平。

从2009年开始,在房市火热的背景下,地王热潮开始。按照当时静态房价测算,土地出让价格基本上无法保持20%的项目利润,可是房地产企业依旧趋之若鹜。为什么会有人对房子比宝贵的面粉更感兴趣,显然这不符合常理,只有在金融界的空头和多头大战中才能见到如此疯狂的做法。考虑到房地产的服务业性质,显然这种行为本质上就是一场赌博。

在巨大的拿地竞争压力下,对房价上涨预期最高,如果低价买进土地,高价卖出,就可以大赚一笔。而下跌预期增强的时候,就会有大量房地产企业抛盘出售。显然2008年后中国房价的逆势上扬,给了房地产价格上涨的持续预期。自然土地价格上涨是不可避免的事情。

从房地产的运营模式来说,多数房地产企业都属于自有资本占比极低的企业,只有通过较高的周转速度,才能回笼资金赚取利润。显然,按照现有的制度,拿地越快,获取抵押贷款的速度也就越快,这等于周转速度也最快。这种情况下,开发商都争着推高价格,多拿地也是情理之中。等到出售房屋的时候,自然是在利润上再加一部分价格卖给买房人群。这样就形成,土地价格越涨,房价越涨,开发商房子卖得越快的怪现象。

周其仁教授说:"政府调控房价,上海首当其冲,据说房地产市价下落了20%。是不是真的那么多,我没有考证,但下落应该是真的。这些举之不尽的事实说明了一点:土地像一切资产一样,市价可能升落;在某些条件下,地价可能暴涨,也可能暴跌。实际上,这就是新加坡和中国香港的住房市场的差异,这主要是两地的住房政策的所有性质存在差异导致的。在新加坡的国有土地机制下,人们主要住在政府所建的房屋内,因此基本上没有私人投机建立的豪宅的压力,比较体现平等的特点,而中国香港则是中产阶级占据主导地位,自然这种住房政策上的差异也就日益明显。"

劣币真的驱逐了良币吗

其实从长一点儿的历史看,要是真有"劣币驱逐良币"这回事,就从16世纪算起,劣币也早该把全世界人民压得不能动弹了。至于乱发钞票的——现代劣币是也——共同结局是,即便动用武力,还是挡不住劣币连同它们的发行政府一同被无情驱逐。市场的本性就是人的本性,要是劣胜优汰,人类早就灭亡了。

——北大经济学教授周其仁

周其仁教授的看法很简单,但是一针见血。逆向选择这种情势,虽然在市场上普遍出现,但是坏东西越来越多,并不真的就彻底淘汰了好东西。恰恰相反,制度成本的高企,会让劣币的统治在没有淘汰之前,把自己推向了灭亡。

在2008年金融危机后的3年里,美国政府连续出台一系列新措施,其中包括延长著名的投资移民政策。投资移民,是指1991年生效的一项投资优惠政策EB-5,也就是"第五类移民"。其基本内容是该项目针对EB-5投资移民者设立经济特区,在经济特区内,移民申请者的最低条件为投资金额不少于50万美元,同时需要创造至少10个全球就业机会。按照该规定,要最终入美国籍的这类移民必须在美国有住房,但购买房产不算投资。该计划在长达10年的时间里，每年大约有3000个名额，主要是亚洲人取得这种名额。2012年获得这种名额的中国人大概有949人，不足1/3，但是中国人在申请总数上占到75%。

这当然是给予富裕的人投资房产的规定。美国政府真正的住房支持项目正是这项计划的另一面。银行为了鼓励人们买房子，发明了一种"2—28贷款"：前两年付很少的贷款，从第三年开始每个月的房贷骤然提升，弥补前两年的低息贷款，旧账新账加在一起。房价持续上升，这是一笔不错的买卖。即使第三年支持不出每个月的房贷，房主还可以把房子卖了，赚一笔钱走人。这种贷款就是零首付计划，对于那些资质良好的人来说，没有出现次贷危机，这个项目还是很不错的。用不了多久，一个人就可以成为房产所有者，成就美国梦。

哈佛大学住宅联合会过去一直研究的方向，便是这些看上去十分麻烦的周期形状问题。不过，金融危机证明，他们预言了房地产周期，但他们预测错了时间，直到危机来临的时候他们仍然相信通过加息，可以迅速让房地产投资的泡沫散去，美国的危机将是轻微的波动。甚至在利率和违约问题上，他们的研究员一直声称房地产在现有的利率体系下是不可能崩溃的。

可是从2000年到2006年中期，房产价格增长60%。人们普遍认为这种增长势头会持续下去，于是你争我赶地买房，或者从小房换大房。再加上布什政府在21世纪初鼓励拥有房产，银行借贷系统通过降低房贷门槛，减少首期付款，然后把房贷打包分割证券化，再转手销售。房产价格从2006年中期的顶端到现在已经下跌25%，股市从峰值下跌了40%。美国人从房地产中损失了4万亿美

元,从股市中损失了8万亿美元。美国人的财富转眼间减少了12万亿美元。那些钱现在都到什么地方去了,答案是美国政府和华尔街。包括高盛在内的大投行的投机操纵者,早已经在最高点抛出,这是典型的卖空手段。

买空卖空是大家知道的道理,可是为什么还有人往圈套里钻呢?因为这是基于理性的税收成本预算的结果。金融诈骗的确有套利空间。100万美元以下的房屋贷款的利息部分可用于抵减上税的基数。美国收入最高阶层的人,也就是每年缴最高边际税率的人,对每一美元的房贷利息只需要付60美分。这种税收政策鼓励人们买房而不是租房,而且只要贷款在100万美元以下,买的房子越大,贷款越多,省税就越多;越是有钱人就越是如此。所以,这个政策偏向有钱人。

在这种疯狂的体系下,加息带来的成本损失几乎可以忽略不计,对于许多买房者来说,投资于房产已经便宜到无以复加的角度。不管你如何增加利息,大概都相当于跌进了另一种形式的凯恩斯陷阱当中。在那个区间里,不管你怎么减少货币供给量,人们也不会出现对于利率的冲动。

这种情况,一直是在人为制造的繁荣下形成的,在金融危机出现致命问题的那几年,美联储一直建议在加息和利率上进行调整。到2006年,格林斯潘则将这一建议合法化。根据泰勒定理的验证,也就是从2003年开始,泰勒公式计算出的美国利率和公式存在2%左右的差距。泰勒定理是正确的,美联储一定在这方面扮演了不太合理的角色。

问题是,政府的政策如此扭曲,房产的投资者并不知情,即使他们不断听到因为房贷自杀的人数在上升,可是美联储和两房的分析师和负责人总是向人们灌输这样的观点:房屋市场虽然有略微的泡沫,但是房地产的需求是健康的,所以房地产业目前十分安全。

从小铅笔看信息成本与制度变革

里德先生用"铅笔——即所有能读书会写字的大人小孩都熟悉的普通木杆铅笔"的口气,异想天开地这样开始讲他的故事:"没有一个人……知道我是怎么造出来的。"然后他就讲述制造铅笔的前前后后。首先木头来自一棵树，"一棵长在北加利福尼亚和俄勒冈的笔直的雪松。"把它砍倒，运到站台需要"锯、卡车、绳子……和无数其他工具"。这些工具的制造过程涉及许多人和各种各样的技能："先采矿、炼钢，然后才能制造出锯子、斧子和发动机；先得有人种麻，然后经过各道工序的加工，才制造出了又粗又结实的绳索；伐木场里要有床铺和食堂……伐木工人喝的每一杯咖啡里面，就不知包含有多少人的劳动。"

大多数人因为看不到这个事实，他们可能不相信里德的观点。事实上，里德先生的铅笔，透露出我们社会的大秘密。信息成本，或者说用于交换的劳动信息，通过某些中介，比如里德先生的工厂，或者最一般的货币制度，差不多改变了我们今天看到的世界。

里德先生的视角，更一般的启示是可以利用到货币和制度的形成方面的事实上来。有些狂人认为，这个世界是金钱统治的，并且整个世界就是靠着他们的个人才能和手段得以维持的。比如16世纪的梅蒂奇家族银行家会认为这个世界就是金属货币的，谁掌握了货币，世界就是由谁掌控的。

19世纪初，英国不到2%的债权人，平均拥有的财富则是该国国民收入的两倍还多，他们的收入占到国民收入的7%左右。1822年，来自国债的利息收入大约占到英国政府全部公共开支的一半，超过该国非直接消费税收的2/3。

滑铁卢战争以后，直至1870年，上述比例仍没多大变化，分别为1/3和超过一半。很难想象还有比这个更糟糕的税收制度：许多常用必需品需要征税，用以向少数人支付利息。一个叫克贝特的人写到世界被控制在"那些向民众放贷以维持这个罪恶社会体制的人们……包括借贷股票经纪人和储蓄经纪人……犹太人和所有征税者"的手里。

银行家们认为有了货币控制权，好像他们就操纵了整个世界。这种观点即使在学界也有人部分承认，比如哈佛大学历史系教授尼尔·弗格森。

经济学家不同意这种金钱世界的看法。萨缪尔森认为市场和技术才是世界的统治者。有些经济学家则嘲笑银行家的无能。把银行家特别是人本身看成是世界的主宰，这在经济学的世界里从来都被认为是荒唐的。

认定世界是市场的物质力量控制，而不是人为决定，这是经济学家的共识。经济学家亚当·斯密在他1776年出版的著作《国民财富的性质和原理的研究》中提出了全部经济学中最有名的观察结果：家庭和企业在市场上相互交易，他们仿佛被一只"看不见的手"所指引，并导致了合意的市场结果。目的就是要解释这只看不见的手如何施展它的魔力。

用货币表现的价格就是看不见的手用来指引经济活动的工具。价格既反映了一种物品的社会价值，也反映了生产该物品的社会成本。由于家庭和企业在决定购买什么和卖出什么时关注价格，所以他们就不知不觉地考虑到他们行动的社会收益与成本。结果，价格指引这些个别决策者在大多数情况下实现了整个社会福利最大化的结果。

在一些极端情况下，货币没有统治权这一点更加明显，比如通货膨胀和赤字问题出现的时候，没有货币也是可行的。也就是说，我们不能反过来认为是货币控制了市场，货币终究只是个工具而已。

据外媒报道，因政府财政赤字严重，乌兹别克斯坦事业单位的工作人员日前收到了一群塞尔维亚小鸡作为他们工资的一部分。

报道称，虽然当局表示员工可以自愿选择是否同意"小鸡顶替工资"，但来自乌兹别克斯坦中部布哈拉地区的一名教师透露，他们是被强制接受这项

做法的。他说，"我们每人被强迫领走10只小鸡，一只塞尔维亚小鸡的价格约为3美元。当地小鸡的价格更便宜，我们别无选择"。

当局表示，"小鸡顶替工资"的做法很成功，因此他们还将在其他地区推广这项举措。此外，他们还在考虑用乌克兰小牛来代替政府津贴。

哈佛经济学教授曼昆说：乍一看，市场比金钱的权力还大，市场统治世界的说法是令人难以置信的。尤其在市场经济中，没有一个人追求整个社会的经济福利。自由市场包括大量物品与劳务的许多买者与卖者，都主要关心自己的福利。尽管是分散的决策和千百万利己的决策者，但已经证明，市场经济在以一种促进普遍经济福利的方式组织经济活动方面非常成功。

萨缪尔森在苏联解体后指出：中央计划经济的国家已经放弃这种制度，并努力发展市场经济。在一个市场经济中，中央计划者的决策被千百万企业和家庭的决策所取代，企业决定雇佣谁和生产什么，家庭决定为哪家企业工作，以及用自己的收入购买什么。这些企业和家庭在市场上相互交易，价格和个人利益引导他们的决策。

除此之外，经济学家们还将权力的主要代表政府也进行了解构，没有一个经济学家认为权力可以违反经济规律：当政府阻止价格根据供求自发地调整时，它就限制了看不见的手协调组成经济的千百万家庭和企业的能力。

一般认为，这个推论解释了为什么税收对资源配置有不利的影响：税收扭曲了价格，也因此扭曲了家庭和企业的决策。这个推论还解释了租金控制这类直接控制价格的政策所引起的更大伤害。中央计划者之所以失败，是因为他们在管理经济时把市场上那只看不见的手缚起来了。

经济学家并不承认有某种超越经济规律本身的家族或者政治势力左右世界的现象。凯恩斯对于这一点说得更加明白：经济学家和政治哲学家们的思想，不论它们在对的时候还是在错的时候，都比一般所设想的要更有力量。的确，世界就是由它们统治着。讲求实际的人自认为他们不受任何学理的影响，可是他们经常是某个已故经济学家的俘虏。在空中听取灵感的当权的狂人，他们的狂乱想法不过是从若干年前学术界拙劣作家的作品中提炼出来的。和思想的逐渐侵蚀相比，既得利益的力量是被过分夸大了。诚然，这不是就立即产生的影响而言，而是指一段时期以后；因为，在经济学和政治哲学的领域中，在25岁或30岁以后还受新理论影响的人是不多的，因此，公职人员、政客甚至煽动者所应用的思想不大可能是最新的。但是，不论早晚，不论好坏，危险的东西不是既得利益，而是思想。

米尔顿·弗里德曼的自由值多少钱

是的，必须是普遍的自由，而不是少数特权或既得利益集团的自由，才铺垫了经济增长的可靠根基。因为是普遍的自由，所以这"自由"就以不得损害他人的自由为边界。这样的自由，要限制政府权力的范围并对政府权力实施有效的监督，但绝不主张"无政府"——因为离开了必要的政府强制和保障，自由一定荡然无存。我国农村体制变化的经验，从不堪回首到痛定思痛，再到从实际出发把土地变得充满希望，验证了弗里德曼简洁而深刻的经济思想。

——北大经济学教授周其仁

在悼念弗里德曼的去世纪念文中，周其仁字里行间还是对于弗里德曼提倡的自由概念念念不忘。而生前弗里德曼最后一篇文章中提到中国的，正是房地产和经济自由的问题。2006年10月，弗里德曼在《华尔街日报》撰文批评中国香港"积极不干预"已名存实亡。这主要是因为香港不再宣布建立保障房屋，导致不少香港年轻人不得不离开香港，损失了部分经济自由。新加坡政府加大了土地供应的力度，鉴于土地供应较足，问题时，新加坡房屋是垄断配给的，这相当于减少了部分自由，许多发展商对未来新加坡房市并不看好，因此热情大减。周其仁教授比较之后，不得不问"自由何价"？

根据知名杂志《经济学人》的测算，在亚太地区，中国香港的房价比实际价值高出接近54%。因此最近几年，香港一家媒体认为，"新加坡人实现了安居，香港人仍为蜗居苦恼"。

中国香港和新加坡是"亚洲四小龙"中情况最相似的两个地区，人均拥有土地量也大体相当。香港人均住房面积现在只有新加坡一半，楼价却高出两三倍。新加坡的民调显示，超过九成的居民对住房市场满意，而住屋是香港人最痛的一项。

新加坡工业用地以租赁为主，中国香港是以出售为主，香港的工业用地每一平方米高达8万港元，全世界最贵。2007年香港土地税的收入为133亿港币，占GDP的0.8%。而2007年土地增值税占中国GDP的比重是4%，远远高出香港5倍以上。中国香港和新加坡透过高地价、高房价，保证用地的效率，增加财政收入，维持了低税负。新加坡币年收入在50万以下者的所得税率只有8.5%，30万以上的和中国香港一样是17%。

高地价、高额土地税、高住房满意度、高房价是新加坡和中国香港的一个共同特点。大多数国家只能做到其他的三条，却无法全部做到。例如，美国的地价很低，其他均为三高。日本的房价并不高，其他则是寸土寸金，日本人的住房满意度也不低。毕竟从理论上说，高住房满意度和其他三高是冲突的。孤立地看，价格高的房子只会导致人们的住房需求下降，满意度下降。因此，通常人们会将新加坡和中国香港看成是地球上的孤例。

但是对于长期学习这两个地方先进住房经验的内地来说，这两个地区的高房价和住房政策就显得十分重要，所谓知彼知己，百战不殆。

首先，在中国香港和新加坡，住房都是公共事务，也因此获得立法保障。1946年至1951年间，英国政府建造的房屋总量高达全国建房总量的78%。这个政策在10年后扩散到香港和英联邦成员国新加坡。荷兰则在1901年颁布《住房法》，明确规定：政府应为公共住房建设提供补贴和制定建筑规范。美国在1937年出台《住房法案》，明确政府负责低收入家庭的公共住房建设，居住者只需支付较低房租。

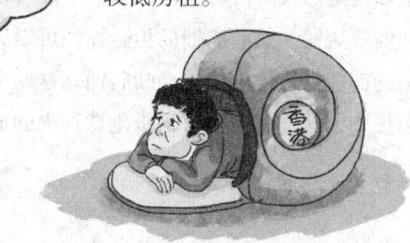

1972年，港督麦理浩公布了"10年建屋计划"，这个计划意为150万居民解决住房问题。此后，香港政府在1987年推出"长远房屋计划"，鼓励市民购买公共房屋。

1964年，新加坡建屋发展局首推公共房屋。当时申请条件非常严格，一是必须是低收入阶层，二是要付房屋价值两成的首付。20世纪60年代末，新加坡成功地嫁接了中央公积金制度和公共房屋制度。公共房屋出售量就是过往3年出售量的两倍。目前在中国推行的住房公积金制度，大致就是学习新加坡经验的成果。

其次，多样化的选择和多层次的保障政策保证了居民的住房满意度。香港政府规定月收入6万港币以上的，必须向私人开发商购买商品屋；月薪在2.6万到6万之间的，提供低息贷款，以优惠价供应住宅；月收入在1.1万到2.6万之间的，以低于市场价30%到45%的价格购买房屋；月收入低于1.1万的，可以享受廉租屋，房租非常便宜，平均价格每个月1320港元。实际上这个制度相当于将不同的收入群体的住房需求都综合考虑进去。自然这种有什么经济条件住什么样的保障性住房制度，也就很容易在多样性和价格上取得平衡。

早年的公共房屋历史上，香港政府不仅免费提供土地，还提供大量资金支持公屋建设。到1988年，香港政府不再给公屋建设注入资金，只是提供免费土地。公屋投入使用前，周边的交通设施网络和配套游乐设施都会准备就绪。

新加坡建屋发展局负责公共房屋的全盘事务，它有房屋规划、分配、出售、租赁等职能。在将近50年的发展历程中，建屋局总共推出90万间组屋。新加坡大约85%的居民居住在政府组屋。

最后，这两地实行的都是用高价土地税，或者说用出租商业地产来补贴住房保障项目。香港政府本身依赖土地财政，地产商垄断程度又高，大量中产阶层以房地产投资为赚钱主渠道。因此可以看到不少香港电影明星投资中环旺角的商业店铺，这些店铺的租金往往可以比肩最贵的写字楼。新加坡则是在其著名的商业街道内由国家垄断店铺。这两个地方在另一方面也采用低所得税来吸引投资，这样就造成了租赁生意红火的成本优势。

PART 11 改革需要"顶顶层设计"

实现生产要素在城乡之间的双向自由流动

我们说乡下人土气,虽则似乎带着几分藐视的意味,但这个土字却用得很好。土字的基本意义是指泥土。乡下人离不了泥土,因为在乡下住,种地是最普通的谋生办法。最近我遇着一位到内蒙古旅行回来的美国朋友,他很奇怪地问我:你们中原去的人,到了这最适宜于放牧的草原,依旧锄地播种,一家家划着小小的一方地,种植起来,真像是向土里一钻,看不到其他利用这片地的方法了。我记得我的老师史禄国先生也告诉过我,远在西伯利亚,中国人住下了,不管天气如何,还是要下些种子,试试看能不能种地。——这样说来,我们的民族确是和泥土分不开的了。从土里长出过光荣的历史,自然也会受到土的束缚,现在很有些飞不上天的样子。

——费孝通《乡土中国》

"农村土地流转会导致私有化吗?"这似乎是一个伪问题。但事实上关于中国农村的土地流转的讨论,从禁忌到破局之所以经历如此漫长的时间,恰恰是因为土地流转非常容易让人联想到土地私有化。因此,这个问题有必要在理论上予以厘清。事实上,在北大中国经济中心的卢锋等教授看来,现在讨论的所谓要素流动问题,最主要的是所谓城乡要素的流动问题,而城乡要素流动中的最核心问题,即土地问题。从北大土地法课题组到北大发展经济学、农业经济学方面的集中讨论的内容看,土地流转,或者说土地的产权制度问题,已经是个重大的理论课题,前无古人的新命题。

土地私有化能否导致土地兼并?

一直以来,反对土地私有化最为有力的理由来自于土地私有化会导致土地兼并、农民流离失所,进而爆发革命的因果逻辑。实际上,这种逻辑在当下并不能够成立。

突破狭隘的户籍改革思路,以城乡居民权利的平等化和福利的均等化为基础的变革,还可以让城市化摆脱一个荒唐倾向,那就是"城市迷信"和"大城市化"。

城市化是古今中外文明演进的一个重要趋势,但首先,城市化绝不等于大城市化;其次,城市化绝不意味着完全消灭乡村。尤其是在中国这样一个超大型文明共同体,无法想象13亿人口都生活在100万人口以上的大城市。在现代的农业发达国家里,农业的生产效率实质高于工业,全部城市化的同时如果盲目推进工业化,只能是对产业规律的背弃。农业并不是人们想象中的落后产业,反过来说巨大的城市规模必须依靠一个强大的农业支持,那么至少部分人

要回归农民的职业。而城市化快于农业现代化的城市化还从未有成功的先例。贫穷的农村只能造就一个个贫民窟的城市，像拉美地区的墨西哥城和印度孟买那些"大农村"一般的城市。

改革需要"顶顶层设计"，目前中国的城市化，确实是在消灭乡村的气氛中进行的，这种气氛促成一种盲目崇拜大城市的心态，户籍制度也扭曲了人们的认识。除了等级的身份价值，所谓的户籍改革在相当程度上往往忽略农民土地构成的职业产业分工的价值，在改革当中，不论那个想象的过渡期是否存在，农民变成市民，必须付出一定的成本，包括城市化适应的成本、教育、就业的机会，心理认同等。而改革开放以来，土地实际是离土不离乡的农民的机会成本，这实际是农民的低工资的成因和农民工之所以为农民工的基础。消灭农民的户籍身份，并不能消灭农民的职业存在，如果推动福利均等化，那么至少可以降低丧失土地的农民在改革过程中的部分损失，也给他们一个更好的缓冲；同时，也会有相当数量的人口，继续生活在乡村，从而形成一种较为正常的城乡结构。

健全的城市化不会消灭乡村，而是让乡村也享有现代的种种便利，让农民、乡村成为一种可以与城市共存、互补的生活方式。在北大做过数十年乡村调查的一批经济学家们，最后得出了一系列关于农地改革的疑问。在他们看来，中国的土地问题远不是先前看到的那么简单。费孝通先生曾经的担忧，已经被完全转化为土地的产权和分配问题。

至少在北大土地改革的调查组的课题报告出炉后，完整的讨论已经开始让人们对于中国经济的模式有了新的看法。

首先，土地的高度集中并不是中国土地分配的常态，土地分配的分散化才是历史常态。在明清时期，大地主绝少，中小业主多，民国时期也是如此，这说明土地私有化并不一定导致土地集中。

其次，土地集中引发农民革命能够成立还需要其他条件的支持。农民革命的确可能是为了争取土地，但是出现革命情势的前提是土地和人口之间的紧张关系。忽略人口增长在人地矛盾中的重要作用，谈"土地集中如何引发农民革命"是没有任何意义的。

再次，如果说"人地矛盾"的逻辑在农业社会背景下可以发生，那么在工业社会背景下谈"人地矛盾"则应该更为谨慎。虽然我们不能说在工业社会背景下"人地矛盾"完全不存在,但至少我们不可忽视在工业社会背景下,第二产业与第三产业吸引了大量劳动力这一显而易见的事实。由于二、三产业对农村剩余劳动力的吸纳,工业社会的"人地紧张关系"至少要比农业社会缓和得多。

因此,讨论农村土地集中是否会引发革命必须考虑以下几个约束条件:一是人口的增长情况;二是工业化、城市化的水平;三是二、三产业对劳动力的吸纳状况。总而言之,对于"土地私有化将引发革命"这一逻辑我们应该持更为审慎的态度,而不能一概而论。

农村土地流转意味着在市场条件下,土地可以部分地进行交易,那么土地流转是否会导致土地兼并呢?农民的权益在土地流转的过程中是否会受到损害呢?

问题的关键在于如何界定市场。纯粹的市场从来就没有存在过,正如卡尔·波兰尼所言:"自我调节市场的理念,是彻头彻尾的乌托邦。除非消灭社会中的人和自然物质,否则这样一种制度就不能存在于任何时期;它会摧毁人类并将其环境变成一片荒野。"因此,要保护农民在土地流转中可能受到的权益损害,避免"市场失败",关键在于政府在市场中应该扮演一个怎样的角色,应该怎样进行恰当的干预。在理论上首先必须澄清的是在土地流转市场中,交易主体进行交易的究竟是什么。

中国如何跨越高收入之墙

1822年,广州的一场大火持续七昼夜,大火中熔化的洋银满街流淌,竟流出一二里地,仅此一场大火就烧毁了商馆价值4000万两白银的财物。西方传教士们专门为此创作了一幅油画。

2001年,《华尔街日报》统计了上一个千年世界上最富有的50个人。其中6个中国人入选,他们分别是成吉思汗、忽必烈、刘瑾、和珅、伍秉鉴和宋子文。

伍秉鉴被西方商人认为"诚实、亲切、细心、慷慨,而且富有",英国人称赞他"善于理财,聪明过人"。伍秉鉴还是东印度公司的"银行家"和最大债权人。19世纪中期,伍秉鉴不但在国内拥有地产、房产、茶山(武夷山)、店铺和巨款,而且在美国投资铁路、证券交易和保险业务等,伍家的怡和行是一个名副其实的跨国财团。

1830年,实际上距离清王朝最为富庶的康乾盛世,已经半个世纪。整个帝国弥漫着财政开支不足,经济凋敝的末世景象。不过,以当时世界上的财富分配状况而言,清帝国所占的份额,约为1/3。这也是迄今为止,一个主权国家在世界财富所占贡献的最高纪录。

也许中国历史上最诡异的规律是这样的,只要出现民间的巨富,那么这个时代一定是个国家经济陷于崩溃的危险期。

就华尔街所举的那6个人,从成吉思汗到近代的宋子文,所在时期几乎都是经济处于凋敝状态的时期。

中国的北大经济学家们在收入分配和差距这样的问题上,事实上早已壁垒分明。一派人物,用马克思主义的价值学说解释。

按照社会科学院马研所研究员余斌的观点:"要调节贫富差距,提高劳

动者的收入,就必须改变生产方式,而不能只是改变分配方式。或者说,必须改变生产资料的分配,才谈得上改变生活资料的分配。"总之,根据马克思主义经济学家的观点,收入差距的主要原因是生产方式和生产资料分配有问题。

对于这一点,主流经济学家比如北大的萧灼基教授表示同意。在人类历史上据考证,还没有出现过这样一个状态。没有一个国家可以断言自己达到这个效率标准。哪怕这个国家是最大的市场经济国家美国,萨缪尔森的《经济学》也承认:"收入的差别最主要是由拥有财富的多寡造成的……和财产差别相比,工资和个人能力的差别是微不足道的……这种阶级差别也还没有消失;今天,较低层的或工人阶层的父母常常无法负担把他们的子女送进商学院或医学院所需要的费用——这些子女就被排除在整个高薪职业之外。"

也就是说,任何一个经济学家可以肯定的是,中国目前的收入差距问题,本质上主要是占有的财富和财产的差别造成的。对于那些高居财富金字塔的人和普通人的收入差距来说,财产占有悬殊应该是第一位的原因。

但具体到经济学家们的标准不一样,也导致市场到底有错与否的争论。对选取市场失灵评价标准做出开创性贡献的是旧福利经济学的代表人物庇古。虽然庇古没有使用市场失灵这一概念,但他实际上已经确立市场失灵的评价标准,即效率标准和公平标准。像狂热吹捧弗里德曼的经济学家,多半都是尊重庇古的规则的。这一派经济学家,在中国主要是以北大教授张维迎、厉以宁和萧灼基为代表,也包括林毅夫、姚洋等著名经济学家。

所谓效率标准,确切地应该叫帕累托效率。这个效率并不是人们常说的事半功倍,而是说是不是符合这样一个判断的状态:在不使任何人境况变坏的情况下,不可能再使某些人的处境变好,就是在有限的条件下做到最好的状态。

通常,发达国家在今天总有一部分产能是过剩的,总有一部分人在失业,也总有一部分人沦落到贫穷的深渊。这就是说帕累托效率在今天只是个理想。发达经济体同样是没有效率的,也就是说市场失灵肯定存在。

既然如此,导致收入差距的第二位的原因,经济学家找来找去,找到了垄断和公共产品上。实际上,在垄断的因素下,大多数垄断企业集团的人均收入远远高于其他行业,自然造成了社会的收入不公。例如在中国的行业里,金融业的垄断性导致它的收入是自由的服务业的8倍以上。垄断带来的效率损失,几乎是中国目前最受人关注的话题。

在西方,失业经常是垄断性工会控制劳动力供给造成的。甚至,工会的行为,直接间接地造成了通胀螺旋的形成,反过来侵蚀了大部分人的收入。而工会成员和少部分资本家,则通过别的方式,将财富攫取到自己手里。

在一些西方经济学家看来,全球化带来的财富转移,也是收入分配不公的根源。大量发达国家的工人失业,财富从发达国家转移到新兴国家,大大减少了两者的收入差距。当然,这也同时拉开了和更贫穷的发展中国家的距离。

过去的几十年里,中国的沿海地区依靠区位和政策优势,率先搭上了贸易的顺风车,因此他们的收入增长得最快也最多,很明显地和中西部拉开不小的差距。

事实上,从事相同的职业,具有类似的工作能力的个人之间的收入差距,主要是工作能力和机会、运气等因素造成的。

同样的工作,企业主希望给予具有较高生产效率的人高工资,而能力欠缺的人只能获得低工资。普通大学生和研究生的工资差距,很明显的是建立在受教育程度不同导致的能力和素质的差异上。

改革需要"顶顶层设计"

近一段时间来,有关贫富差距的报道持续成为社会热点。有人以"爬蜗牛"和"坐飞机"来形容不同收入群体在社会财富分配中的主要特点,很形象,让人感觉很沉重,不能不警惕和重视。

当下的贫富差距,既表现为收入和财产差别的拉大,也表现为分配环节的不公,所以不仅仅是经济问题,也是关系到公平与正义的社会问题。

从基尼系数看,很多学者认为,当下的贫富差距正在逼近社会容忍的基尼系数为0.47的"红线"。其中,土地、资源、资本、垄断、"身份"及腐败等因素在收入分配中的负面作用日益凸显,成为推动贫富悬殊的"催化剂"。也就是说,谁更接近上述要素,谁就更容易富裕,这样的现实无疑会埋下社会矛盾的隐患。

贫富差距的客观存在，贫富分化的严重性，是每一个关心国家命运的人都不能无动于衷的。不敢或不愿正视这一问题，无异于掩耳盗铃。不能面对问题，也就谈不上解决问题。而一个憧憬与追求和谐社会、共同富裕的国家，若不能在解决贫富差距上有效作为，则和谐的愿景将更多停留在词语上。

目前在关于贫富差距的讨论中，也存在一种简单化的情况，就是过于混沌或抽象地对贫富差距进行归纳，用形而上学的方式思考问题。例如，把"富"和"罪过""不法""不仁""腐败"画等号，和一些丑行画等号，由此造成"富人"的脸谱大多数是丑陋的，人格也是卑下的；又如，把"贫穷"和"受富人剥夺"画等号，似乎"贫穷"主要是被富人剥夺的结果。如果我们不能客观、全面、历史性地看待今天的贫富差距，很容易陷入"发现了问题，找错了解决问题的对象"的困境。

在我们看来，讨论贫富差距时，有一些基本共识是必须坚持的。

首先，贫穷不是社会主义，改革开放的目的就是希望整个社会富裕起来。只要依法创业创造，勤奋付出，并承担相应的社会责任，富裕者应当得到认同和保障。不应在没有进行全面和定量研究的前提下，从合法性意义上否定富裕者的主流。那种"不三不四发大财"的情绪，如若变成一种"集体无意识"，是非常有害的。

其次，处在贫弱处境中的人，政府和社会都有责任去关心和帮助，但是，不能简单地认为，贫弱在很大程度上是被富裕者剥夺的结果。贫弱的原因非常复杂，如自然条件差，起点低，人力资本投入不够，等等。换言之，不能把社会中一部分人的贫弱简单化地归结到另一部分人的掠夺、剥夺上。

最后，中国追求的方向是全面小康，是和谐社会，这就要求我们真正重视社会的贫弱面，并且给出系统性的解决方案，持之以恒地帮扶。

有了上述基本共识，在研判目前的贫富差异时，我们就能更准确地找到着力点。例如，中国社会贫富差距的扩大，在相当程度上和一些不公平的扭曲性因素相关。比如，社会资源分配不公、户口、教育公平、福利保障等方面存在着现实鸿沟，"身份"因素成为刺眼的社会风景，一些特权群体不当占有资源、廉价获得资源，这些"起点不公平"现象应该是通过深化改革去消除的主要对象。

再如，在政府、企业和劳动者三者的分配关系上，今后应该更多向劳动者倾斜；在资产投机领域，要采取相当大的力度去抑制投机所得。这都需要新的制度安排。至于为贫弱者提供更好的受教育机会，以提高人力资本质量，更是长久之计。

在对贫富差距、贫富分化的讨论中，要分清具体情况，既要努力消弭那些和社会主义公平正义原则相背离的鸿沟，又要注意不能把"贫"和"富"简单对立起来，不能把"穷人"和"富人"对立起来，尤其不能把"贫富差距"演绎为人格化、人群化、阶层化的对立和矛盾。

改革开放30多年后的中国，面临的挑战和矛盾不容回避，但是，我们同样有巨大的物质力量和精神财富帮助我们去迎接挑战，解决矛盾。成熟的、理智的同时勇于直面问题的心态，是我们"三十而立"的标志。

总之，要消弭贫富差距，化解社会矛盾，关键在于转变经济发展方式，转变政府职能，谋求社会公平；借助社会主义法治建设，打击腐败和特权；逐步合理地提高社会福利；努力实现教育公平；建设符合三公原则的市场环境。

究竟保护谁的利益

政协委员潘耀民最近提交一份提案，建议降低"馒头税"的税率。透过这份提案，公众才知道原来自己吃的馒头也都被征税，且税率达到了17%。实际上，报道中所说的那17%的税，是指对馒头生产企业征收的增值税，而并非是专门开征的"馒头税"。

不少人看了潘委员的这份馒头税的提案，大有醍醐灌顶、一语惊醒梦中人之感。有些人慨叹，自己活了数十年，首次听说中国还有所谓馒头税。于是各种各样的流言蜚语开始在媒体、论坛、微博甚至街头巷尾出现，所谓中国万税的怨气论调甚嚣尘上。

那么中国真的有"馒头税"吗？

答案是没有这个税目。潘耀民委员本人是个面粉加工厂的副总经理兼总工程师。按照潘耀民委员有限的税务知识，任何一个馒头的价格里都含有面粉企业代扣代缴的增值税。这成本，在这位委员的眼中是最看得见，摸得着的。

所谓增值税，是一种流转税性质的税种。凡是加工企业，销售产品购买服务，均需在交易买卖环节缴纳17%的税收。这种税收，本是法国人首先采用的，比其他的流转税，比如直接的印花税和商品税要公平很多。

实际上，17%的税绝对不是消费者买馒头所承担的全部税负。必须明确指出，17%的税负只发生在生产环节，这道税只是政府针对馒头生产所征收的第一项税收，也即馒头的增值税。

馒头从潘委员的工厂进入超市、卖场或食品零售摊点等，政府还得向零售店家征收馒头的流通税，也即通常所说的营业税。简言之，最好情形下，馒头从生产到零售，政府至少要征缴两道税，分别是17%的增值税和10%以内的营业税。最终却都须由消费者来买单，总量肯定突破17%之底线。所以，一个馒头，从工厂到餐桌，消费者所承担的税费总和究竟有多高，甭说消费者弄不清，连各地政府都呈稀里糊涂状。

既然如此，误解的馒头税就不是原先意义的那么简单了。而是还有更深层次的问题。

首先，馒头税暴露了中国税收制度的公平性和透明性不够高。原本人们寄望媒体能够在大众层面普及税收知识。结果媒体人自己在税法方面就缺乏应有的理解。这多少让人怀疑大众，多大程度上能够真正对于税收的监督执行有所理解，更别说发挥作用了。

而在这背后的还有中国的税务机关们，作为有着普及税收的义务的法定机关，税收的相关知识和理念，居然没能在大众方面有任何看得见的实质影响。这多少让人更加对中国税收部门的税收成本和效率感到担心。

税收既然是公正公平，那么就完全不必要偷偷摸摸地收税，或者让大众在一无所知的情况下被收税。这本身就是对于税收效率的侵蚀。

其次，馒头税的误解之后带来的所谓隐形税的说法，更是将税收彻底妖魔化。这本身就是中国税收体系的一种负面效应的过度放大。有些人借题发挥，指出中国存在严重的隐形税，甚至荒唐到能够计算出税收多于个人人均收入。

所谓隐形税，许多媒体人解释为间接税。有些媒体言之凿凿，说在西方发达国家的超市，你到超市买任何一样东西，都会在小票上清晰地看到你为这种商品支付了多少税，甚至直接标在价签上，清清楚楚一目了然。中国实行间接税为主的税收制度，不仅导致税收主要是由工薪阶层承担，更关键的是导致了税收的隐蔽性：由于是每个环节中的间接交税，你根本不知道你为每件商品支付了多高的税。甚至，你坐在家里喝口水，也正在交税。

实际上，这也是将概念无限放大，滥用的无知之谈。实际上，直接税也并不是看得见的，比如著名的西方的遗产税，明显有税率，直接对遗产数额征税。不过，扣除各个环节，加上实际的效果，比较纳税人的实际税负，通常还是累退的。而间接税，比如中国的增值税，由于执行的是生产型的增值税，大多数税收的担负对象，在垄断明显的中国市场上，就导致消费者负担更重，其他环节则正好相反。比如馒头加工厂的增值税，主要不是消费者承担，的确是馒头企业更重些。自然潘委员们坐不住了。

最后，馒头税的说法，只是片面的幻想。在一个国家里，实行一种税制，总是偏向中性的。比如间接税为主的，直接税就可能很轻。尽管中国的间接税很重，但是直接税基本上可以忽略不计。对于大多数富人们来说，这对他们的财富积累是个好消息。真正的这种间接税为主的税制，反倒不利于大众。

而潘耀民委员显然是属于富人的，如果中国的税收制度改革，采取向直接税靠拢，中产阶级的潘委员，就要被征收50%以上税率的财产税和奢侈税。到那时，也许潘委员回过神来，再也不提馒头税，而是改口所得税了。

什么是好的制度

根据一份调查结果显示，全球有大约7亿人希望移民异国。在希望移民的目的地中，美国排第一位，并列第二的是英国、加拿大和法国。该调查在135个国家及地区展开，调查对象为26万名15岁以上的民众。

美国是最受外国人欢迎的目的定居地。全球大概有1.65亿人愿意移民美国，英国、加拿大和法国并列第二，约有4500万人愿意移民这3个国家；另外有约3500万人愿意移民西班牙，有3000万人愿意移民沙特阿拉伯，2500万人愿意移民澳大利亚或德国。

但是，最不受移民欢迎的是亚洲。只有1/10的成年人表示愿意定居在亚洲国家。中国人普遍偏爱移民加拿大、澳大利亚和美国。而且亚洲的印度人、日本人、韩国人都具有同样的偏好。

美国国土安全部数据显示，2010年共有逾7万中国公民拿到"绿卡"，成为美国合法永久居民，这一人数仅次于墨西哥。2010年中国公民拿到美国"绿卡"，较2009年增加6625人，但比2008年少了9408人。

2010年全球共有100多万人拿到美国"绿卡"，中国公民占到总人数的6.8%，仅次于美国"近邻"墨西哥，该国共有近14万人拿到"绿卡"，占到总人数的13.3%。

排名第三的是印度，计有69000多人拿到"绿卡"，排名第四到第十的国家分别是菲律宾、多米尼加、古巴、越南、海地、哥伦比亚及韩国，另外伊拉克和伊朗也分别有19000多人和14000多人拿到"绿卡"。

整体上看，亚洲2010年拿到"绿卡"的人数分别占到总人数的40.5%，南美、非洲及欧洲所占比例均不到一成，也就是说亚洲人是最喜欢美国的人群。这个问题长期以来，不但困扰美国，也困扰亚洲。因为一方面，这可能带给美国各种黑移民，另一方面却是亚洲人才和财富的无形流失。

北大社会学教授夏学銮说，富豪移民一方面反映了人民大众享有的自由民主的提高，另一方面反映了国家改革开放政策的成效。因为在过去计划经济时代，移民是不可想象的。

夏学銮同时认为：富豪移民，第一，只考虑了个人因素，不管国家大局、国家政策，没有起到先富的作用。第二，这些人的财富受惠于改革开放政策，也是广大员工努力奋斗创造的，所以不能把它卷挟而去，这对人民大众产生的影响是相当恶劣的。第三，从道德层面来讲，这是一种糟糕的行为，有携款潜逃的嫌疑。

但是，在不少留学回国发展的北大经济学者眼中，这似乎是一种民众对制度的用脚投票的行为。比如，某北大教授断言：如果一个国家的国界开放，贸易也放开，在这方面一项主要的规模收益就消失了，国家越开放，人均稳定国家产出的水平越高，而国家大小的影响在这方面越来越小，随着国家开放的程度越高，即使一个小的国家也能够繁荣，也能够从贸易中受益。

在大洋的彼岸，哈佛的经济学家萨默斯指出发展中国家与美国劳动力报酬的巨大差异吸引很多外国人到美国，从事打扫卫生、看孩子、照顾老人等工作，然后他们寄钱回家，帮助亲戚家人。在这些人及其家人收入提高的同时，美国人可以享受廉价劳动力的服务。这是经济上的"双赢"。不过美国的公共财政承担不了这么多外籍人的福利待遇，结果只能是严格限制这些移民，设置多种签证障碍，使得很多以打工谋生的外籍人多年不能回国探亲，非法滞留美国。经济上的"双赢"被大幅减少了。

显然，就国内已经披露的中国人乃至其他国家移民的情况来看，和萨默斯的中国学生、印度学生们的理论是不符的。至少是不符合他们的理论推测的。大多数这些移民来到美国，并非看上美国的工作机会或者社会福利，以他们的收入水平来看，即使在美国，他们也不必考虑这些细枝末节。也许只有所谓的教育水平的差异算是一个原因。但是，按照萨默斯的观点，美国不需要给亚洲人提供赶上自己的教育。

在科威特，人们雇佣从南亚贫穷国家来的打扫卫生、看孩子的人，不觉得没有给外籍雇佣任何福利待遇有什么不对，并且允许他们在本国与科威特自由来往。结果，科威特人在享受外籍人服务的同时，也为贫穷国家带来了巨大的经济效益。按照后来的道格拉斯·诺思说法，"由于缺少进入有法律约束和其他制度化社会的机会，造成了现今发展中国家的经济长期停滞不前"。

通俗地说，发达国家一定是政治制度发达，没有发达的政治制度，就不可能有发达的经济，就不可能有发达的国家。之所以人家是发达国家，你是发展中国家,就是因为缺乏相应的法律和制度这个必要的前提条件。"如果没有更大的社会纪律,南亚几乎没有迅速发展的希望……"可是,要知道在亚洲的大部分国家,移民群体的平均政治制度水平,比如新加坡之类的国家,与一些北大学者们亲身体验给出的评价一样,那属于最为闻名和先进的国度。但是很长一段时间来,美国都是他们移民的主要目的国。同样的国度,其实作为英联邦成员的新加坡和印度,在收入和教育水平上差距十分巨大,却都有大批喜欢移民美国的人群。

一般来说制度性的因素,和不平等的社会地位的确影响也支配着个人的就业行为选择。因此,改变这种状况,要广泛开展成人教育,优先发展初等教育,停办一些普通中等学校和高等学校,或改变教学方向;发展技术培训和职业培训,培养更多的教师、医生、技师和农艺师。教育要能够实实在在地提高生产力。所以很难说亚洲人特别喜欢美国这一点是什么特殊的不良行为。这是经济规律的结果。

问题是,正如一些北大教授们后来意识到的那样,这么样的想法,常常是危险的,因为这相当于在自己的祖国培养了一批无用之人。这些生产力,也许长期可以为本国使用,但短期内,基本成为发达国家的廉价劳动力。比如印度的软件工程师即是如此。

PART 12 不是富人太富，而是穷人太穷

建议取消所谓等等福利

郎咸平在华工演讲的时候，对大学生们说："30年以后写信给你女儿的时候你可能会写，你在别国当保姆的日子还好吗？""如果信托制度一直缺乏，那么改革将会把我们带到菲律宾而不是美国。"

台下的大学生莫名惊诧。

中国的那些精英阶层，喝过洋墨水，读过哈佛剑桥的，谁能不心知肚明呢？为什么拉美国家独立的时间和美国差不多，到最后发展的差距就这么大呢？历史书告诉我们，那是因为帝国主义的掠夺。

如今，在美国生活最贫困的家庭中（年收入低于15000美元），99%的家庭都有冰箱（其中83%的家庭有的还是无霜冰箱），64%的家庭有空调，97%的家庭有彩电，67%的家庭装了有线电视，60%的家庭有洗碗机，一半的家庭有个人电脑，而且大部分电脑都能上网。

问题是这只是美国的生活，对于中国人来说，你现在面对的是中国的财政体系，最大的可能是，我们只会把自己想象得更穷。

过去的20年里，财政体制就像一个无言的抽水机一样，先是甩包袱，后

是拉紧税收增收，终于导致了如今国富民穷的局面。在这一个过程里，一些北大的著名教授的言论和主张，基本上，就是按照所谓的"去掉多余的福利"或者如厉以宁教授的"建议取消所谓福利等等"的结尾出现在中国改革史上的。

正如一些现在被称为"新左派"的北大经济学者的，如陈平和余斌所指出的那样，政府要甩掉国有企业的负，于是不惜单方面撕毁与中国产业工人几十年的默认契约，致使百万国有企业工人下岗。政府要甩掉教育的负，财政对教育的支出大幅度减少，于是学校只好自己想办法，教育收费越来越高，中国教育便向穷人关上了大门。政府要甩掉医疗的负，于是医疗收费越来越高，穷人便越来越看不起病。政府要甩掉住房的负，于是取消福利分房，商品房房价在地方政府和房地产商的合谋操纵下，渐渐成了老百姓的噩梦。

中央政府直接对地方征税，地方税收分开征收，这种分税制的设置表面上看是刺激地方的积极性，实际上主要成为省级财政扩张的源泉。中国的分税制体系并没有下到县乡政府，而是将基层政府作为税收的水井。根据分税制的规定，基层政府，除去收费外，基本上完全没有正式的税收可以维持收入，类似最重要的增值税、关税都属于中央和省级政府。而基层政府为了维持自身运转，就对农民任意征税，这是导致广大农民在20世纪90年代中后期急剧贫困的直接原因。

这种财政体系最大的副作用还在于所谓的增量改革问题上。由于东西部财政本来就是千差万别，穷乡僻壤原本就是财政破落户，而东部富裕地区却是富得流油。增量改革，和家庭承包体制类似，采取的是收得多、留得多的机制。自然在财力和经济的约束条件下，越是富的地方，越可能留下更多的财政收入，也就更可能用于投资和民生建设，税收负担也就越低。

但是贫困地方正好相反，越穷本来越需要资金支持，特别是财政的直接补贴。但在分税制的机制下，由于长期达不到要求，不少地方的财政连自己已收的税收都无法回归自身，这导致这些地方的税收成为富裕地区的奖励财政收入。

而贫穷又让更多的劳动力和资金流出原本穷困的地方，这就造成中国财政的奇特怪象。穷地方补贴富地方，内地经济的空心化，农村的荒漠化就是从那个时候开始的。而最终富人越来越富裕，穷人则贫无立锥之地。

有些经济学者指出，取消福利政策和分税制的高度关联，是一个中国式的社会掠夺过程。其中，像李昌平等人的研究一度将农业税推向了彻底取消的结局。

张维迎认为，积极的财政政策本质上就是对低收入的一种掠夺，大量的财富被掠夺，使得地方政府根本不足以支持自身的发展，存活都成了一种奢望，和古代司马光、苏轼等名臣"藏富于民"的思想不同，我们的政府实行的是王安石的"夺富于民"的政策。中央政府和地方政府都忘记了自己"公共服务机构"的本质，纷纷以创收为目的。

问题是，一国的财政收入，总是建立在人民的财富创造之上的。只有民众的腰包富了，财政才有可能取之于民，否则就会杀鸡取卵，让后续的经济无以为继。

在现代社会中，尽管政府的开支庞大是个普遍规律，但是这种开支最终还是以提高民众的生活质量为基础的。过度开支，经常带来深重的负担。类似北欧国家的严重税负，最终导致过去几十年里经济增长和养老支出入不敷出的困境。

显然，选择还富于民，改变过度剥夺的财政体系，才是中国未来经济发展上一个新台阶的根本道路。至于所谓单方面通过扩大财富的方式，并不是有利于中国民众的。因为在一个鼓励富人，让穷人变得更穷的体制下，很难说靠小恩小惠或者单方面让财政的抽水机倾向某个人群才会变革。

真正的还富于民，还是要靠将财政的包袱短板重新接上，将向穷人的吸水管断掉，才有可能改变局面。

中国基尼系数不重要

中国是个二元经济的国家，城市和农村的经济结构不同，生活方式的差别很大，不能笼统地用基尼系数来说明问题，应按中国现阶段城乡二元经济的情况来分析。

——北大经济学教授厉以宁如是说

按照经济学家易纲和北大中国经济研究中心宏观组的观点，中国的基尼系数其实是这样一种状态。国内学术界关于基尼系数的讨论通常集中在收入分配差距的趋势、成因及评价这几个方面。迄今为止我国的基尼系数的测算都是使用居民名义收入。

以居民实际收入测算基尼系数的合理性分析基尼系数的变化趋势和特点，2002年就已经超过0.4这一国际警戒线。在上升过程中基尼系数表现出两个明显的特征：一是相对于总体基尼系数，农村内部基尼系数和城镇内部基尼系数较小，二是相对全国基尼系数，地区内基尼系数较小。这就是厉以宁教授那段话的背景。

但是，按照实际的测算来说，中国其实并不存在一个真实可靠的计算方式：因此，易刚和任强等经济学者认为，要么寻找到不同的统计方式，比如购买力平价测算，要么干脆可以认为，中国的基尼系数是不重要的。当然，要让大众理解这一点，有必要沿着历史脉络，重新树立一下，基尼系数的根本。

要想谈基尼系数，首先从分配开始。分配在很大程度上影响生产和消费。最直观的看法，就是"收获"与"耕耘"的关系。种少收多可以称作效率，种多收少，甚至不收，就会严重影响下一次生产活动的过程，收得少，自然消费得少，那么很可能连种子也会被消化掉，连效率也提不上了。当然理想的方式是保持效率的前提下多种多收。

在计划经济时代，中国一直走的是一种"种收相抵"的苏式计划经济路子，也就是一种高投资低消费的方式。实践当中由于采取过度平均主义的办法，抹杀差异性和积极性，最终把高投资拉低成了低回报。

改革开放初期，到20世纪90年代初，由于打破平均主义，承认差异性和拉开差距，短时间内出现高效率和高投资同时出现的局面，在这一阶段，整体上劳动所占报酬虽略有下降但基本呈上升趋势。这时候中国似乎进入"种少收多"的喜人时期。一些经济学家声称：中国的财富进入水涨船高的时期，只要蛋糕做大，分蛋糕当然不是问题。

而到新世纪初，在经历20世纪90年代中后期国企改革潮后，中国社会的财富分配出人意料地出现了"分化"的形式，最近一次的学者周文重研究得出中国基尼系数接近0.47，远超国际警戒线水平。难道说，种多收少开始了？狂热鼓吹做"蛋糕"的论调正在逐渐地低下去。

1.基尼系数问题

在美、日和欧洲以及韩国、新加坡等新兴国家，人们的收入来源倾向于多元化，除了工资还可能有股票收益等形式。单纯按照生产要素所得统计就不如家庭财富收入综合统计更能反映现实。国际上一般的收入分配类统计指标如基尼系数、洛伦兹曲线图、库兹涅茨曲线，实际都是按照多元收入的假设确定的。

在西方历史上，关于这种统计还有一种更早的方式，起源于李嘉图。在李嘉图看来，由于当时人们的收入来源是单一的，因此只要统计各自的要素报酬在总收入中的贡献比例，就可以看出分配的大致状况。

这两种统计方式哪个在中国更为适用呢？经历过计划经济向市场经济转型的中国，由于二元社会结构的特殊性，加上金融业的发育不足，人们的主要收入源于工资或利润，这样单纯从收入分配来看，统计要素报酬份额更具有实际价值。

而且有一个更加糟糕的问题是，基尼系数的验证几乎没有什么成功的例

子。而一些国外的经济周期研究者证实,劳动报酬占比的统计结果在各国有着惊人的历史一致性:劳动报酬在初次分配的比重,在名义上会出现某一阶段的上升后平稳的过程,但是实际比重却是一直下降的。

从现实和理论上,中国基尼系数基本上不具有实际参考价值,如果非要找出一个相应指标的话,也许"回到李嘉图去"更加符合现实,把劳动和其他要素报酬以家庭为单位统计的新"基尼系数"更符合国情。

2.基尼系数反映与现实相同是偶合

撇开各种统计和声音的干扰,基尼系数和中国的现实感觉相同实际是个偶合事件。关于中国快速变化的基尼系数与劳动报酬占国民收入比重的绝对连续下降,以及贫富差距,都在这一时期叠加在了一起。不论我们是否是二元经济,GDP只是对本地居民有效——不管他是城里人、乡下人还是外国人,基尼系数的差异性源于收入是单一还是多元的区别,而不是经济结构的区别。因此,即使采用新"基尼系数"的指标,所反映出来的数据也不会有什么不同。

正是由于垄断中国金融资产的人群同时也就是非劳动要素的提供者,因此上文所述的新旧指标巧合就合理地发生了。如果人们进一步和改革潮流中的某些"造富事件"对应,那么巧合就会再一次发生。这些东西也就是王小鲁先生提出的备受争议的"灰色收入"的说法。

对于政府而言,尽管统计指标具有不精确性甚至不可比性,但在分配问题上,民意出乎意料地反映了经济规律和历史。十七届五中全会进一步着重强调"努力提高居民收入在国民收入分配中的比重、劳动报酬在初次分配中的比重",将居民收入和劳动报酬二者并提的时候,就具有非同一般的意义,采取相应对策措施不但是政治任务还是经济规律的必然要求。

效率和公正的完美结合

我们不应该把"允许一部分人先富起来"与"共同富裕"对立起来,更不应该把共同富裕等同于平均分配。没有差别,就不可能共同富裕。诺贝尔经济学奖得主莫里斯教授早在35年前的研究就表明,政府在征税方面的最大障碍是没有办法获得个人能力的信息;由于信息的限制,任何政策都没有办法做到结果均等。即使我们的目的是最大化社会中最悲惨的人群的福利,平均主义也不是好的选择。

——北大张维迎教授关于平等如是说

"如果我们真正关心穷人,就应该把机会均等(也就是效率)放在优先地位,比如说给穷人更多的接受教育的机会。诺贝尔经济学奖得主海克曼教授等一些学者最近的研究表明,在中国,教育水平已成为决定家庭收入水平的最重要因素之一。一个农村大学生可以使一家人脱贫。"张维迎教授这样描述自己对于效率的看法。但是,根据不少北大经济学者的各方面的观点来看,有一个地方,可能才是这些高谈阔论的最好的试验场。

社会保险在运行近一个世纪以来,实际上和任何一项制度一样,成了当今世界的各国政府最为头疼的问题。在法国,由于延长退休年龄的法案,导致了近来西方最大规模的罢工事件。在西方流行的说法是左派政党上台,会提高社会保险的福利,增加税收。右派政党上台,保持现有社会保险,降低税收。任何人胆敢对社会保险采取动作,就会引起罢工骚乱或者大规模反对。

在北欧国家里,如果你干活太卖力的话,你可能会成为高税收的对象,但是你的养老金和大众是一样的。在美国和日本,靠着年龄和资格你的养老金步步上升,当然税收你是绝对逃避不了的。但是,羊毛出在羊身上这个道理不会变化。社会保险终究都是来源于你的收入，不论你是工人还是老板，或是政府工作人员。

在不到半个世纪里，社保税已经成为各国政府在关税外的最大税收源之一，由于这种税直接的课税对象是收入，所以有的国家干脆和所得税一起课征，节省成本。要知道，社会保险出现的前半个世纪这几乎是不可想象的，社会保险的当时支出的收入可能还不及罗马教皇向大众表示仁慈的那点儿关怀。第二次世界大战后的快速发展，学者和政客们认为，除了可以降低人们的愤怒的情感发泄外，流行的凯恩斯主义特别是后凯恩斯主义者认为，如果增加政府支出，那么可以在经济低潮的时期替企业支出，可以刺激经济增长，提高人们的收入，降低经济周期对整个资本主义经济的危害。而大规模支出，往往实际就是大规模的财政赤字，赤字经济把握不好就是通货膨胀，于是就出现了一个很有意思的现象。

在经济不好的时候，假设不存在通胀，许多人生活困难，社会保险中的失业保险有增加之必要，但是这是不大可能的，因为发达国家的基金市场化，这样失业保险的低效率成了人们的伤痛，待经济变好的下一周期，人们就希望政府增加这方面的预算。但是政府在调整经济的过程中已经负债累累，于是再次加大赤字。反复几次，政府的货币发行就起了微妙的作用，因为政府的借债不能从中央银行融资，那么走投无路的政府只好寄希望于加税，于是社保税开始提高，而高税率的成本自然降低了人们的可支付支出。一旦经济高涨，则通货膨胀使养老金和保险缩水，人们生活的支出进一步受到打击，于是再次要求提高保险金。

至于政府由于通胀期间并没有改变预算的权利，而且通胀还使人们名义收入提高，财政收入增加，这样货币的滥发就自然会有收入记账，也就是说财富无形中转移到政府手里，人们越来越对通胀失去反应的能力。将基金交给政府投资，那么不可避免的，政府通过通胀的手段就足以将社会保险的基金收益揽回自己手中。因此在全世界衡量社保基金的标准即是能否超过通胀率，除此以外的比较基本没有意义。而这不过是资金的最低机会成本而已，从长远看，社保基金不会赢利。由于政府的自利倾向，从第二次世界大战以来，一个可靠的趋势是人们的收入很不幸地集中到政府手里。因此，张维迎才会提出反对政府干预和福利制度的平均主义。

　　另一方面,从人类人口的自然寿命越来越长的趋势来看,人们的养老金负担会越来越倾向基金化,但是人类的出生率越来越低,特别是发达国家。这样除非依靠政府的基金的办法,几乎没有别的手段维持高的养老金。但是政府的手段只是通胀而已,而通胀对于任何经济增长率来说都是一种抵消,除非劳动生产率可以无限提高,那么这几乎是无解的,而税收的高低直接影响人们的积极性和劳动生产率。因此当人们寄希望于统筹和社保基金的时候,必须考虑这个怪圈,是否应付得了。

　　在过去的30年里,我们的劳动生产率发生了巨大的变化,任何一个决策者必须清楚,劳动生产率才是导致中国经济变化的基础。那些富有激情的打工者,教育素质提高和产业的升级保证了中国奇迹的发生。而劳动力的自由流动和全国统一市场无疑可以降低劳动的负担,对于任何一个分离的地域来说,只有在这方面做出突破才可能打破上面所说的怪圈。政府如若迷信于短期的通胀收入,最终会陷入入不敷出的局面,在损害劳动生产率的后果出现以后,通胀收入最后也无法得到,最终在怪圈里徘徊。

　　我们空转的各自为政的地方政府的社保基金实际具有一种正的可能性,所谓正的可能性在于,这种空转是以人们的劳动积极性为指标的,30年前改革源于劳动的积极性的调整问题,如今建立基金也是同一个导向。这和西方存在本质的差别,后者的全部导向源于对公众的恐惧。

边际效用递减法则：要不断转换战略

> 膜拜西方，永远跪着仰望西方，是中国社会最大的精神污染。
>
> ——著名文化学者刘仰

在中国不高兴还没有盛行起来之前，中国其实还有种文化作品，至今还留着相当深刻的烙印。这部作品就是所谓的《河殇》。这部片子就其艺术性来说确实无可挑剔，它全面否定了中华五千年文明史，甚至于把整个中华民族都说成是一个悲哀的民族，其原因就是因为她远离海洋。这部片子的作者鼓吹中华民族是所谓的黄土文明，给中国加上先天弱势和封闭的标签。

按照《河殇》的要义，中国人要在现代生存，唯一的方式就是彻底否定自己，接受和学习西方，甚至全盘西化。在《河殇》的影响下，中国一代人的竞争心态出现了一种不可思议的逆转。

"历史证明：按照一种内陆文化的统治模式来进行现代化建设，虽然也能容纳现代科技的某些新成果，甚至卫星可以上天，原子弹可以爆炸，但却不能根本性地赋予整个民族以一种强大的文明活力。"这样的说法，今天听起来十分可笑愚昧，但在当时，这种疯狂的想法对于急切盼望赶超西方的中国人而言，无异于一声霹雳，警醒梦中人。

之后，中国不少年轻人开始走向全盘接受西方洗礼的道路，一切都向西方看齐，甚至连竞争的目标和绝对动力都向着改变自身的方式进行。甚至有人恨不得，连自己的皮肤都变成白色，才能抵消落后的标签。

在这种心态下，中国的竞争心态也开始出现质变。富士康年轻工人的"N连跳"后西方的媒体和舆论都谴责中国多么糟糕、多么不人道、多么没人权，给工人们那么低的工资，那么辛苦地干活，先说解决问题的办法吧。怎么办呢？提高工资当然是办法之一。的确，中国政府已经开始关注这一社会问题。国内多个省市都上调了工人的最低工资，已经调整的十多个省市，平均上调幅度17%。中国新制定的"十二五规划"也要求，未来城乡居民的收入年均增长

7%以上，职工工资5年翻番。

问题是，西方人开的餐厅是不欢迎工资上涨的，沃尔玛和英国一家大型零售商便说：中国劳动力成本提高，将导致它们的商品价格上涨。瑞士信贷银行说：中国劳动力工资上涨，将影响未来10年的通货膨胀。

洋人说，如果中国工人的钱包鼓起来，他们就要通胀了。所以美国要求中国做一个"负责任的大国"。在《河殇》的鼓吹论调下，竞争的好坏、多少、优劣的唯一标准是：是不是符合西方人的观念和判断。自然即便中国政府要给中国工人涨工资，中国政府不愿继续在国际分工中永远承担"廉价劳动力"的角色，中国政府变成了一个"不负责任的大国"。造苹果的中国工人涨工资了，苹果把利润减少一点儿，不用涨价，这也是不允许的竞争，不少人对于敢于抗争的工人，则加上懒惰和不能吃苦的种种荒诞的说法。

2011年4月28日，《南方日报》一篇文章作者的举例也只有提高最低工资水平、照顾低收入者的方式，不提国际因素对中国通胀的巨大压力，而把涨工资歪曲成是"管理部门趁机搭车大幅普遍提高工资待遇"。作者的一个理由居然是：提高工人工资"会在一定程度上滋生劳动惰性……会影响工资制度本身调节劳动者积极性作用的发挥"。

从所谓从西方完全舶来的一些弗里德曼经济学理论来说，工人涨工资会导致通货膨胀这种说法貌似有理。它的含义是：如果给工人涨工资，货币总量就会增加，如果产品没有增加，物价就必然会涨。问题是这个理论，其成立的最大前提是在西方存在有组织的标准化交叉合同，工人的工资上涨是以协商的方式统一进行的。这一观点，特别为张维迎和中国经济研究中心的部分"滞胀派"经济学者所长期坚持。

进一步说，这一理论建立的另一个基础是，所有人包括资本家在内，必须在通胀和就业之间做出必要的精确选择。但是在中国，这个就业和通胀率的替代方式，既缺乏实证数据，也不存在成立的价值基础。

但在维护现有的贫富差距，维护富人的既得利益方面，他们一点儿都不肯吃亏。在国内精英与洋人资本家里应外合的配合下，中国工人还能有好日子过吗？更可恶的是，此类精英并非只有《南方日报》，从南到北，很多。有的公开，有的并不公开，这种竞争心态无疑就是资本主义的心态的总集合。而从根本上说，这样的竞争心态和工人们劳动的比拼，完全是两种心理，相当大程度上，中国精英们的心态完全是一种资本家和西方想要塑造的奴化心理。

于是我们才理解，当"N连跳"发生的时候，国内精英做出同情的样子，目的就是把矛头针对中国，转移外国资本残酷剥削中国工人的事实。等到要给中国工人涨工资的时候，他们当初谴责"N连跳"、同情工人的正义感一点儿都没了，而是找出一万个理由反对给中国工人涨工资。

事实上，给中国工人涨工资又不造成通货膨胀的方法是有的，那就是——富人少赚点儿，穷人多赚点儿，贫富差距缩小点儿。问题是，资本家会同意利润减少吗？

中国人为什么勤劳而不富有

在经过长时间的酝酿后，对超过1万余名职场人进行问卷和抽样调查后，北京大学社会调查研究中心和智联招聘合作发布中国第一份《2012年度中国职场人平衡指数调研报告》，报告指出：中国职场人平均日工作时间为8.66个小时，超出国家法律规定0.66小时。有30.3%的人工作时间超过10小时，最长达16小时。重庆职场人日均工作时间为8.48个小时，低于全国平均水平。

而根据智联招聘的另一份职业薪酬水平调查数据，2011年中国职场人平均月开销为2000元以下的人占到了63.8%，2000～4000元之间的人则占了28.6%。明确表示非常不满意自己的薪酬水平的人则占31.2%，对薪酬不太满意的人占40.3%，认为薪酬水平一般的人占24.1%。

在涨薪的职场人中，涨幅不到10%的人占41.4%，涨幅在10%～30%的人占44.1%，涨幅30%以上的人占14.5%。

这并不是两份孤立的报告。尽管这份报告的统计只限于中国一线城市的职场员工，却赤裸裸地揭示一个最基本的事实：（1）大城市的人们工作时间漫长，"勤奋"的程度超过了八小时工作制，每周平均加班3.3个小时。（2）勤劳工作的人们依然不富裕，薪水低、涨薪慢的情况十分普遍。

这还仅是一线人群的基本状况，将范围放大到二三线乃至最底层的农村则更让人无法乐观。早在2006年，一项名为"社会和谐稳定问题全国抽样调查"，在28个省市区的社会调查中发现：中国人数最多的劳动者——农民工和部分下岗城市职工，每周的平均工作时间要比一线人群还要多出8小时。有81.4%的农民工劳动时间超出法定的每周40小时，有约34%的农民工每周工作在60小时以上。他们的收入情况则更加恶劣，80%的农民工月工资在千元以下，甚至有27%的农民工月工资在500元及以下。

"中国城市人均收入水平增幅高于农村居民人均收入水平"，这样的标志性统计用语，让任何一个人都能立刻意识到，"勤劳而不富有"，是当下普通人最典型的生活状态。多劳反而少得，已经是一个不容忽视的严酷现实。

根据北大经济学者薛兆丰的分析，这种现象在中国并不是一朝一夕形成的，甚至在某种程度上说，这还是中国历史上的一种常态。孟子有所谓的："五亩之宅，树之以桑，五十者可以衣帛矣。鸡豚狗彘之畜，无失其时，七十者可以食肉矣。百亩之田，勿夺其时，数口之家可以无饥矣。谨庠序之教，申之以孝悌之义，颁白者不负戴于道路矣。"其实这个理想化的社会形态，2000年来从来没有实现过。

即使是商品经济发达的宋朝，据说连贩夫走卒也可以衣丝穿绸，不过这个繁荣也是畸形的。因为不生产丝织品的农民必须付出更高的代价，更多的劳动，才能换来必须向朝廷缴纳的捐税。通宵达旦地耕作和商旅贩运的描写，经常出现在诗人和小说家的著作中。对于"康乾盛世"景象，亚当·斯密在《国富论》中则评价说："有关中国劳动工资低廉和劳动者难以赡养家属的论述都众口一词，中国耕作者终日劳作，所得报酬若能购买少量稻米，也就觉得满足。""中国下层人民的贫苦程度，远远超过欧洲最贫困国民的贫困程度。"当时的欧洲，与天朝相比，经济总量完全不在一个量级上，不过，中国人勤劳少得的情况已经引起西方上流人士的注意。

中国人长期"勤劳而不富有"，这个铁一般的真相，到底是如何形成的呢？

对于古老中国这种困惑的现实，300年来众说纷纭。从来没有来过中国的"经济学之父"斯密认为，中国人民太过勤劳，在社会分工的行业里，填满每一个行业的空间。对于那时处于静止状态的国家来说，收入和辛劳可能让人们十分痛苦。其实，这个观点一点儿也不新鲜。实际上，通俗的解释就是，一个萝卜一个坑，僧多粥少，万一碰上竞争激烈的情况，多数人只能接受最低的工资，接受最不幸的后果。

被人广为诟病的"血汗工厂"，竞争者付出痛苦的代价换取微薄的回报。耐克在巴基斯坦的工厂，正逐渐变成妇女和童工"血汗化"的证明。巴基斯坦青年失业本来就很严重，雇佣男性工人要付培训费和社保，很多缝制耐克足球的巴基斯坦农村妇女，往往为了多挣5元钱，熬夜挑灯缝制。耐克根本不用关心什么社保和培训。没有耐克，这些妇女的家庭就不能维持。如果一个人拒绝这份工作，在劳动力过剩的南亚立刻会有人填补。

在经济学家看来，劳动力市场上的供需不平衡，供过于求是多劳少得的一个关键原因。在中国的国情下，资本薄弱，劳动力过多的局面，造成劳动者在就业和收入上的困窘局面。在一个竞争过度激烈的国家，勤劳不富有是一件很自然的事情。

另一个导致"勤劳不富有"的重要因素是所谓产权和制度问题。中国并不是没有富人，而是很多。数据表明中国已经是排名全球第三的富人国。遗憾的是，这些人总是处于金字塔尖的极少数。更让人心惊肉跳的是，数千年来不断看到从金字塔下坠下的惨案：晋代石崇斗富被杀，最后一个晚清巨富胡雪岩则凄凉而终。那些精明而得以善终的富商大贾，无不是谨慎小心，在财产、制度和商场间取得最微妙的平衡。显而易见，在西方不少经济学者眼里，中国在财产制度保护，交易成本降低方面的负面因素由来已久，甚至近20年10%以上的高增长也无法掩饰这个制度缺陷。

对此，耶鲁大学终身教授陈志武认为："中国拥有世界上最多也相对很廉价的劳动力，这种劳动力优势在经济增长初期可以弥补、对冲高制度成本对中国经济的负面影响。"换言之，这只是一种人口多的幸运而已。更进一步，陈教授认为，劳动力优势非但不值得念念不忘，还是中国人"勤劳而不富有"的罪魁祸首。

按照林毅夫等人有关制度经济学的理论，自然实物资本、人力资本和制度资本都能让一国经济增长。制度资本欠缺，人力资本和自然资源丰富，一定范围内也能弥补制度资本的不足。2001年，丹金柯夫、拉帕塔和施莱弗对85个国家审批时间做了估算，结果发现加拿大最快（只需2天），美国需7天，意大利最长（121天），在中国需要111天，但中国仍能够从中得利。这么长的审批的成本最后如何转移呢？

其实，对于人力丰富的中国来说，可以通过"化整为零"，甚至"先生孩子后上户"的方式进行审批。因为中国每一次审批的办事员和交易，只要通过不断增加的小交易，就可以产生相应的利润抵消支出。制度上的成本要通过人力资源优势弥补，规避交易风险，为此人们不得不格外勤奋，一天多工作几小时，少拿些收入。这就是为制度成本必须付出的代价。

只要在一定限度内，这种替代是大家都可以承受的，自然制度上的改变就是个未知数。自然大家也要不断地勤劳下去，低收入也将持续下去。这就是中国人长期以来低工资而更加勤劳的主要制度原因。

总之，不管是劳动力市场的供求结构，还是制度性的缺陷，中国人"勤劳而不富有"都是一个令人不得不正视的巨大问题。这恐怕才是这个命题背后最值得我们思考的真相。

放弃零和游戏：做到双赢

1979年1月，深圳改革第一人袁庚，率领招商局，在香港对岸的荒滩渔村土地上，奠基创业。此时，距离上一次大规模的"逃港潮"，仅仅一年时间有余。对岸那些落脚的"偷渡客"，从乡里乡亲的口口相传中，看到了财富的大门正向自己展开。

此后，仅仅一条窄窄的中英街，年收入赶上了中国年进出口贸易的总收入。渔村的农民的普通储物间，也比得上金屋银店。随后，政府将深圳、珠海、汕头、海南列为特区。中国开始以"亚洲四小龙"作为学习榜样，实行出口导向的经济政策，加快走出去的步伐。

20世纪80年代的经济特区，是中国人心目中的神秘之地，象征着财富、欲望和机遇。在改革中拼搏奋进的中国人，一直将深圳看成是创富的圣地。不过，以世界和历史的眼光看，未免流于狭隘和小家子气。以今天的眼光看，中英街两边的繁华，充其量不比非洲港口中国商人开的便利地更高级。这样的状态和积淀，所能够产生的，也只不过是"土财主"级别的富裕。直到2012年，深圳代名词之一的华强北，也是山寨的同义语。较之后起的真正的品牌和巨无霸企业的财富规模来说，还是微不足道的。

要说真正创造财富的欲望，总是在金融产品爆发的前夜。在经历30年的积累后，金融从沪深两市的股票，变成真正的造富的象征，一个中国形式的创富欲望正蓬勃兴起。张维迎在早期的一篇文章中，首先提出不能妖魔化财富和致富的开创性观点。而当时支持他的，正是在深圳改革的一批先富者。但正像张维迎所警告的那样，如今的财富，似乎随着金融社会的呼之欲出，变得让人模糊起来。

自从宋鸿兵的《货币战争》和央视的《华尔街》广泛传播后，在一些人眼里，特别是官员和政府决策者眼里，金融本身成了一件奇怪的东西。人们贪婪地讨论着有关神奇的金融的一切，从罗斯柴尔德、巴菲特到带头大哥、王亚伟，从高盛的金融工具到港股涨跌，开始随着人们绷紧的金钱神经带上两种颜色。就像红与黑一样，阴谋的工具和富国富民的发动机的复合体，据说让人欲罢不能。

前者无疑是一种妖魔化,以为金融完全是金融资本大亨操纵牟利的专利,美国的华尔街就是一切利益的唯一指挥棒,进可攻退可守,仿佛金融就是专为美利坚民族打造的神器和法宝。庞大的罗斯柴尔德家族,业精于勤,熟门熟路,外人不可得而用之,一用就是自投罗网。另一方面,在金融危机里华尔街投行引发一片质疑和愤怒的声音,我们的决策者却仿佛找到了自我安慰的机会,我们的老师出问题了——所以我们的金融政策和方法,乃至于实体经济和金融的协调都是成功的。

妖魔化的心理,主要是胆怯,政策的决定者认为一旦潜意识的对手出错了,用精神胜利法自信了很多。而在我们地市一级的决策者那里,由于较之上一层的决策更加渺小,自然增加的自信也更多,几乎所有的"封疆大吏们"认为金融政策的执行都是天衣无缝的,包括漏洞百出的城市村镇银行、小额贷款、中小企业政策鼓励、融资平台和担保市场的监管。

后者是彻头彻尾的神话,流行于我们的学界和媒体,以为趁着西方在舔舐伤口的时候,就可以高唱凯歌,动用国家一级的银行体系开启金融神话的新一代故事,借用华尔街的虎皮给自己壮行。

为了让故事听起来好听一些,经济学家们不惜把投资和投机混为一谈,把一切事情混同为只要你敢想,金融工具一用就灵的豪言壮语,煞是壮观。当然我们的金融学者们由于长期的偶像倒掉,需要一个伤痛的抚慰,自然也愿意杜撰神话。这类神话的心理在于只要把美利坚的国情的类似性套用到某国,形成一个傻瓜模式,上行下效,一鼓作气,大约就可以推进新一代的金融神话。于是,这样最后的结果就是,在金融危机后,中美之间的金融政策出现了极其意外的配合,美国给中国打白条,中国欣然接受。

那边,决策者高调宣称输入性通胀来势凶猛,不可阻挡,这一边却习惯性地"开门揖盗"。这几乎成了这两年来所谓中国金融政策的主流。

然而,尘归尘,土归土。妖魔化和神化终究是要回归到现实的。正如主导中投公司国家主权基金的高管们所说:金融本身只是一个工具,撇开对于资本和金钱的膜拜和迷信,那些纷繁复杂的所谓金融产品说到底只是一系列的交易凭证,只不过这种交易凭证被贴上各种法律、买卖的背书,最终还是要连接到那些看得见、摸得着的各种生产上。美国人曾经依靠高科技的假象换取了全世界生产的资源倒流,但是最终大家不能通过金融工具来消费,消费的产品还是会转向那些最普遍的大众消费品，从伊朗的地毯到中国的皮靴。许多人描绘过美国人近乎疯狂的消费代替储存的习惯，但是多数人不知道的是，仅仅这一次金融危机的前两年，美国有支付能力的中产家庭已经购买了过去一个世纪的产品，最乐观的旧货公司都认为这些东西全部清仓需要20年。

金融可替消费者"买下"一切，但是最终流通工具的本性，还是无法替人们消费这些庞大的产品。而现代社会的最主要表现形式是，实体经济——金融——消费产品，这个锁链从来不会打断其本身的自然规律。哪一个环节出了问题，轻则消化不良，重则肠胃紊乱，一命呜呼。也因此，当中国的金融政策不管何时，发展到何种程度，人们不管多么愿意驻足那些橱窗里的金融服务展品，不妨低下头，看看整个经济，这些大家的胃口消化得了吗？

最后，金融不是什么富国的发动机，就像政府不可能通过印钞票提高一个国家的生产效率、财富程度一样。财富可以用金钱哪怕金融衡量，但是财富不等于金钱，财富的实体只是我们看得见摸得着的实体生产经济。与其眼睛老盯在那些虚无缥缈的金融工具和金融政策上，不如退而求其次，提高真正的生产效率和财富的总量。生产自己需要的东西，就是生产能够消费得起的东西，这才是财富的真相。

PART 13
看准时机辣手投资

像经济学家一样思考：盘活你的资源

北京大学校友会成立国内首个基于大学校友企业家的NGO组织：北京大学企业家俱乐部，通过企业家资源"盘活"北大校友资源网络。俞敏洪是企业家俱乐部理事长。"北大资源C-Club，是北大资源集团、北大科技园、北大资源物业集团联合打造的'建筑产品+运营服务+物业服务'智慧型企业运营平台。"

北京北大资源地产有限公司总经理李小波以战略合作伙伴嘉宾身份在团拜会上演讲，介绍了北大资源C-Club的组成，而这一平台存在的意义，正是要为企业提供源源不断的社会、商业资源。商务地产博雅CC的运营方就是北大资源C-Club。

成立校友会这个问题，显然是利用人际关系在市场上获取信息上的优势。其实，在中国的股市圈子中，一直就存在一个以北大毕业生为中心的投资圈子。这种投资方式，当然无可厚非，大多数国际上的第一流对冲基金都是在人际关系的基础上建立起来的。

现代历史上采取逆向投资最为成功的邓普顿基金，其实本身就是一个跨国的资本俱乐部。根据邓普顿本人的看法，和犹太商人们打交道，在他的豪华别墅中尽情玩乐，谈天说地，据说才是最直接、最好的投资办法。言外之意是，邓普顿的投资秘诀其实是资源。

中国资本圈建立的时间很短，从证券市场开始形成，资本圈天然封闭狭小。这注定了这样一个事实，最有可能掌握资本的顶级权力的，永远只能是少数人而已，并且少数人必然高度地集中于中国那些最早涉足金融的大学。其中的最硬指标就是各个高校建立的金融学家、经管学院。

在中国资本圈的早期，以中国人民银行五道口金融学院、中国人民大学实力最强，其次是清华大学、复旦大学。而以北大为中心的一批金融界人士，多数是从曹凤岐等人的光华管理的弟子中分流出来的。这些人多数任职于大型公募基金或者典型的资本投资集团，一般在流动中掌握顶端的金融权力。

中国资本圈中，多数情况下，北大系的操作风格以匪夷所思的狂飙式做空手段出名。过去30年里，著名的北大系运作案不胜枚举。根据光华管理的培养标准，金融系的姚长辉教授认为"商学院实际上是把一些有潜质的人招进来，这些潜质包括基本的学习能力、与人交往的能力（情商）、责任感以及抗压能力等。这些条件相当于原材料一样，通过在商学院几年的时间，让有梦想的人，增加管理学方面的训练，努力改变自己的圈子，明确将来的发展方向，进而能够担负更大的责任，不仅为自己，更为自己的团队、家族和国家做更大的事情"。

姚教授曾举了自己做MBA班主任时学生成长的例子，"刚入学时大家都有梦想，但是没有落地，有时候在一些小事上心胸不够，而两年之后完全不一样了"。事实上，论课堂传授的知识，北大并不是最多的，但可能是最注重人际关系的。这一点在光华管理学院设立之初，就已经被看成是学校的优质资源。

看准时机辣手投资问题是，北大系之所以可以在中国资本市场上呼风唤雨，诸如俞敏洪之类的校友，海归背景同学会，企业家俱乐部维系的校友资本圈起了关键作用。理论上说，这种关系圈子，在世界著名的高校来说并不稀奇，其长处在于学生在大学期间就可能获得职业生涯中大部分的人际网络，当然师出同门，大约也可以增加某种密切的联系。

中国股市长期处于政策的控制较强、弱式有效市场的特点，导致校友们最可能成为信息和内幕的第一手掌控者。大部分最高的政策机密，往往通过师生、校友、同学之间被步步传导，一些著名股市操纵案件在某种情况下可能正和这种校友联系方式有关。大部分的时间，人们总是在头脑中幻想中国股市存在一个神秘的资本集团。不能不说，这和校友会的固定封闭相关。从各方面的情况来看，北大系校友们的基本活动还是有迹可循的。完全将其妖魔化，明显是不够客观的。

如果真要说到什么是典型的利用资源，盘活投资资源，也许还得和世界知名的模范投资大学——哈佛大学的模式看齐。从多方面的角度看，北大本身距离哈佛的体系，还是差之千里的。

首先，以资源的规模来看，哈佛拥有世界最大的大学投资基金，这一点光华管理学院，基本上和对方没有任何可比性。哈佛的大学投资基金，建立在内部管理委员会和外部投资人的合作基础上，但中国的北大系，或者清华系的资本圈，向来十分封闭，几乎看不到建立类似关系的基金治理机构的可能。当然，另一方面来看，中国名校的毕业生们私人能够掌控的资源，也的确偏少，这客观上让他们不太可能向西方榜样看齐。即便是大学的财政上，光华管理的话语权较之哈佛的商学院、经济系来说，也要低得多，尽管其大众的知名度可能并不比哈佛在美国的类似情况的学院差。这可能是中美国情的差异。

其次，以资源的利用程度来说，哈佛的体系是建立在美国门阀制度的精英资本垄断体系上的。在这一点，以垄断和集中程度而言，美国的集中度低于中国。毕竟在金融资本的运作上，限于各种历史和知识因素，北大系的垄断程度远远超出哈佛。客观上说，因为过度集中的资本活动，中国的股市操作，甚至运作方法，都具有高度的单一性。多数情形下，人们可以看到股市的统一规模的一致行动。当然，在中国市场上可以发现，中小股东们的活动远不如大股东们活跃。这种一股独大的结构，不可能不加强垄断，降低中国金融长期资源利用的空间。

最后，以资源的调整能力，也就是所谓盘活能力来说，可能北大和哈佛压根不在一个档次上。历史上，哈佛的经济系学者们多数是美国的精英分子，这决定了他们和门阀世系的特殊关系，由于美国社会的低流动性，这部分人基

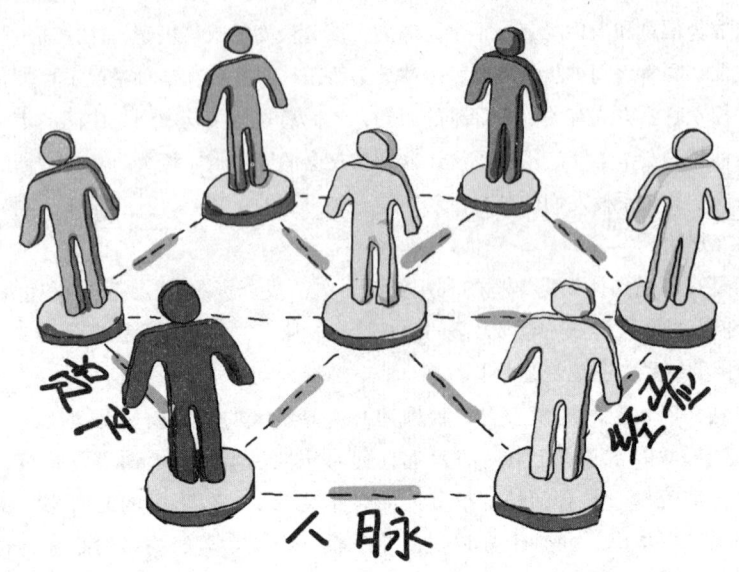

本上属于美国的1%。

精英的资源盘活能力，大多数情况下，并非中国人简单的政治和财产联姻关系。相反，大多数情况下，美国的精英们采取的是地方银行家财团资产联盟的形式。比如以我们所知道的巴菲特家族来说，这个家族的基础本来是当地的犹太移民商团，随后是地方银行家族，到如今才基本上是美国华尔街的一支重要的财产联盟。在近百年的时间里，这些家族并不依靠血缘家族维系资本关系，相反，他们大多数是以宗教或者犹太人的结社友谊，固定的商业活动，维系精英资源的流动。这个联盟基本上断绝中下层的活动，全部由固定的家族企业实现内部循环。

显然，这种家族要长盛不衰，必须依靠做大家族企业的地盘，由于美国历史上始终强大的家族传统势力和银行金融的高度垄断化，其规模不断扩大，而且随着其规模扩大，不断设置进入门槛，最终才形成今日美国所谓最具有流动性的金融资源。北大面对的是没有任何封建和家族垄断基础的中国资本市场，显然，这一开始就和哈佛的历史有区别。毕竟短期的垄断集中和长期的集中根本是两回事。

看准时机和市场需求去投资

  我认为如果中国政府解决了一些技术性的问题，恢复了股市信心，中国股市的升高会带动亚洲股市的升高，整个中国和亚洲股市升高后，才有可能让中国过剩的资本流向国外，去收购美国和欧洲的资产，才会带动美国、欧洲摆脱困境。现在美国和欧洲靠自己的能力已经没有办法摆脱困境。也许，中国A股可能成为全球经济的一个领跑者。

——北大教授陈平对于投资的看法

  在金融危机后的一段时间内，中国股市的信心逐渐开始低落。这突然性的变化导致原本看上去十分繁荣的中国股市从六千点惨跌到底。应该说，基本面明显好于西方的中国股市的震荡，大部分是一种恐慌性情绪的结果。尽管陈平教授并非金融研究方面的专家，但信心和非理性影响投资和市场乃至整个宏观经济，已经是经济学界的通识。

  为了说明美元投资市场的衰败，乔纳·莱勒巧妙地将神经科学、体育、战争、心理学以及政治编成一本有关人类决策的故事。在这一过程中，他让我们变得聪明多了。除艾瑞里外，《长尾理论》和《免费》的作者克里斯·安德森既为莱勒讲故事的方式折服，也深受他的结论启发："我们该听从直觉还是分析？答案是——莱勒在这本睿智的、读起来很有意思的书中指出，取决于情境。知道哪种方法最适合哪种情境，不仅有用，而且好玩。乔纳·莱勒再次证明：他是位讲故事的大师，也是新神经科学实用课程最好的启蒙者之一。"

  那么情绪为什么是必要的呢？它对于世界和人类自身有什么重大意义吗？答案要在进化史中寻找。说到人脑的进化史，自然要提到神经元。500多万年前，最早的神经元系统——第一团网络神经元，实际上不过是一套自动反射弧。随着时间的推移，这些原始脑变得越来越复杂，从蚯蚓的几千个神经元进化到远古灵长类动物的上万亿个神经元。

  就算投资市场是零和的，由于机会均等，也应该是一半的人赔钱，一半的人赚钱。真实的情况却是，大多数人都是赔钱的，股市并没有在盈亏中明显地体现"公平性"来。为什么大多数人都赔钱了？

北大的一些学者们在课件上指出至少有下列不良行为可能使人们赔钱：

第一种：喜欢打探小道消息。

听听巴菲特的名言：让一个百万富翁破产最快的方法就是——告诉他小道消息。刺探并且听信消息买股票是一种非常可怕的错误炒股方式，尤其是长期在交易所直接交易的一些股民，几乎除了消息之外，不考虑其他方法。这些人最可笑的一点是即使听信消息后因此赔钱，也不会认为是这种行为有问题，而是找别的原因开脱，不是打探消息太晚，就是消息不准。总之人们相信，万一得到真的小道消息，仍然是会赚钱的。

第二种：喜欢等待牛市。

有一个有10年股龄的老股民，老是看大盘的局势来买股票，下跌时不敢买，刚开始上涨时，犹豫着想买也不敢买，已经上涨十几天了，看上去似乎不会下跌了，他才大胆买入。可是，也许只涨一天，就开始下跌，而且不是只跌一天，是连着下跌，眼看钱越来越少，为减少损失，最后只得忍痛割肉出局。

综观世界各地的股市，低买高卖才能成功。所有赢利的投资者，无一例外都是在股市下跌、市场人气惨淡的时候入市，而在市场人气旺盛、股价高涨的时候离局。遗憾的是，大多数人并不能够判断什么时候是低点，什么时候才是高点。

第三种：只买很快会涨的股票。

"这只快涨了""那只还不知道什么时候涨呢？先别买了，还是买这只吧"……

随着股票技术类图书的普及，很多人掌握了"预测"股票价格的能力。他们可以根据K线图、MACD等各种指标做出对股价的预测。预测股价，从而决定购买短期内只涨不跌的股票是不可能完全实现的，实现的概率只有50%。

你买入股票的理由一定是你认为这家公司现在的股价比卖出时的价格更具有投资价值，也就是它目前股价偏低，而不应该是你认为会有其他更多的傻瓜愿意在你期望的卖出价买入，也就是花更多的钱来接你的盘。

第四种：只买便宜的股票。

相信便宜的股票上涨的空间更大，下跌损失也不太厉害，所以也相对安全。有些亏损的垃圾股，确实作为壳资源可以被重组而仍然不乏价值，但这是暂时的。美国和香港股市，有很多股票长期在几分或者几角徘徊，几乎不可能起死回生，盲目地只根据价格便宜而购买这类股票会给投资者带来很大的损失。

第五种：买自己不熟悉的股票。

某些人购买股票更像是一次性赌博，不管自己是否了解，就一窝蜂地冲上去购买。其实贸然买股票的结果很可能会因为缺乏信息，最后神不知鬼不觉地亏损了。巴菲特从不购买自己不熟悉的股票。即使是新股票，通常也只买一手，为的只是得到这家公司的财务报告。

第六种：跟踪热门股。

热门股票通常应该在上涨前后15分钟左右的短时间内决定购买，而对于普通散户，当你发现它热门的时候，往往已经太晚了。买一只利好信息泛滥、势头正猛的热门股票，最后只能自食苦果。

第七种：嫌挣得太慢。

很多散户一听到某只一个月内一定会涨30%，就会非常激动地赶紧购买，而听到某只股票是可以保留3年甚至5年的，就认为短期内不会挣钱而放弃。实际上，成功的投资者都是成功的长线操作者。短线操作的成功散户如同中彩票者一样寥寥无几，你不希望自己像中彩票那样靠碰运气来投资赢利，那么一定要让自己的主要资金从事长线投资。

第八种：一次选择购买太多股票。

现在是信息时代，每天可以在网上、电视上和同事、朋友那里得到大量的股票信息。每一只股票都有无数看似确凿的购买依据，令人忍不住都想买，很怕错过机会，又担心这个不涨那个涨，加上尽人皆知"不能把鸡蛋放在一个篮子里"的理念，于是尽自己所能买了一堆股票。结果，不但没有分散风险、降低风险，反而扩大了风险，最后无所适从，不知留谁去谁，彻底坏了心态！

第九种：一定要买一只黑马股。

不要期望靠发现下一个微软公司而获得巨额收益。为了迎合投资者，市场上充满了自称能够发现黑马的方法、技术和软件。只要看到这样因黑马股而暴富的报道并没有一再重复出现，亿万富翁并没有成百成千倍地迅速复制，那么，你就应该知道，这种方法行不通。所以，应该把精力放在可以长线投资的可靠公司。

600字真言击碎"蓝田神话"

蓝田股份1996年上市，5年间股本扩张了360%，业绩不凡。2001年12月，一位叫刘姝威的女教授以一篇600字的短文《应立即停止对蓝田股份发放贷款》揭开谜底，蓝田的贷款黑洞由此公布于众。2002年1月，因涉嫌提供虚假财务信息，蓝田股份董事长瞿保田等10名中高层管理人员被拘传、接受调查。2002年3月，公司股票被实行特别处理。2002年5月，因连续3年亏损，公司退市。

"银行停发你贷款不会影响你的业务呀，蓝田的资金量不是很充足吗？我看到蓝田的财务报表，至少在2000年，光是水产品的现金收入就有12.7亿元，这就相当于每天有380多万元的现金收入，你们怎么会缺钱呢？"这是其实只写了500字的短文，发给新华社《金融内参》的刘姝威当时对于蓝田管理层的质问。尽管作为北大的高才生，时任全国财经委副主任的厉以宁教授门下的高足，这个提问仍然具有巨大的风险。随后刘姝威的人身安全受到威胁。当然，这个质问挑战了蓝田的神话不等式。在蓝田没有倒下之前，在中国股市里，蓝田编造了现在谁也无法相信但当时到处招摇的若干神话。

第一个故事说，蓝田公司的原始资本是建立在洪湖盛产的龙虾，当地人不吃，蓝田以极低价格收购。而整个成本仅靠虾壳等副产品加工后的饲料销售收入就可全部抵消，20元是纯利。1996年上市的蓝田股份，是农业部首家推荐上市的企业，被誉为"中国农业第一股"。

蓝田股份说，公司业务收入的98%来自农副水产品收入和饮料收入。农副水产品主要指的是鲤鱼、草鱼等淡水鱼类和中华鳖、青虾以及莲子、莲藕、菱角、茭白、莼菜等水生植物。饮料则是出现在各个广告媒体上的野莲汁、野藕汁、蓝田矿泉水等。公司董事长瞿兆玉曾骄傲地说，蓝田"一只鸭子一年的利润相当于生产两台彩电"。"水面有鸭，水里有鱼，水下有藕"，形成一条自给自足的生物链，一亩水面一年的产值可以达到3万元。

这套说辞，今天不少人还在继续使用着，这就是传说中的农业生态概念股。问题是，蓝田公司的水产生意，在过去的中国的市场需求到底如何呢？要知道，即便1998年发生洪灾，蓝田的股票价格依旧高得惊人。可是，在20世纪末的中国，生态农业还只是一个全民很少关注的市场。中国的污染和农业效率此时还并不高，对比全世界的绿色农业潮来说，中国是个无关的地方。布朗的粮食威胁论，正在中国人头上，换言之，量产还达不到基本要求的中国，寻求高质量的所谓生态农业基本上属于脱离真实市场的忽悠。

然而，刘姝威最初关心的并不是市场需要的问题，她只是利用了两个简单的会计等式，思考蓝田的问题。蓝田公司的资产肯定是等于权益的，这是个无法超越的基本原理。问题是刘姝威却发现，蓝田股份上市后流动资产规模基本在一定区间内变动，固定资产却高速增加，这意味着变现能力是总体下降的。至2000年年底，蓝田的固定资产已达21.69亿元，占总资产的76.4%，公司经营收入和其他资金来源大部分都转化成固定资产投入。

2000年销售收入18.4亿元，而应收账款仅857.2万元。2001年中期销售收入8.2亿元，应收账款3159万元。问题是，如此高的营收，何以有如此高的固定资产，他们怎么可能短短时间内都变成固定资产呢？农业资产折旧没有固定的标准，而且无法盘点。既然如此，蓝田股份的高收益含有水分，占尽便宜的关联交易就有虚增利润之嫌。

果不其然，后来的调查发现，蓝田公司的确通过关联公司制造了大量的借款利润。说白了,这是一个利用东墙补西墙,不断烧钱,利用固定资产无法核实的漏洞给自己增加业绩的大骗局。蓝田一直将营收资金,增加到权益中,拉高股市,圈钱后,继续重蹈上一步的动作,接下来继续烧钱。客观地说,如果不上市,蓝田的活动同如今的创业公司并无差别。

蓝田的最大欺诈在于,一个原本纯粹烧钱的公司,却在上市公司市场上利用人们的信任烧钱。不管蓝田本身的最终赢利能力是否真实存在,这都是一次诈骗。问题是,击倒了蓝田,类似蓝田的神话却不断在中国市场乃至美国市场上演,最为滑稽的是,美国的不少大公司直到倒闭前一天,还有人看到其在股市中的良好业绩表现。

在美国主要投行抛售兑现中资行股份后,在中国内地和香港市场被同时继续抛售,其实是敌我难辨,多空势力难辨,空中有多,多中有空,各有各的算盘,股民认为以自己为友与天下资本为敌就不容易上当了,但最大的可能是在股市危机中无奈挣扎。这场游戏最惨的结局可能是,某一个时刻,当中国人突然停止这种游戏后,另一场经济灾难开始。

最为明显的无过于次贷危机,原本美国市场的投资者欢欣鼓舞于次级债务和房地产的狂飙,各大投行做着买空卖空的如意算盘,却不料在迷迷糊糊的运作中,大批最不起眼的买不起房的下层人士,彻底断送了华尔街的美梦。不管怎么说,虚拟的市场泡沫终究还是建立在经济的规模之上的,泡泡可以无限吹大,可是永远也不可能比外面的薄膜更加庞大,否则稍一用力,必然是粉身碎骨。次贷的神话之一就是,只要穷人能贷款,那么他们因为美国梦一定能还款。瞧,这是美国版本的蓝田神话。要知道,金融危机前,美国政府的现金流还不如蓝田!

北大学生炒股失败的风险有多高

> 孩子不分析什么技术手段,但他的道理朴实,也是说得通的。
> ——北大金融学教授吕随启评价自己正在上小学还在炒股的孩子

在一档公开的财经电视节目中,北大金融学副教授吕随启透露自己教自己七八岁的孩子炒股。这在中国的财经人士圈中,激发了一场不亚于暴风雨的舆论大讨论。小孩子炒股,炒的居然还是中国联通,还有自己的见解。

当然人们的意见也是各有不同。有的人自然是羡慕,这不是中国的小巴菲特吗?大多数人看过巴菲特的传记,都会被巴菲特卖可乐罐投资的财商折服。事实上,吕随启的儿子,也是受着这样的传记影响的。有的人认为这完全是胡闹,因为股市有风险,显然投资需谨慎。将股市过早地融入涉世未深的孩童世界,是否早熟?这样传递财富的观点,是不是有点儿过激?

这都很平常,可是一旦这事件被传递到疯狂的北大大学生炒股联盟的社区里,其影响不亚于巴菲特的重生。因为股市对于大多数参与大学生炒股的佼佼者们来说,仿佛财富之窗已经向他们打开。利用自己高超的"头脑"赚钱,已经是胜券在握,繁荣的中国股市正在把他们一个个变成中国的巴菲特。高学历和高能力、高智商,被炒股者认为是证明自己的唯一的最拉风的方式。有些学生甚至执着地相信,即使不靠大学的专业知识和勤恳劳作,他们一样可以功成名就。

2006年由世华财讯主办的"全国大学生金融投资模拟交易大赛"就吸引了全国各省市200多所大学近两万名学生报名参加。共青团,包括北大、清华、人大在内高校和金融机构联手创办的炒股大赛的名目就有北京的"国泰君安杯"、天津"渤海证券杯"、大连"华泰杯"、广东"广证杯"等。

现在突然受到二次打击,难道说北大的学生炒股,还不如一个北大教授的小孩子吗?

世界上的事情,总是天意弄人的时候比较多,不到5年,这些一时风光的炒股热就变成了冷水冷饭,再也找不回当年的温度。大学生们的炒股热情还没有降温,中国的股市却从6000点被打回原形。从2007年年底开始,中国的股市连续5年成为全球最糟糕的股市，数十万大学生的股市致富梦彻底破裂。

到2012年，西南财经大学和人民银行共同发布的《中国家庭金融调查报告》显示，没上过学炒股盈利的占33.33%，小学文化炒股盈利的占37.04%，初中文化这一比例则为9.84%，中专/职高20.59%，大专/高职25.4%，大学本科19.31%，硕士研究生22.22%。

对比数据看，小学文化的股民盈利胜算明显超过研究生学历的投资者，这一结论立即在网上引起轩然大波。为什么会出现大学生炒股还不如小学生的咄咄怪事？实际上，即便是北大副教授吕随启炒股，也未必能超过自己儿子的水平。理论上说，在股票的投资上，并没有一种方法或者知识可以保证一个人的投资是稳赚不赔的，更不可能出现高得离谱的盈利水平。从这个意义上说，既然任何一只股票的盈利概率大人和小孩是差不多的，基本上类似于扔骰子，长期受到主观影响较多的高知识高学历人群，也许业绩还不如低龄低学历的人。

北大很多金融学教授也曾经在当年证券市场的黄金时期下海弄潮，不过至今，人们都很少记得如今的资本市场原来还有教授炒股。在国外，最具有说服力的案例无疑是诺贝尔经济学奖获得者夏普、马克维茨、默顿等人的经历，这几位在投资上基本上是败军之将。

经济学者中在投资上不如常人的比例其实远远高于普通人，举例说，20世纪30年代，熊彼特因为股市失败才决定做个经济学家。

事实上，至少有三方面的因素导致小学生炒股的回报率更高：

首先，机构投资者的非理性，导致了这种糟糕的结果。基金管理者由于年龄低、入行浅被认为是低智商的管理者。

其次，中国股市，很大程度上是个弱有效市场。在这个市场里，除去极少部分的专业人士外，大多数人缺乏对市场信息的判断能力。而更为致命的是，大多数人其实得到的信息也是不完全的。

在理性投资上，每次面临危机的时候，机构的投资者更喜欢放出假消息，大规模的报道和虚假的多空消息被人为制造出来，接着这类资金才会通过渠道，慢慢推行自己的卖空或者买空的手法。这导致即使是高学历的投资者在假消息面前，也只能像羊群一样被市场清算。

最后，炒股的盈利的确和学历无关，而高学历者偏好技术性投资的方式，也是他们失败的重要原因。单纯的技术性交易具有很高的成本。技术分析

的结果不具有确定性，做的是概率事件，虚假突破大量存在，无效交易信号经常发生，回避和改正的办法就是不断地止损。从这个角度来看，技术交易就是不停地用止损去寻找机会，用赔的钱去寻找正确的方向。对于一般的投资者来说，大量的资金消耗在止损里，获得的利润也被止损抵消；多次止损，可以把一个人的自信心打消，投资决定变得犹豫不决，从而错过了许多机会。

正如吕随启教授规劝那些企图一夜暴富的年轻人所说的那样：中小投资者什么时候能够把"炒股"调整为"股票投资"，才有继续的理由，单纯"炒"肯定有问题。如果你的行为真的是投资，那就值得去投；如果你只想火中取栗，一夜暴富，那什么市场都不值得。

在股市投资中，唯一让一个人能够获得长久的高回报的办法，也许只有一个。如果你始终是在投资，抱着一个做股东的心理，而不是投机者的心理，也许才能最终成功。毕竟投资也和天下所有的事情一样，时间终究是有价值的。没有时间的付出，别幻想可以不劳而获。

曾经的带头大哥深发展落幕

1990年12月，深发展、深万科、深金田、深安达、深原野等5只股票在深圳交易所正式发行，史称"深市老五股"。深金田、深安达、深原野均已退市或更名，2012年深发展和平安银行分别召开股东大会，分别以98.2%和97.95%的赞成率高票通过了两行吸并及深发展更名相关议案，同意深发展吸收合并平安银行，8月1日，经中国银行业监督管理委员会审批同意、工商登记管理机关核准，深发展改名平安银行。作为中国银行股中第一家外资股，深发展正式落幕，成为深交所上市的历史。

三十年河东，三十年河西。深发展的落幕，对于中国的资本市场来说，是一代股民的回忆。它的退后停牌，几乎是中国资本市场变动的缩影。

深发展之所以也被叫作带头大哥、1号股，这是因为其上市公司股票编号为000001。在南方，有些股民亲切地称其为"1号仔"。这个从发行上市就被寄予厚望的大型国有企业银行股，在经历了外资控股、资本旋涡后，最终被平安集团纳入囊中。

对于长期看好深发展的中国股民们来说，深发展是一只不可多得的优质股。问题是，在中国的市场上，这样一只优质股票，随着时间的流逝，不可避免地要成为明日黄花。

深发展在被美国新桥集团收购后，其业务曾经一度大为发展，受到股市的高度关注。2004年5月31日，美国新桥投资集团正式进入深发展，持有17.8%的股份。此次并购事件是中国证券历史上的第一起外资并购上市银行事件，对于中国银行业发展具有深远的影响。

新桥投资集团的新桥投资能够顺利入主深发展，深圳政府起到了关键的作用。中国证监会向深发展出具的关于要求深圳发展银行股份《有限公司限期整改的通知》则起了助燃剂的作用。深发展曾是上市银行中唯一资本充足率低于8%的商业银行，自然新桥投资换出国有股份也就成为唯一的不得不执行的方式。

回顾10年前的并购案件，也许人们不得不反思，正是因为深圳市政府的强势干预,将国企上市银行强行推给战略投资者的新桥,才导致了最后深发展的退出。

按照北大教授们从西方学习到的知识,显然他们知道由于现代公司股权通常非常分散,掌握公司控制权的管理者一般持有很少的公司股份或根本不持有,在这种情况下管理者有可能为了自己的利益而牺牲股东利益。问题是,无原则地引进本来没有多大能量的新桥,可能给这一困境增加了更多的麻烦。

美国新桥投资集团本身没有高盛那样的银行管理经验,这导致其战略投资中国,一旦价格合适,随时可能抛售深发展。这让原本属于权重极高的深发展,开始偏离了地方经营的理念,最终深发展甚至淡出深圳本地的银行势力范围。这在业务和导向方面给深发展带来致命的打击。

另一方面,北大青鸟的许振东系的北大资本圈,对于深发展的多次狙击,也导致深发展步步走向衰落。北京大学一直是中国资本市场一张奇异的名片,北大青鸟诞生伊始,许振东一直被外界视为北大青鸟的实际控制人,环绕在许振东周围的公司董事、监事、高管阵营也都大多具有北大的教育和工作背景。舆论危机和财务困境中,北大的同门师谊都为这家公司度过危机给予了莫大的帮助。当然,在中国资本圈开始炒作深发展之时,新桥人生地不熟,除去拉出白衣天使,几乎毫无办法。

早在5年前,深发展便多次受到青鸟资本的直接要约收购。对于深陷美国金融危机的新桥公司,这是一个危险的信号。随着深发展的影响逐渐降低,深圳政府方面的支持也越来越少。据说深发展的总裁理查德·杰克逊认为,该行邀请知名的品牌公司来做调研,在调查中,两家银行在南部都比较有知名度,北部和西部越来越少有人知道深发展的名字。而离南边越远的地方,人们对平安集团的感知度更大。通过这种优势对比,他认为选择平安的品牌会更有利于在全国范围打造好的平台,并且更好地推广综合金融。这是银行名称二者选其一选了平安银行的原因。

将平安银行当作对付青鸟收购的白衣天使,这就是新桥的算盘,只不过这个算盘建立的基础看上去有点儿夸张。今天看来,也许另有深意。青鸟的失败,对于北大学子们来说,让他们看清了深发展落幕背后,平安的辣手,也许更算是一种教训。不过,青鸟系,就眼光独到,慧眼识机这一点来说,在中国仍算是坐头一把交椅。他们早就盯上了深发展。

深发展的优势,原本就是深圳。而一旦离开政策的支持,本身毫无优势可言。自然在股市风险极大的今天,选择平安,就是一种自然的选择。

深发展一度是深圳市政府的老大难问题,这是因为这家银行的呆账率一度高达40%。当然它所能引进的战略投资者,也不大可能是高盛之类的大公司,相比于工行,深发展几乎没有什么优质资产。自然这是深发展陷入困境后,人们才意识到的。

说到底,在深发展的衰落过程中,深圳市政府的政策力量日渐缩小,可能是深发展最终被收购的根本原因。

从长远来看,战略投资者的战略,也只是权宜之计。地球上没有一个国家能够将金融业的主权交给外部国家,更别说美国,为了限制外部金融实力的增长,干脆禁止外国人并购大型投行和银行。这一决定性的原则导致,任何在中国的外资银行,永远都可能有威胁到大银行的实力,相反在资本充足率的要求下,深发展多次面临危机。

外资行在中国能够涉足的业务是有限的，自然其坏账风险率降低的幅度总是有限。理论上说，靠外部资本输血，是不可能让本身造血能力差的深发展有所进步的。一旦深圳经济不景气，或者外部的银行竞争激烈，其命运就更加难测。

即使从短期来看，深发展的新东家也是远远不胜任的。在整合中国本土的国企老资源上，深发展的高层无法阻止上海支行的高管纷纷跳槽。客观上说，这导致上市后并购的协同效应缩水不少。这和深发展理想的和谐目标是有巨大差距的。

深圳市政府是深发展的最大靠山，即便它变成外资还是如此。问题是随着深圳的国有银行崛起，港资银行的进入，深圳政府无法再对深发展特殊照顾。这直接导致深发展的后续发展动力不足。从根本上说，深圳面对对面的港交所，本身并无特别的优势，这让深发展不得不在大盘的推搡中经常震荡。深圳市政府的经济规模，经历了20年的发展，已经不再是俯瞰全国，鸟瞰南粤了。相比上海市政府的财大气粗，浦东银行的腹地模式，显然是深圳无法拥有的。

在地方的经济规模不够的时候，要让银行股能够逆势重生，这本身只有通过全国性发展才能平衡。而深发展长期的地方银行的定位，又让这一计划根本无法执行。于是，最终深发展只能落幕。这本身就是金融规律发挥作用的结果。问题是，在这个落幕过程中，平安公司，却意外地笑到最后，反倒将最先看到机会的北大人落在后面，当然这是另外一个问题。

政策市还是自由市

> 当前,心有不甘的投机者与盲从附和的散户借着股市短期调整的现象,企图压迫政府管理层调降印花税。了解中国股市的人或许比我多,但是敢出面说真话的人并不多。作为北京大学的一分子,更秉承北大肩挑国家赋予的重任,吾等若不能挺身而出,横眉冷对这一股妖风,才是愧对全体国民对北大人的深切期望。
>
> ——北大中国经济研究中心教授霍德明

不救市,在2005年印花税问题上持反对下调意见的霍德明教授,大概是最招骂的大学教授了。按照霍德明教授的观点,他发表在财经杂志上的是真话,而且是坚持中国证券市场正确发展道路一派的公正之路。

霍德明教授,显然很明白中国证券市场的基本性质——这是一个带有政策干预倾向的资本市场。所谓政策市,并不是在美国这样的发达市场上没有,但是据说在发达国家,比如美国,由于市场的信息传递方式高度透明,价格可以反映市场一切信息。自然政策的影响,总会因为大家同步得到迅速降低其可能获得高回报的可能性。

在美国的历史上,像南北战争和"一战"前美国的几次股市灾难中,巨头们动用关系贿赂官员,操纵市场的事情屡见不鲜。可以说,发达国家本身也是从政策市走出来的。

但在国内投资界,巴菲特无疑是中国投资者的偶像。学习巴菲特的投资方式,复制巴菲特的投资方式,成就巴菲特第二,几乎一直是投资中最受人关注的问题。巴菲特的价值投资,的确深入人心,不过在中国市场风风雨雨的20年里,历经涨跌,我们不得不怀疑,巴菲特的市场路线是自由的强有效市场,还是政策时代的产物。

如果说价值投资是自由市场的产物,可是巴菲特尊重的格雷厄姆恰恰生活在一个政策干预严重,几乎抬头就能碰到强盗的大时代。巴菲特投资方法的基本要点:根据证券的内在价值买进并长期持有具有持续竞争优势的企业的股票。这个要点又可以分为以下关键点:寻找具有持续竞争优势的超级明星企业；根据现金流量而不是股价确定公司的内在价值；买入价格要留有足够的安全边际；集中投资于少数优秀企业；长期持有，等等。

显然，哪怕任何一个如今的北大学生，都可以判断出这个方法实际属于不认同有效市场假设的做法。公司价值可能被发现，等同于说公司的某些信息是天然被掩藏起来的，这就等于说市场上的价格不能够反映股市的价值。这听上去十分滑稽，美国这样发达的市场上股神是不相信市场的有效性的。

根据巴菲特投资法则，中国价值投资的第一要则是发现或选择证券的真正"内在价值"。企业的内在价值，并不是像阳光下的玻璃一样发光，可以容易发现。恰恰相反，从别人忽略的信息中挖到宝贝，是价值投资者的必要素质和投资关键条件。

科特勒说："没有不能用便宜一美分买来的（客户）忠诚。"靠低成本成功打入市场的案例比比皆是，长虹彩电、格兰仕微波炉、吉利汽车等都曾叱咤风云，把玩市场于掌上，但最终不过是"你方唱罢我登场"的结局。这样的企业，显然不符合巴菲特的选择标准。

其次，政策市的最大副产品，其实是所谓垄断性的价值。必然壳资源，其实就是政策市场的某种垄断价值。如果你认同中国是自由市场的话，那么对不起，你不可能找到巴菲特的成功基础。如果认同是政策市，除非具有垄断性经济特权，持续竞争优势只是一个经验范畴的事物。在巴菲特的投资组合里，除了少数几家"注定必然如此"之外，大多数企业是不具有真正的持续竞争优势的。尽管中国貌似是有着这样的股票，比如云南白药和茅台这样的稀缺价值的股票，其独特性不亚于可口可乐，但是就消费者的忠诚度来说，显然这是两个层次的公司。如果一个人押宝在这些中国价值股票的话，很可能就要面临茅台暴跌的后果。

巴菲特认为，一家企业在5~10年里显示出连续稳定的赢利能力，是具备持续竞争优势的一个重要标准。但费雪认为，过高的利润率会引来更多的竞争者而很难保持，理想的水平是超过其紧跟的竞争者2%~3%为宜。中国最悠久的大企业，也不过30年的历史，而且他们都因为历史和政策等因素，可能有10年以上的赢利表现，问题是这个利润率从来都未稳定。比如中石油这样的单位，今年也许是20%，明年也许就是零。

巴菲特的其他指标，例如留存指标、GDP指标，同样因为中国经济的特殊

发展时期,变得苍白无力,甚至有时候用巴菲特的指标范式得到的是完全相反的结果。例如中国股市明显地出现,经济宏观指标越好,股市投资风险越高的反常现象。

最后,所谓长期持有问题的风险,也许更高。巴菲特多次重申他对良好管理层的判断标准:能力非凡并且为股东着想。前者是能力标准,后者是品质标准,好的管理者会带来企业的长期繁荣发展。因此,这样的股票在巴菲特看来是最具有长期持有价值的。

在中国的上市公司中,确实可以看到不少杰出的企业管理者,比如振华港机、福耀玻璃、中集、万向等掌门人,他们不仅创造了优异的业绩,而且为股东带来了丰厚的收益,但是这些人只是管理者而不代表整个管理层。国内公司最高层的变动可能对企业发展造成不可估量的冲击和破坏。

我们只能得到一个结论,也许中国市场不可以武断地判定为政策市或者自由市,这种评价对于投资来说并不是一个好的划分标准。从根本上说,这么划分是有损投资本身的准确性的。

华尔街的鏖战中国市场大败局

> 坏消息是投资者最好的朋友。它可以让你以较低的价格购买潜力股。
>
> ——巴菲特

巴菲特当然在中国市场上曾经是个赢家,不过这不代表华尔街就不失败。自从中国资本市场开始创立,屯兵在中国香港和澳门的华尔街资本,大概没有几百也有几十。为了研究中国香港股市,进而曲线在中国市场捞金,大多数国外投行不惜以高价换取在中国开一个小得多的代办处或者银行分理处来实现自己的梦想。

20世纪广东国际信托的时代,高盛公司第一次尝到了中国资本的甜头。为高盛和中国政府牵头的人士,有部分是刚刚从校园初出茅庐的北大经济学者。介绍中国业务,取得中国政府的信任,在那个时代,是投行们的最普遍想法。中国市场的复杂,基本上是一种金融荒蛮生态。

以华尔街人士们的看法,早期的中国根本无所谓金融。因为中国的大部分金融活动,只有一种,那就是单纯的借贷。全国的信贷,基本上控制在少数几家大银行手里,而大银行本身所谓管理金融的手段,也单一得可怕,要么停止贷款,要么强制贷款。相比华尔街市场的繁荣来说,中国简直是一片神话中的金融真空。

随着改革开放的深入,高盛公司客观上成为包括北大曹凤岐教授等人在内的金融设计者的西方顾问。也正是如此,中国不少的金融法案几乎是将华尔街的金融监管设计方案,全盘复制后再加以损益,以大体符合基本的金融国情。大约因为机制的类似,高盛公司,包括研究中国经济的不少经济学者,像麦克米伦、麦金农等人都认为,中国市场可能操控在一小撮华尔街投行分子手里。

华尔街的各大巨头在高盛成功敲开工商银行的大门后,无不欢呼雀跃。在他们看来,只要中国市场开放,无疑中国的资本市场,由于机制设计的类似性,很可能成为自己先天的投资天堂。有段时间,《华尔街日报》甚至不惜打出中国版面,招徕那些素来对华贸易投资感兴趣的大公司参与投资。

在吴晓波和《南方周末》记者们记录中国公司的大败局之时,他们大概也想不到,这一阶段也是跨国的国际资本集团在中国走麦城的时候。

1998年,索罗斯为首的国际对冲基金攻击香港地区,最终也以惨败收场,这次战役充分说明国际炒家也并非无所不能。多数亚洲经济体在遭受金融危机冲击后,本币大幅贬值,但是香港是个例外,仍然牢牢维持7.8港元兑1美元的联系汇率。

国际炒家首先在香港股市卖空,借入股票然后卖出,获得港币后再大量兑换成美元,加上在债券市场借来的港币,国际炒家对港币大做空头。但香港并没有如国际炒家所愿,选择加息来维护港币,反而是主动出手予以反击。当时香港外汇储备接近1000亿美元,高居全球第三。香港特区政府干预股市的做法一度在国际社会引发巨大争议。米尔顿·弗里德曼说香港政府简直是疯了。但事后看,香港干预经济的成本远小于任由经济动荡的成本。当然,索罗斯还是有收获的,他最终在马来西亚和泰国赚回了在香港的本钱。

中国市场越来越大,最后连从来不向海外大单投资的巴菲特也开始动心了。巴菲特投资的中国公司不在少数。2003年4月开始分批吸纳中石油股份,累计买入23.84亿股,金融危机前成功出逃。2008年9月,巴菲特斥资18亿港元认购了2.25亿股比亚迪股份。"中国已拥有一些伟大的公司,我们倾向于中国某些出口产品良好的公司,主要是消费者产品。中国已拥有一些巨型公司,它们的市值将超越某些美国公司。"

总之,这个股神在中国的确是赚到不少便宜的,中石油的蓝筹泡沫,不可能说和巴菲特无关,而比亚迪根本就是一个巴菲特的猎物。即便是大杨创世这种级别的公司,巴菲特也不忘放风宣布其将合作创立品牌。可是巴菲特也并不是在中国就不赔钱,到2012年,巴菲特承认,伯克希尔哈撒韦公司在中国股市上犯下的错误甚多。这让巴菲特给股东们的信件也减色不少。

金融危机后,许多人不太理解的是,一大批人突然开始将中国市场看成了垃圾堆和大空头,这其中的奥妙很值得人们仔细研究。比如著名的投机者查诺斯,即领导一个很大规模的对冲基金,主张看空中国。

触发查诺斯这类对冲基金看空最重要的原因是,他们读不懂当时市场流行的投资故事,从而很早得出对市场未来走向与大多数投资者完全不同的判断。长期看来,以中国为代表的新兴市场经济是投资者的市场共识。

查诺斯相信，中国投资占经济增长的比重过高，投资效率很低，中国的房地产市场是一个巨大的泡沫，中国的银行长期以来负担着为固定资产投资项目提供资金的任务。这与很多长期关注中国经济的本土分析人士认识一致，被认为是当前中国经济的问题所在。

不过问题是，在查诺斯呼喊了近5年后，中国股市没有被做空，美国股市却实实在在的空了。整个华尔街因为五大投行的失败，哀鸿遍野。其本国长期更加严重的金融问题，则第一时间被暴露出来。甚至更有意思的是，如今的华尔街可能压根没资格做空中国，毕竟支持中国购买美国债券的全部原因是中国投资市场不够活跃，这是个迫切需要开发的市场。一旦离开这个中国市场，美国基本面上依靠中国因素拉动的市场将瞬间坍塌。

正如费尔德斯坦和克鲁格曼讨论的那样，如果不是美国市场的资金可以溢出到中国，或者说让查诺斯必须到中国给自己避险外，本国的查诺斯们随时面临失业的风险。在这个中美之间互相高度依赖的时代，做空中国，或者企图同中国市场对抗，下场不会好。毕竟，美国在金融强大的时代，也没法剥夺比它强大得多的大英帝国，因为后者体量惊人，是扛不动的。同样的理由，金融的丛林法则决定，当华尔街开始面对一个更大的巨人时，他们也只好放下身段，和别人同台竞争。

PART 14
非均衡的中国经济隐忧

20世纪90年代初股份制争论的回顾

  1998年至1999年间,证券市场机构投资者的入市规模仅占当时A股流通市值的30%左右,但到了2009年7月底,机构持股市值占流通市值的比重已经升至63.86%。从当时的情况看,参与资本市场投资运作的机构资金稳步增长,机构投资者大有成为证券市场主要参与者的趋势。然而到2011年年底,专业机构投资者持有A股流通市值占比仅为15.6%,与之相对应的是,A股市场变得更容易出现大幅波动。从63.68%回落到15.6%,令人遗憾的是,机构投资者发展走了一条"回头路"。

  上文是中国股市的设计者之一、北大著名经济学家厉以宁教授、曹凤岐教授关于中国股市的回顾。在股份制的风风雨雨中,今天人们意识到:一个成熟的投资市场,总是必须具备三个必要条件:一是成熟的投资结构,二是完善的市场管理机制,三是公开透明、顺畅的投资产品和渠道。不太完善的中国市场,过去几十年,一直在为靠近这个目标而奋斗。奋斗中的每一个人,都必将经历峥嵘岁月。

而股份制的争论中最大的一部分，其实主要是关于要不要引进机构投资者，维持国有企业股份性质，管好股市，是不让其野蛮生长的关键。

在发展最为成熟的美国资本市场，机构投资者最初产生于19世纪初，在20世纪20年代狂热的股市中取得过短暂的繁荣后，随着1929年的股市崩溃而一蹶不振。20世纪30年代到40年代初，美国出台了《投资公司法》和《投资顾问法》等一系列规范共同基金的法律法规，真正现代意义上的机构投资者开始在资本市场出现。当中国的改革者在20世纪90年代决心引入这一制度时，人们的担心和争议随之而来。

比如有一种观点就认为，将股份制应用于中国的股市，无异于将中国国有资产的优质部分拱手让与外国。这就像幼童与巨人战斗一样，而且这么做，还容易有国有资产流失和私有化的嫌疑。

不过，厉以宁等人认为，第二次世界大战后，随着战后经济的恢复性增长、理财和养老等社会需求激增，以共同基金为代表的机构投资者得到蓬勃发展，逐渐成为美国资本市场的主流投资力量。20世纪70年代以后，欧洲等其他发达国家的资本市场上，机构投资者也步入大规模发展的阶段，并使得机构投资者在市场的规模和影响力成为一个市场成熟程度的重要标志。

非均衡的中国经济隐忧机构投资者在中国这样的市场到底扮演何种角

色，一直让人感到尴尬，特别是机构投资到底该在市场上发挥什么作用，特别受到关注。

在监管者和普通的散户看来，中国的机构投资者非但没有成为股市稳定器，堵住一股独大的恶劣风气，有时候还在不知不觉中助纣为虐。在大股东眼里，机构投资者多少看上去是个潜在的搅局者，他们从理论上有替代大股东地位的各种潜质，所以是个潜在的威胁者。

机构投资者在中国，真实的角色并不像双方眼中那样。简单地看，目前的机构投资者更像是一个错误的时间担当错误角色的失败演员。这当然是具有一定原因的，并不是空穴来风。

机构投资者是一个相对于个人投资者的概念，这里面的个人投资者包括个人、合伙制度的小企业。而机构投资者则是那些具有某种法人资格的投资者，比如银行、证券公司，基金、保险公司等类型的投资者。美国出现的机构投资者主要是指新兴的保险基金。由于它规模巨大，也被看成是市场上最主要的资金来源，充当美国投资市场的现金来源。由于保险公司的加入，私人投资受到影响，今天美国的证券市场基本上已经是一种法人机构控制的市场。

法人机构控制的市场的优势显而易见，由于机构间同时也是相互持股，关系错综复杂，过去在股票市场的波动，已经很难引起大范围的投机，即使是金融危机，美国的股票市场的主干并未动摇，特别是保险公司，几乎毫发无损。大规模的联邦再保险机构，当仁不让地成为美国股市的最后担保者，有力地抑制了风险的扩散和放大。

由于美国市场的成功作用的示范，人们一般认为机构投资可以减缓股市非理性泡沫、抑制私人股票投资者的投机行为，避免市场的巨大波动。

问题是在中国，保险公司本身是不进入市场的，由于实行分业经营的管理规定，保险公司的巨大资金只能曲线流入市场，这大大降低了保险这样的大机构的作用。此外，银行这样的机构同样因为不得直接进行股票融资业务，它的资金流和保险的处境异曲同工。中国真正有机构特色的只剩下大批基金和证券公司。由于证券公司和基金理论上只能通过股市波动获利，这样机构的职能就变成更加地依赖大幅的市场震荡维持。这也是中国的市场长期出现形形色色的老鼠仓、内幕交易的主要推动原因。

由于中国不存在真实的机构投资者，这导致中国的市场机构投资者逐渐变成市场的波动源头,在他们的干预和影响下,诸如一股独大、内幕交易等严重问题,也就变得日益严重。根据哈佛大学教授马斯金的观点,在一个市场存在信息不对称的时候,因为信息的获取程度不同,就会出现在内幕交易问题上的博弈行为。最简单的实例就是中国的基金投资者比多数人获得信息要多一些,处于信息劣势的普通人这时候的办法就是加快赎回。这导致基金市场的溃败,甚至出现股市和基金的绝对相反价格涨落关系。

从股票中获得不了高额收益,中国的股民更加倾向于用脚投票。大量的人选择退出股市,即使实体经济的波动很小,且宏观经济形势良好,股市的波动和下跌仍然严重,这反映人们对于市场的不信任程度较高,并且对于股市的信心也很低。这种方式也在一定程度上导致中国市场发育缓慢和其他市场更加畸形的特征。

总体上而言,中国市场上的高换手率和高市盈率现象,正是对于中国市场上机构投资者不作为,甚至乱作为的某种不满。

通过发展和创新来解决前进中的问题

针对外界对于中国市场投资环境的质疑,中国商务部曾经给予积极回应。先是在2011年7月19日召开了"创造更加公平开放的投资环境"的专题新闻发布会,在次日的例行发布会上又表示:"中国的投资环境在国际上都是领先的,并会进一步完善,而中国的经济发展也得益于改革开放,所以没有回头路可走,更会进一步地走向开放。"

2011年4月,中国欧盟商会主席伍德克发表文章表示,中国正在让外企灰心。他说,欧盟商会成立10年以来,很少见到会员们的市场情绪如此低迷或消极。30多年来,外国企业一直在中国受到欢迎。突然之间,政治上的进展和监管方面的限制汇集到一起,许多在华外企仿佛意外遭遇了难以逾越的障碍。尽管在某些领域(比如金融服务业和零售业),中国市场的开放程度越来越高,但在许多行业,外国企业的挫折感远比中国政府意识到的更为明显。

数周前,美国通用电气首席执行官杰弗里·伊梅尔特措辞激烈地批评了中国的商业环境。他在公开场合指责中国日益敌视外国企业,并表示中国政府的贸易保护主义越来越重:"中国日益敌视外国跨国企业,我不能确定,他们在根本上是否希望我们赢,是否希望我们成功?"伊梅尔特声称,通用电气在中国正面临25年来最严峻的经营环境。不过,他在指责中国的同时,也承认中国市场的重要性。德国西门子集团CEO罗旭德和化工企业巴斯夫公司主席贺斌杰,也就中国对待外国企业的一系列政策进行了抱怨。不少西方经济界人士称中国这种行为为"卑鄙的重商主义"。

联合国贸易与发展组织投资和企业司司长詹晓宁在《2010年世界投资报告》发布会上表示,2009年中国吸收的外国直接投资(FDI)流入量达到约950亿美元,世界排名第二,仅次于美国。2010年中国吸收外资将保持稳定增长态势。

《世界投资报告》是联合国关于全球外国直接投资流动趋势分析的一份重要的年度工作报告,至今已经发布了20期。报告分析说,2010年全球FDI流入量有望升至1.2万亿美元以上,2012年则上升至1.6万亿至2万亿美元,恢复到2008年的水准。但是,FDI的这种前景却充满着风险和不确定因素,其中包括全球经济复苏的脆弱性。

然而,这个"世界第二"却并不值得国人高兴与骄傲。略通经济常识的人就能够明白资本总是逐利而来的道理,而中国能够如此受到国外投资者的欢迎,也正是由于其高额回报率。

以2010年的统计局数据为例,外商投资企业其固定资产投资占全社会固定资产投资比重低于10%,其吸纳的就业人数为4500万人,仅仅占到全社会就业人数的11%左右,工业产值占全国工业总产值的28%,出口占全国出口总值55%。而其付出的税收占全国税收22.7%。从这些数据看,外商投资企业"低投入高产出"已可见一斑。

北大经济学家林毅夫等人认为,外商投资,是中国经济快速发展不可忽视的功臣。然而外资在推动经济快速发展的同时,也成为导致中国经济结构失衡的一大原因。

相较于第一大吸收外资国美国,中国的情况完全不同。美国通过吸引外资成为国民消费大国,而中国则成为出口大国。出口成为进入中国的外资的生产目的,其利用中国廉价的劳动力,以及其"超国民待遇",赚取丰厚的利润。在这中间,中国获取的只是外资流入(FDI)以及出口赚取的大量外汇而已。

作为发展中国家,以其低廉的劳动力价格作为优势来吸引外资无可厚非,但是由于长时间对外资依赖与重视,以致忽略了国内民间资本的发展,以及国民收入的提高,势必导致目前中国经济结构失衡的现状,并且成为结构转型的障碍。

一直以创造就业为主要目的之一的招商引资,其效果始终难如人意。一项数据显示,目前外商投资企业吸纳就业人数仅占11.7%,而国内的私营企业其吸纳人数却达到44.4%。

而希望通过招商引资以引进先进技术也并没有取得良好的效果。根据一项2007年的研究数据,吸引外资不利于本土企业通过研发缩小与世界先进水平的差距。这也是常识,如果直接花钱都买不到的技术,就不能指望通过吸引外商直接投资来得到。

事实上,正如林毅夫教授在世界银行发表的报告称:作为发展中国家吸引外资并没有错,而问题在于没有在吸引外资的同时做好培育国内民间资本,保护国内技术创新的积极性以及提高国民收入的平衡。

对当前中国物价上涨和失业问题的一些看法

澳大利亚教授菲利普斯在统计美国、澳大利亚和英国的通胀率和失业率后,得到了一个数据上的经验关系曲线,又被称为原始的菲利普斯曲线。1960年索洛和萨缪尔森将这个关系改造后,形成一个新的菲利普斯曲线。萨缪尔森和索洛以物价上涨率代替了原菲利普斯曲线中的货币工资变化率。这一代替是通过一个假定实现的。这个假定是:产品价格的形成遵循"平均劳动成本固定加值法",即每单位产品的价格是由平均劳动成本加上一个固定比例的其他成本和利润形成的。而菲利普斯认为,改造后的曲线,通胀率和失业率并存,那么将两者相加后,就是所谓痛苦指数。正如北大宏观经济学课程中,老师们所揭示的那样,很显然,通胀意味着物价更贵,日子更不好过,对于失业的人是雪上加霜。从此以后,失业率和痛苦指数就成为美国人接不下去的痛苦标签。

对于这种痛苦指数,一般的经济学家多数采取回避的态度,不过也不尽然。比如现任哈佛教授劳伦斯·卡茨就直接说，过去的十年是美国的十年。事实上这个标签之所以长期取不下来，很大程度还和经济学家的沉默有关。

因为事实上，有人根本否认有长期失业这回事情。既然没有失业，或者总有一天你能找到工作，自然就没有什么痛苦。这种观点，尤其以弗里德曼为显著。弗里德曼的认识中，经济社会中总有人会碰到些小情况，比如大学生毕业要找工作这段时间，肯定有失业。他甚至提出要是没有经济周期，社会上有2%左右的人是会失业的。为了掩人耳目，他给这种失业率起了个名叫自然失业率。言外之意是这是自然规律决定的，制度决定的，没人能够违抗，这不属于正常社会考虑的问题。

不过多数经济学家，比如哈佛的曼昆、萨默斯、萨缪尔森、托宾等人，根本就反对这个自然失业率的存在。曼昆的说法是这样的，美国多数公司都和工人有长期合同，在合同到期新合同建立的时候，肯定有失业，而且失业的时间超过了短期比如说6个月。怎么能够说没有失业呢？

而对于计划主义国家的就业，这两派又都百般讽刺，有些经济学家，比如库珀就说，强制就业是有损神圣的自由市场原则的——计划全民就业在政治上是不正确的。

所以这决定了经济学家们观点和现实的巨大痛苦，要么承认存在完全就业，但是政治上这要推翻自由市场的观念；要么承认有长期失业，那么也就代表大家永远有痛苦，可是大众怎么能接受美国社会是个给人带来痛苦的社会呢？

关于失业和通胀率的观点，特别是由此认定的菲利普斯曲线的样子，一直是宏观经济学争端最为激烈的部分。从西方经济学引入失业自然律的北大学者们是承认有长期失业的，但是他们不愿意表达出来。索洛因此对经济学十分不满——在他获得诺贝尔经济学奖的当天演说中，他毫不犹豫地指出自己反对自然失业率的说法，并且认为经济学不是科学。

年轻失业者的人数在危机刚结束时大约翻了一番。但是，即使在经济状况好的时期，年轻人的失业率仍比年长者高得多，这意味着失业率的大幅度增长是与劳动力紧密相关的。

同样在中国，过去的3年里，人们的求职和跳槽问题也同样不容乐观。即使一个人找得到工作，也无法像过去一样可以在不同的高薪岗位之间任意选择。那些接到数十个工作申请的优秀毕业生，现在也只能在其中找到薪水看起来相对不坏的。随着跨国企业的全球裁员开始波及中国的分公司,外资行业的就业神话也突然破灭,例如诺基亚中国公司的裁员,就引发不小的裁员罢工风波。

有些人原本是打算趁着金融危机待价而沽的,现在这个梦想也不得不宣告破碎。在不少高管心目中,在经济危机的当口,趁乱扩张原本也是个好机会,但是现在外部的流动已经缩小到很狭窄的范围,可能越跳槽越糟糕的问题也比从前严重。

显然,从经济学的角度说,砸饭碗、跳槽后,人们也许要多考虑一下各种机会因素。这决定了痛苦指数在中国的效应。

第一种是经济周期长短带来的失业机会成本。由于经济周期的冲击,有些行业的复苏将十分漫长,在经济周期的繁荣阶段,这类行业都会增加招聘,提高待遇,比如纺织业和家政,往往经济繁荣时期,会出现供不应求的火爆局面。类似于中国的月嫂,一度可以达到超越白领工资的水平。但是在衰退阶段,这种行业也是最受到冲击的,有可能导致大批劳动力失业。如果企业用工需求始终不足,那么一个人的机会成本将成倍增加。特别是对于缺乏技术的简单劳动工作者,这一点尤为明显。

第二种是常见的结构性就业成本问题。技术创新的冲击,比如在互联网的社交移动网站的技术进步,导致原本的互联网开发技术人员的岗位流失。对于工程师而言,如果不能迅速调整,升级知识结构,很可能面临失业问题。有些大学生的专业,在经历危机后,已经变得不合时宜,例如过多金融工程专业毕业生,如今在华尔街或是全球任何一个地方,都变得如此剩余。数年前风风火火的投行,如今已经风光不再。

第三种机会成本是最让人感到沮丧的。在一些劳动力市场十分有弹性的国度,经常社会保障福利也很低,在这样的情况下,失业经常代表个人能力和竞争力、社会地位、声誉的巨大损失。这个情况不免令年轻人倍感沮丧。他们本应继续自己的生活,却发现自己停滞不前,对生活的担忧实属情理之中。当前的问题会对他们产生多大的阴影?这就是说和我们正在经历的相比,过去的高失业率时期相对短暂,但随意跳槽和长久性失业让年轻人的生活将遭受更大的伤害。

"以前总说内需不振是老百姓没钱花,现在老百姓有钱了,却都花到国外去了,这凸显了当前我国扩大消费的尴尬。"中国人民大学教授刘俊海对此颇为感慨。实际上,在白领们喊着通胀来了,不敢消费的背后,还有更深的矛盾。

事实上,对于大多数白领来说,如此年轻,就要一所房子,本身就是一种罕见的消费行为。据调查,金融危机后,英国人第一次房贷的年龄是35岁。而他们还清这些房贷的时间至少在27年以上。如果他们也像中国人一样安家立业,除去啃老之外,别无办法。将生活的标准提高到如此之高,在高房价的今天,显然是一种矛盾的现象。事实上,如果不买房,大多数白领的工资享受生活还是没有问题的。

白领们的工资,并不能在日益高涨的房价面前让自己过上曾经向往的中产生活,甚至正好相反,大量白领的生活水平有不断下降的趋势。只要做了房奴,任何改善生活的做法,只能是空想。

在通胀的阴云之下,大多数人根本无暇顾及生活质量,甚至连水果这样的食物,不少人也只能暂时节省。尽管CPI的数据最终呈现下降的趋势,但是食品和蔬菜的价格都出现20%以上的增长。这对于生活在窘迫中的白领来说,无疑是个糟糕的消息。

经济运行警戒线与宏观调控

2012年9月21日,美圣路易斯联储的布拉德认为:"现在美联储最好的选择就是设定通胀目标,2008年以来,美联储的政策都'接近于最佳化'。"

他还认为,美联储在通胀方面的努力还有一些空间,如果把焦点放在物价方面才能够有一个相对平衡的解决方案,失业依然没有好转,当然他本人不支持伯南克的量化宽松,2013年他将拥有美联储FOMC投票权。这意味着到时候对于通胀的忧虑又将占领美国市场。

就在两个月前中国公布了其上半年的经济数据,中国经济降幅明显。但是作为全球金融市场风险偏好指数的美元指数现在却大幅度下跌。美国主要投行和外汇交易商预测今天中国数据公布后澳元会大跌,实际上澳元是大涨100多点。

中美经济的不起色,对于全球的市场来说,表面上看是有利有弊,其实大多数情况下,美国和中国经济增长下跌,根本就是一场灾难。

如果回顾过去几十年里美国经济增长的状况,滑坡和滞胀通常造成股市的暴跌。1929年美国经济较前一年缩水了1/4,结果导致纽约交易所破产倒闭,连大名鼎鼎的格雷厄姆也没有逃过股市"黑色星期五"的洗劫。大萧条中的经济破坏,一直到10年后才让美国投资市场恢复元气。

北大教授宋国青等人的研究发现:尽管现代经济学家无从验证股市和GDP之间的联动关系,每一个GDP的下降往往意味着生产的停滞,交易的频率下降,市场的预期悲观,自然种种理性和非理性因素的叠加,会迫使市场出现意想不到的震荡。威廉·夏普、马科维茨等人认为,类似宏观经济、政治环境之类的风险,都是系统性风险,完全是股市投资组合无法分散的。换言之,对于市场的投资者来说,不管你用什么办法,都无法规避这些风险的袭扰。

所谓覆巢之下无完卵,在整个经济环境的载体面临危机的时候,浮在经济体之上的市场也同样是危机重重,甚至直接带来连锁性的反应。

宋国青教授还认为,中国的经济发展速度下降,中国央行就要放松流动性,4万亿刺激会重来是很多国内外投资银行和媒体的结论或者预期。

推动全世界股市上涨,影响"牛熊"的关键因素在市场之内。金融危机的到来,更显示出股市和宏观数据的背离。从2008年以来,美国实体经济复苏前景惨淡。从那个时候起,美国宏观经济从就业来说基本上成绩为零。道·琼斯指数和标准普尔500指数,短短两年,再度全线飘红。纽约股市的点位甚至已经接近危机前的高峰。在遥远的时代,这就是活生生的南海公司泡沫浮世绘。

到底是什么推动如今股市不断上涨的,正如一些华尔街银行家坦诚的那样,这是美国政府救援在股市数值上的反映而已。当然,这个理念在哈佛的学生投资报看来,不是什么标新立异。因为80年前,凯恩斯的股票价格由心理预期决定的说法传达的正是这套教义。美国政府的救援显然直接地影响了投资者的心智,无形中让他们建立股市上涨的心理基础。但是美国政府的全部信仰还是建立在过去的15万亿美元的GDP的硬气上。

站在华尔街的任何地方,有些人做的是股市不断上涨的牛市梦,有些人则追逐的是市场的波动,寻求发财的特殊机会——卖空只是另一种牛市而已。老牌的哈佛毕业生们,通常都坐在安静的办公室里察言观色:一只眼睛望着道·琼斯的电子显示屏,另一只眼睛正盯着从华盛顿和哈佛学院走出来的黑衣政客们。

黑衣政客和市场之间看不见的更加复杂的联系,也许是市场的皮毛之外,股市兴衰的真正"内在价值"。你想知道上涨的秘密,正如常言道旁观者清,跳出市场,也许人们在喧嚣的股市发财梦中,能得到些关于股市的真谛。要永远记住,市场的根基还是在市场内的GDP上。

国有企业改革是不是做了通胀的替代品

《纽约时报》在金融危机后,登载过一篇很有预言性质的文章:"即将公布的数字至少会帮助我们判断这两位顶级经济学家在有关美国经济走向问题上谁的观点是正确的。他们对这一问题存在的巨大分歧使两家公司之间激烈的竞争又迎来了另一个转折点,他们就像是华尔街版的纽约洋基和波士顿红袜一样。这是两支职业棒球队,同在美联东区,经历了长达一个世纪的激烈竞争和直接对抗,拥有纠缠多年数不胜数的恩怨情仇。"

哈祖斯可以说是华尔街最著名的悲观主义者。"美国经济在今年下半年将处于急剧下跌的危险状态,并将推动失业率重新上升,从而扩大通货紧缩的风险。由于物价和工人薪资水平下降,通货紧缩将对尚未稳定的美国经济造成毁灭性的影响"。哈祖斯表示他可能会被迫下调已不乐观的经济增长预期。

在2008年金融危机后,美国的经济学家们认为美国的通缩依旧没有任何改变,而且由于物价上涨,美国政府现在更加担心因为上涨导致美国人更加不敢消费,以至于让美国经济的复苏无限期地向后延长。

克鲁格曼在自己的经济学教科书中坦诚相告:"二战"前夜美国的CPI相对1920年水平要低30%。"二战"后,通胀曾一度成为所有国家的通病。而到1990年,通缩又在日本出现并见证了其克服之难。对潜在通缩的担忧于2000年年初出现,并再次在2008年年末成为美国货币政策关心的要点。

美国面临的首要敌人不是通胀,而是通缩。以一年期消费者物价指数(CPI)的变化衡量,通胀指数已经连续3个月为负值。过去,石油价格的下跌曾是通缩的主因。到如今,虽然除去食品和能源价格后的核心通货膨胀率已连续6个月稳定在1.7%至1.9%之间,但若以史为鉴,通常羸弱的经济状况会将通胀拉低。说起来,现在美国的经济说是羸弱并不为过,并且还会这样保持一段时间。因此到2010年或2011年,核心通胀率都将可能保持接近零,甚至是负数的水平。

在经历几年的长期通胀后，中国的通胀正在向美国的方向发展。首先，中国的CPI喜剧性地出现了下降，甚至重回"2"时代，已经和美国的通胀率接近。排除食品和能源价格后，中国的核心通胀率甚至从来没有超过2%。弗里德曼有句名言："无论何时何地，通货膨胀都是货币现象。"话虽如此，通货膨胀的深层原因却各不相同。通胀的原因可能是进口价格上涨，20世纪70年代能源危机期间的美国就属于这种情况。出口价格上涨也可能引发通胀，同样在20世纪70年代的能源危机期间，印尼和尼日利亚等石油出口国也出现了通胀。而在很多情况下，通胀的原因则在于政府发行货币以弥补财政赤字，20世纪20年代的德国、40年代的中国、80年代的阿根廷和巴西的超级通胀都是此类通胀的著名例子。

20世纪80年代后期和90年代前期，中国高通胀的原因在于改革开放导致的消费和投资需求过剩。当时，需求的高增长引发了供不应求的局面。由于基础设施和许多原材料产能投资不足，中国无力靠国内的力量满足过剩需求，而出口收入有限导致也无法通过进口解决问题。投入品价格的上涨很快传递到产出品价格，最终导致了总体价格水平的攀升。

今天中国的情况已经完全不同，过度投资导致许多行业出现了产能过剩，同时出口和FDI导致了巨额外汇的流入。这样，中国就有充足的资金进口国内供给不足的资源。

中国现在的问题已经不是外汇太少，而是外汇太多。为了维持汇率稳定，无论市场上出售多少外汇，央行都必须按其目标汇率买进。这就意味着增发人民币，从而导致货币供应增加，产生通胀压力。

20年前，中国的通货膨胀来自贸易逆差，而今却来自贸易顺差。正如弗里德曼所言，二者的共同之处在于货币供应的过高增长。20年前，需求过剩导致国内信贷扩张，从而增加了货币供应；今天，过剩产品的出口导致海外货币流入中国，即海外发生信贷扩张，从而扩大了货币供应。

二者的不同之处表明，当前中国的通胀要缓和得多。20年前，供给不足、国内信用扩张的局面很容易失控，因为运用国有银行贷款争夺稀缺资源的中国国有企业承受的只是预算软约束；今天则不然，中国货币供应的增长在很大程度上受制于借款购买中国产品的外国消费者，而这些消费者承受的是预算硬约束。

事实上，宋国青教授经过长期的分析和研究后，将这一过程和国有企业改革的滞后货币效应结合起来，形成了一种新的观点，这种观点认为：国有企业改革在20世纪90年代以后，一直可能充当着通胀的泄洪堤。

我们的长期策略是，提高资源尤其是能源的使用效率，从而改变中国经济的增长方式。然而，由于中国经济的比较优势集中于低成本制造业之中，因此增长方式的转变还需要若干年时间。在中国增长方式的转变过程中，过剩需求驱动型的通货膨胀将由中国的旧通胀模式成为全球范围的新通胀模式。

中国经济"怕冷不怕热"

国家统计局首席统计师姚景源认为，所谓产能过剩实际一直存在，只不过在危机后变得十分明显而已。水泥、钢铁、铝业等高耗能部门这种落后的产能形式在过去两年间十分明显，在河北安平事件将产能过剩行政强制减排推向高潮的时候，产能过剩已经变成最为急迫的经济和政治性任务。因为按照相关规定，减排是实行问责的。在战略上，地方政府面临着产业结构改变的巨大考验。

为什么这么说？产能过剩是主要问题，但产能过剩并不是个静态的概念，而是相对的。在人们的收入和经济发展水平较低的时候，那些传统的产业产品，例如房地产、家电产品永远都无法成为大众消费品，对于地方而言就是个廉价的GDP基地。因为这类传统产业的低技术性，对提高人们经济收入的空间有限。而新产业由于高技术属性，在本产业发展的同时会大幅提高人们的收入，这种收入的提高会更大程度上带动传统产业产品的大众消费化，这样产能过剩也就自然消失。产业升级实质上是产能过剩的自然消化过程和大众消费升级的过程。

另一个极端事件发生在深受出口打击的开放城市深圳和佛山，本年度的6月份到8月份，全球最大的电子代工厂富士康发生了工人的"十三连跳"

事件，而在佛山的本田工厂，大罢工事件屡屡出现。中国资本和劳动力最为丰厚的地区正面临工资增长停滞和经济增长停滞的双重现象，在近十年来，沿海地区的经济增长率已经大大落后全国的平均水平。工人收入未有实质上升，经济增长却提前减速，成了地方政府的两难问题：提高最低工资，那么企业的利润可能下降，不提高工资，出现民工荒，企业成本上升一样影响经济发展。

不过，正如北大经济学家林毅夫和姚洋等人的观点，即便有人不喜欢基础建设，认为这是劳民伤财。但是对于中国的国情来说，这些表面上的过热，都不足以为虑，毕竟在西部地区，许多资源富集产品的地方政府恰恰在交通运输上的成本高得惊人，京藏高速大堵车就可以证明这点。世界铁路里程第二的中国，实际线路的覆盖密度尚不如印度。中国的区域性不均衡发展是摆在地方政府的桌子上的第三个难题。基础设施的实际状态也不是如人们常常想象中的那样令人满意，因为这种不平衡一旦在某个行业某个区域对比看来就是十分明显的。

产业结构失衡、经济增长失衡、区域失衡构成了目前地方政府面临的重大问题。然而应该看到的是，事物的发展总是具有两面性，所有失衡的地方在一定程度上构成两大积极因素：一个是增长的极化（产业固化、区域增长极）效应，二是极化效应之后的扩散作用，但两者不能孤立地看待。正是因为极化效应与扩散同时存在，在失衡的同时也提供了一种打破失衡的机会。

林毅夫教授在自己的新书中，曾经指出：在中国30年的存量改革路径上，一直遵循的是一种非均衡的发展战略，即集中力量形成一些具有经济发展优势的产业集聚区，再推广扩散到其他落后地区。沿海地区实际上可以看作是这种有意培植起来的增长优势地区。但是并不是说这种优势永远都是对的，因为一旦只用极化的办法，即只向周边吸引而不放水的话，那么只会带来二元经济的固化，就会出现富者越富、穷者益穷的现象。

民工荒和内地经济的复兴，从某种角度是一种非平衡战略扩散效应的自然现象。而在这个过程中，对于中西部地区的政府而言，资源回流无疑是带动本地经济起飞的重要机会，单纯依靠资源产品也有可能打破贫困循环，资源回流的同时也会带来更新的增长方式，因为与东部地区相比，西部地区资源优势大于环境成本优势，仅提高运输效率一项就可以抵消掉企业转移过程中的成本。

因此，下一个新战略未必是十大产业那么简单而短期的事情，这个战略其实不过是顺利完成30年已经完成的非均衡战略的后半部分而已。历史上，多数国家的前半部分创造了某些梦想和奇迹，这是发达国家所谓光荣的部分，至于后半部分，到现在还没有出现过好的实例，即使在西方最发达的地区，区域里的贫困现象仍大量正常存在。问题是到现在的历史为止，全世界还未出现过超过中国的潜在市场容量的大国。如果市场容量是个唯一的标准，那么这个战略的合理性是不言而喻的。

北大经济课

看准时机和市场需求去投资

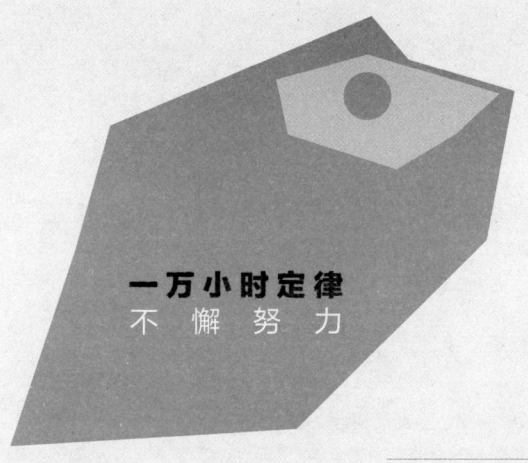

一万小时定律
不懈努力

"人们眼中的天才之所以卓越非凡,并非天资超人一等,而是付出了持续不断的努力。1万小时的锤炼是任何人从平凡变成世界级大师的必要条件。"

The Learning Revolution

墨菲定律
早作准备

"凡事可能出岔子,就一定会出岔子。事情如果有变坏的可能,不管这种可能性有多小,它总会发生。提前做好多方面的准备工作,机会总是留给有准备的人。"

The Learning Revolution

THE LEARNING

帕金森定律
提高效率

"只要还有时间,我们的学习以及工作就会不断地扩展,直到用完所有的时间。越是时间宽裕,反而就越使人变得慵懒和缺乏动力。"

二八定律
抓住关键

"去发现该关系的关键起因。抓住了问题的关键——20%的投入就能有80%的产出,并在取得最佳成绩的同时减少资源及时间损耗。"

The
Learning
Revolution

The
Learning
Revolution

木 桶 定 律
取 长 补 短

"一只木桶能盛多少水，并不取决于最长的那块木板，而是取决于最短的那块木板。发展你所擅长的，补充提升你所欠缺的，你才能得以更加完善。"

罗森塔尔定律
心理暗示

"树立一个目标,给自己积极的心理暗示,你往往能够成为你所期望的更好的自己。"

The Learning Revolution

马 太 定 律
积 极 进 取

"对学习持以积极的态度,你会在解决难题的过程中不断得到正面反馈,从而变得更强。反之,抱以消极的态度,你则会越变越差。"

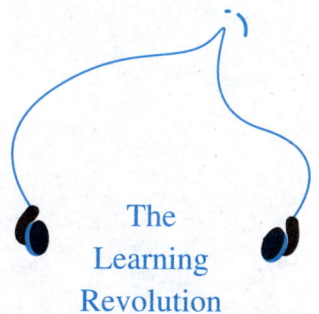

The
Learning
Revolution

破窗定律
严格要求

"一幢建筑如果有少许坏掉的窗户不被修理好,便可能会有破坏者破坏更多的窗户。学习中的不良习惯如果被放任存在,最后很可能会变本加厉。"

羊群定律
学习优秀

"羊群效应也叫从众效应,无论在哪儿,总是会有大规模的从众行为,这是无法改变的现实,所以我们要尽量学习优秀的人身上优秀的地方,从而让自己变得更优秀。"

蝴蝶定律
注意细节

"在一个动力系统中,初始条件下微小的变化能带动整个系统的长期的巨大的连锁反应。注意细节,细节往往决定成败。"

The Learning Revolution

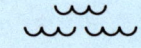